中华人民共和国
最高人民法院案例选

第六辑

中国应用法学研究所 主编

法律出版社
LAW PRESS · CHINA
—— 北京 ——

图书在版编目(CIP)数据

中华人民共和国最高人民法院案例选. 第六辑 / 中国应用法学研究所主编. -- 北京 : 法律出版社, 2022
ISBN 978-7-5197-6606-1

Ⅰ. ①中… Ⅱ. ①中… Ⅲ. ①案例－汇编－中国 Ⅳ. ①D920.5

中国版本图书馆 CIP 数据核字(2022)第 055023 号

中华人民共和国最高人民法院案例选(第六辑)
ZHONGHUA RENMIN GONGHEGUO ZUIGAO RENMIN FAYUAN ANLI XUAN(DI-LIU JI)

中国应用法学研究所 主编

策划编辑 朱 峰
责任编辑 韩泓宇 马秋婧
装帧设计 臧晓飞

出版发行 法律出版社
编辑统筹 辞书·融出版编辑部
责任校对 王 丰 郭艳萍
责任印制 吕亚莉
经 销 新华书店

开本 710 毫米×1000 毫米 1/16
印张 21.5 字数 293 千
版本 2022 年 4 月第 1 版
印次 2022 年 4 月第 1 次印刷
印刷 天津嘉恒印务有限公司

地址:北京市丰台区莲花池西里 7 号(100073)
网址:www.lawpress.com.cn
投稿邮箱:info@lawpress.com.cn
举报盗版邮箱:jbwq@lawpress.com.cn

销售电话:010-83938349
客服电话:010-83938350
咨询电话:010-63939796

书号:ISBN 978-7-5197-6606-1
定价:98.00 元

凡购买本社图书,如有印装错误,我社负责退换。电话:010-83938349

中 华 人 民 共 和 国

最高人民法院案例选

（第六辑）

编审委员会

中华人民共和国
最高人民法院案例选
（第六辑）

编辑委员会

序　言

中华人民共和国最高人民法院作为国家最高审判机关，每年审结大量重大、疑难案件，对中国法治进程产生重大影响，为世界贡献了中国司法智慧。为充分发挥最高人民法院案例的法律价值和社会功能，实现以案例“服务司法审判实践、服务经济社会发展、服务法学教育研究、服务中外法学交流、服务法治中国建设”的目标，经最高人民法院批准，自 2018 年开始，由中国应用法学研究所编译出版《中华人民共和国最高人民法院案例选》（以下简称《最高人民法院案例选》）中英文版，面向海内外发行。

《最高人民法院案例选》所收录案例，均由最高人民法院各审判执行部门严格筛选。这些案例在揭示或阐明法律适用规则、确立新的裁判方法、填补法律漏洞或空白等某一方面或某些方面具有典型意义。案例撰写者均为案件的主审法官，是最高人民法院各审判业务领域的专家，具有精深的法律素养和丰富的裁判经验，熟悉案件事实、审理思路、裁判方法和法律适用，能够最直观、最清晰、最准确地向读者传达案件裁判的司法过程、方法和理念。

《最高人民法院案例选》分为三大板块：（1）“大法官案例”栏目，选取由最高人民法院院领导（大法官）担任审判长审理的、在全国乃至全球具有重大影响的案件。（2）“指导性案例”栏目，选取最高人民法院发布的指导性案例，反映影响中国司法进程的热点、前沿、疑难案件，以发挥案例对统一法律适用及其对相关法律问题的预判和预警作用。（3）“典型案例”栏目，广泛选取刑事、民商事与执行、知识产权、海事海商、行政等典型案例，集中体现最高人民法院当年在各个审判领域的最新探索和裁判成果。

编辑者通过考察国内外司法案例的体例设计，兼顾不同法系读者的阅读习惯，用副标题准确点明案例的核心法律问题和焦点所在，并用“裁判摘要”的通用表达方式，准确阐明案例贡献的裁判规则。每篇案例体例包括：“标题”“副标题”“裁判摘要”“案件基本信息”“简要案情”“案件焦点”“裁判结果”“裁判摘要评析”等八大要素,格式规范,要素齐全,便于阅读与检索。

通过《最高人民法院案例选》中英文版的出版,我们希望借此实现以下目的:一是完善案例指导制度,促进法律适用标准统一。丛书系统编辑出版最高人民法院每年审结的经典案例,希望能够指导各级人民法院审判工作,统一司法标准,规范法官自由裁量权,实现类案类判,促进司法公正、维护法制统一,树立人民法院的司法权威和司法公信,有效预防法律风险。二是传播司法理念,促进法治中国建设。丛书通过以案说法的方式,向人民群众传达最高人民法院对当下经济、文化、科技和社会生活发展中出现的新型、疑难、复杂问题的裁判理念和裁判方法,希望通过典型案例弘扬法治、彰显正义、惩恶扬善,向社会传播司法理念,提供正确指引。三是贡献中国司法智慧,促进国际司法文化交流。丛书面向全世界发行中英文版,用中国声音讲述中国司法故事,生动直观地展示中国特色社会主义法治的成就和经验,推进中外司法案例的比较研究,促进国际司法文化交流,传播中国特色社会主义法治理念。特别是在全面深化改革开放和建设人类命运共同体的关键时期,丛书对于中国法治文化“走出去”、推进“一带一路”法治合作和建设,向国际社会展示中国特色社会主义司法制度的优越性,为全球治理贡献中国司法智慧和司法经验,传播中华司法文明,具有深远影响。

编辑委员会

2022 年 3 月

法律、法规、司法解释及其他规范性文件简称表

序号	全　　称	简　　称
1	《中华人民共和国民法典》	《民法典》
2	《中华人民共和国民法总则》	《民法总则》
3	《中华人民共和国仲裁法》	《仲裁法》
4	《中华人民共和国物权法》	《物权法》
5	《中华人民共和国合同法》	《合同法》
6	《中华人民共和国公司法》	《公司法》
7	《中华人民共和国票据法》	《票据法》
8	《中华人民共和国企业破产法》	《企业破产法》
9	《中华人民共和国拍卖法》	《拍卖法》
10	《中华人民共和国公证法》	《公证法》
11	《中华人民共和国反不正当竞争法》	《反不正当竞争法》
12	《中华人民共和国种子法》	《种子法》
13	《中华人民共和国专利法》	《专利法》
14	《中华人民共和国侵权责任法》	《侵权责任法》
15	《中华人民共和国电子商务法》	《电子商务法》
16	《中华人民共和国著作权法》	《著作权法》
17	《中华人民共和国反垄断法》	《反垄断法》
18	《中华人民共和国商标法》	《商标法》
19	《中华人民共和国刑法》	《刑法》

续表

序号	全　　称	简　　称
20	《中华人民共和国土地管理法》	《土地管理法》
21	《中华人民共和国城市房地产管理法》	《城市房地产管理法》
22	《中华人民共和国行政复议法》	《行政复议法》
23	《中华人民共和国安全生产法》	《安全生产法》
24	《中华人民共和国行政强制法》	《行政强制法》
25	《中华人民共和国民事诉讼法》	《民事诉讼法》
26	《中华人民共和国行政诉讼法》	《行政诉讼法》
27	《中华人民共和国中外合资经营企业所得税法》	《中外合资经营企业所得税法》
28	《中华人民共和国城镇国有土地使用权出让和转让暂行条例》	《城镇国有土地使用权出让和转让暂行条例》
29	《中华人民共和国公司登记管理条例》	《公司登记管理条例》
30	《中华人民共和国企业法人登记管理条例》	《企业法人登记管理条例》
31	《中华人民共和国合伙企业登记管理办法》	《合伙企业登记管理办法》
32	《中华人民共和国市场主体登记管理条例》	《市场主体登记管理条例》
33	《中华人民共和国植物新品种保护条例》	《植物新品种保护条例》
34	《中华人民共和国商标法实施条例》	《商标法实施条例》
35	《最高人民法院关于适用〈中华人民共和国仲裁法〉若干问题的解释》	《仲裁法司法解释》
36	《最高人民法院关于审理民间借贷案件适用法律若干问题的规定》	《民间借贷案件规定》
37	《最高人民法院关于审理商品房买卖合同纠纷案件适用法律若干问题的解释》	《商品房买卖合同纠纷案件司法解释》
38	《最高人民法院关于审理涉及国有土地使用权合同纠纷案件适用法律问题的解释》	《国有土地使用权合同纠纷案件司法解释》
39	《最高人民法院关于限制被执行人高消费及有关消费的若干规定》	《限制被执行人高消费及有关消费的规定》

续表

序号	全　　称	简　　称
40	《最高人民法院关于人民法院执行工作若干问题的规定(试行)》	《执行工作规定(试行)》
41	《最高人民法院关于人民法院民事执行中查封、扣押、冻结财产的规定》	《查封、扣押、冻结规定》
42	《最高人民法院关于修改〈最高人民法院关于人民法院扣押铁路运输货物若干问题的规定〉等十八件执行类司法解释的决定》	《关于修改执行类司法解释的决定》
43	《最高人民法院关于人民法院网络司法拍卖若干问题的规定》	《网拍规定》
44	《最高人民法院关于冻结、拍卖上市公司国有股和社会法人股若干问题的规定》	《冻结、拍卖上市公司国有股和社会法人股的规定》
45	《最高人民法院关于人民法院民事执行中拍卖、变卖财产的规定》	《拍卖、变卖规定》
46	《最高人民法院关于适用〈中华人民共和国公司法〉若干问题的规定(三)》	《公司法规定(三)》
47	《最高人民法院关于适用〈中华人民共和国公司法〉若干问题的规定(四)》	《公司法规定(四)》
48	《最高人民法院关于民事诉讼证据的若干规定》	《民事诉讼证据规定》
49	《最高人民法院关于公证债权文书执行若干问题的规定》	《公证债权文书执行规定》
50	《最高人民法院关于人民法院办理执行异议和复议案件若干问题的规定》	《执行异议复议规定》
51	《最高人民法院关于审理专利纠纷案件适用法律问题的若干规定》	《审理专利纠纷案件适用法律问题的若干规定》
52	《最高人民法院关于审理侵犯植物新品种权纠纷案件具体应用法律问题的若干规定》	《审理侵犯植物新品种权纠纷案件的规定》
53	《最高人民法院关于审查知识产权纠纷行为保全案件适用法律若干问题的规定》	《审查知识产权纠纷行为保全案件的规定》
54	《最高人民法院关于审理专利授权确权行政案件适用法律若干问题的规定(一)》	《审理专利授权确权行政案件的规定(一)》

续表

序号	全　　称	简　　称
55	《最高人民法院关于审理侵犯专利权纠纷案件应用法律若干问题的解释》	《审理侵犯专利权纠纷案件司法解释》
56	《最高人民法院关于审理侵犯专利权纠纷案件应用法律若干问题的解释(二)》	《审理侵犯专利权纠纷案件司法解释(二)》
57	《最高人民法院关于审理不正当竞争民事案件应用法律若干问题的解释》	《审理不正当竞争民事案件司法解释》
58	《最高人民法院关于审理房屋登记案件若干问题的规定》	《房屋登记案件规定》
59	《最高人民法院关于适用〈中华人民共和国民事诉讼法〉的解释》	《民事诉讼法司法解释》
60	《最高人民法院关于适用〈中华人民共和国民事诉讼法〉若干问题的意见》	《关于适用〈民事诉讼法〉若干问题的意见》
61	《最高人民法院关于适用〈中华人民共和国行政诉讼法〉的解释》	《行政诉讼法司法解释》
62	《最高人民法院关于执行〈中华人民共和国行政诉讼法〉若干问题的解释》	《关于执行〈行政诉讼法〉若干问题的解释》
63	《最高人民法院关于在执行工作中进一步强化善意文明执行理念的意见》	《关于进一步强化善意文明执行理念的意见》
64	《中国国际经济贸易仲裁委员会仲裁规则》	《贸仲仲裁规则》
65	《最高人民法院关于印发〈全国法院民商事审判工作会议纪要〉的通知》	《全国法院民商事审判工作会议纪要的通知》
66	《最高人民法院印发〈关于进一步加强金融审判工作的若干意见〉的通知》	《关于进一步加强金融审判工作若干意见的通知》
67	《最高人民法院关于审理侵犯商业秘密民事案件适用法律若干问题的规定》	《关于审理侵犯商业秘密民事案件的规定》
68	《最高人民法院关于实施最高人民法院〈关于人民法院委托评估、拍卖工作的若干规定〉有关问题的通知》	《人民法院委托评估、拍卖工作若干规定的通知》
69	《最高人民法院印发〈关于加强和规范人民法院网络司法拍卖工作的意见〉的通知》	《加强和规范人民法院网络司法拍卖工作意见的通知》

续表

序号	全　　称	简　　称
70	《最高人民法院关于当事人对具有强制执行效力的公证债权文书的内容有争议提起诉讼人民法院是否受理问题的批复》	《关于当事人对具有强制执行效力的公证债权文书的内容有争议提起诉讼人民法院是否受理问题的批复》
71	《最高人民法院关于审理行政协议案件若干问题的规定》	《关于审理行政协议案件的规定》
72	《最高人民法院关于审理涉及农村集体土地行政案件若干问题的规定》	《关于审理涉及农村集体土地行政案件的规定》
73	《最高人民法院关于适用〈行政复议法〉第三十条第一款有关问题的批复》	《关于适用〈行政复议法〉第三十条第一款的批复》
74	《最高人民法院行政审判庭关于行政机关颁发自然资源所有权或者使用权证的行为是否属于确认行政行为问题的答复》	《关于行政机关颁发自然资源所有权或者使用权证的行为是否属于确认行政行为问题的答复》

目　　录

指导性案例

典型案例

民商事与执行

知识产权

指导性案例

深圳市吉祥腾达科技有限公司
与
深圳敦骏科技有限公司
及原审被告济南历下弘康电子产品经营部、
济南历下昊威电子产品经营部
侵害发明专利权纠纷案

——多主体实施方法专利的侵权判定

【裁判摘要】

1. 如果被诉侵权行为人以生产经营为目的，将专利方法的实质内容固化在被诉侵权产品中，该行为或者行为结果对专利权利要求的技术特征被全面覆盖起到了不可替代的实质性作用，且终端用户在正常使用该被诉侵权产品时就能自然再现该专利方法过程，则应认定被诉侵权行为人实施了该专利方法，侵害了专利权人的权利。

2. 专利权人主张以侵权获利计算损害赔偿数额，且对侵权规模事实已经完成初步举证，被诉侵权人无正当理由拒不提供有关侵权规模事实的相应证据材料，导致用于计算侵权获利的基础事实无法确定的，对被诉侵权人提出的应考虑涉案专利对其侵权获利的贡献度的抗辩，人民法院可以不予支持。

【案件基本信息】

1. 诉讼当事人

上诉人（原审被告）：深圳市吉祥腾达科技有限公司（以下简称吉祥腾达科技公司）

被上诉人（原审原告）：深圳敦骏科技有限公司（以下简称敦骏科技公司）

原审被告：济南历下弘康电子产品经营部（以下简称弘康电子产品经营部）

原审被告：济南历下昊威电子产品经营部（以下简称昊威电子产品经营部）

2. 案件索引与裁判日期

一审：山东省济南市中级人民法院（2018）鲁01民初1481号判决（2019年5月6日）

二审：最高人民法院（2019）最高法知民终147号判决（2019年12月6日）

3. 案由

侵害发明专利权纠纷

【简要案情】

敦骏科技公司系专利号为ZL02123502.3、名称为“一种简易访问网络运营商门户网站的方法”的发明专利（以下简称涉案专利）的专利权人。2018年4月24日，敦骏科技公司在公证人员见证下，从山东省济南市历下区山东山纺科技市场购得由吉祥腾达科技公司制造的“Tenda路由器W15E”“Tenda路由器W20E增强型”（以下简称被诉侵权产品）各一个，取得盖有弘康电子产品经营部发票专用章与昊威电子产品经营部印章的信誉卡一张、商户名称为昊威电子产品经营部的银联商务签购单一张、名片一张。同日，敦骏科技公司在公证人员见证下，对上述被诉侵权产品访问网络运营商门户网站的过程进行了技术测试，测试结果表明使用被诉侵权产品过程中具有与涉案专利权利要求1和权利要求2相对应的方法步骤。另外，被诉侵权产品在京东商城官方旗舰店、“天猫”网站吉祥腾达旗舰店均有销售，且销量巨大。京东商城官方旗舰店网页显示有“腾达（Tenda）W15E”路由器的图片、京东价199元、累计评价1万+条，“腾达（Tenda）W20E”路由器、京东价399元、累计评价1万+条，“腾达（Tenda）G1”路由器、京东价359元、累计评价1万+条等信息。“天猫”网站吉祥腾达旗舰店网页显示有“腾达（Tenda）W15E”路由器的图片、促销价 179 元、月销 433 件、累计评价 4342 条、安装说明、技术支持等信息。

敦骏科技公司以吉祥腾达科技公司制造、许诺销售、销售，弘康电子产品经营部、昊威电子产品经营部销售的被诉侵权产品侵害了敦骏科技公司的涉案专利权为由，向一审法院提起诉讼，请求判令：吉祥腾达科技公司、弘康电子产品经营部、昊威电子产品经营部立即停止制造、许诺销售以及销售侵害敦骏科技公司涉案专利权的行为，销毁库存及生产模具；吉祥腾达科技公司、弘康电子产品经营部、昊威电子产品经营部赔偿敦骏科技公司经济损失及合理费用共计 500 万元。一审法院于 2018 年 7 月 20 日立案受理。2018 年 12 月 13 日，一审法院依法作出通知书，主要内容为：限令吉祥腾达科技公司 10 日内向一审法院提交自 2015 年 7 月 2 日以来，关于被诉侵权产品生产、销售情况的完整资料和完整的财务账簿。逾期不提交，将承担相应的法律责任。但至二审判决作出时，吉祥腾达科技公司并未提交相关证据。一审法院于 2019 年 5 月 6 日作出判决：吉祥腾达科技公司立即停止制造、许诺销售、销售涉案的路由器产品；弘康电子产品经营部、昊威电子产品经营部立即停止销售涉案的路由器产品；吉祥腾达科技公司赔偿敦骏科技公司经济损失及合理费用共计 500 万元。吉祥腾达科技公司不服，向最高人民法院提起上诉。吉祥腾达科技公司上诉请求：撤销原审判决，依法改判驳回敦骏科技公司的全部诉讼请求，由敦骏科技公司承担全部诉讼费用。事实和理由主要为：（1）涉案专利保护的是一种网络接入认证方法，根据该方法并不能直接获得任何产品（包括被诉侵权产品），因此，对于涉案专利的保护并不能延伸到产品。（2）原审判决关于赔偿额的认定缺乏事实和法律依据，判定的赔偿额明显过高。

【案件焦点】

1. 吉祥腾达科技公司制造、许诺销售、销售被诉侵权产品的行为是否构成专利侵权；

2. 确定专利侵权赔偿金额时，举证责任应当如何分配，涉案专利对侵权获利的技术贡献度等是否需要予以考虑。

【裁判结果】

一、关于吉祥腾达科技公司的被诉侵权行为是否构成侵权

最高人民法院经审理认为，针对网络通信领域方法的专利侵权判定，应当充分考虑该领域的特点，充分尊重该领域的创新与发展规律，以确保专利权人的合法权利得到实质性保护，实现该行业的可持续创新和公平竞争。如果被诉侵权行为人以生产经营为目的，将专利方法的实质内容固化在被诉侵权产品中，该行为或者行为结果对专利权利要求的技术特征被全面覆盖起到了不可替代的实质性作用，也即终端用户在正常使用该被诉侵权产品时就能自然再现该专利方法过程的，则应认定被诉侵权行为人实施了该专利方法，侵害了专利权人的权利。

本案中，第一，吉祥腾达科技公司虽未实施涉案专利方法，但其以生产经营为目的制造、许诺销售、销售的被诉侵权产品，具备可直接实施专利方法的功能，在终端网络用户利用被诉侵权产品完整再现涉案专利方法的过程中，发挥着不可替代的实质性作用。第二，吉祥腾达科技公司从制造、许诺销售、销售被诉侵权产品的行为中获得不当利益与涉案专利存在密切关联。第三，因终端网络用户利用被诉侵权产品实施涉案专利方法的行为并不构成法律意义上的侵权行为，专利权人创新投入无法从直接实施专利方法的终端网络用户处获得应有回报，如专利权人的利益无法得到补偿，必将导致研发创新活动难以为继。此外，如前所述，吉祥腾达科技公司确因涉案专利获得了原本属于专利权人的利益，利益分配严重失衡，有失公平。综合以上因素，应当认定吉祥腾达科技公司制造、许诺销售、销售被诉侵权产品的行为具有侵权性质并应承担停止侵权、赔偿损失的民事责任。

二、关于原审判决确定的赔偿数额是否适当

专权利人主张以侵权获利确定赔偿额的，侵权规模即为损害赔偿计算的基础事实。专利权人对此项基础事实承担初步举证责任。在专利权人已经完成初步举证，被诉侵权人无正当理由拒不提供有关侵权规模基础事实的相应证据材料的情况下，对其提出的应考虑涉案专利对其侵权获利的贡献率等抗辩理由可不予考虑。

具体到本案中，第一，敦骏科技公司主张依照侵权人因侵权获利计算赔偿额，并在一审中提交了吉祥腾达科技公司分别在京东网和天猫网的官方旗舰店销售被诉侵权产品数量、售价的证据，鉴于该销售数量和价格均来源于吉祥腾达科技公司自己在正规电商平台的官方旗舰店，数据较为可信，吉祥腾达科技公司虽指出将累计评价作为销量存在重复计算和虚报的可能性，但并未提交确切证据，且考虑到敦骏科技公司就此项事实的举证能力，应当认定敦骏科技公司已就侵权规模的基础事实完成了初步举证责任。第二，敦骏科技公司在一审中，依据其已提交的侵权规模的初步证据，申请吉祥腾达科技公司提交与被诉侵权产品相关的财务账簿、资料等，一审法院也根据本案实际情况，依法责令吉祥腾达科技公司提交能够反映被诉侵权产品生产、销售情况的完整的财务账簿资料等证据，但吉祥腾达科技公司并未提交。在一审法院因此适用相关司法解释对敦骏科技公司的500万元高额赔偿予以全额支持且二审中吉祥腾达科技公司就此提出异议的情况下，其仍然未提交相关的财务账簿等资料。由于本案吉祥腾达科技公司并不存在无法提交其所掌握的与侵权规模有关证据的客观障碍，故应认定吉祥腾达科技公司并未就侵权规模的基础事实完成最终举证责任。第三，根据现有证据，有合理理由相信，被诉侵权产品的实际销售数量远超敦骏科技公司所主张的数量。综上，在侵权事实较为清楚且已有证据显示吉祥腾达科技公司实际侵权规模已远大于敦骏科技公司所主张赔偿的范围时，吉祥腾达科技公司如对一审法院确定的全额赔偿持有异议，应先就敦骏科技公司计算赔偿所依据的基础事实是否客观准确进行实质性抗辩，而不能避开侵权规模的基础事实不谈，另行主张专利技术贡献度等其他抗辩事由，据此对吉祥腾达科技公司二审中关于一审确定赔偿额过高的各项该抗辩主张均不予理涉。

最高人民法院于2019年12月6日作出二审判决，驳回上诉，维持原判。

【裁判摘要评析】

本案主要涉及两个法律问题：多主体实施的方法专利的侵权判定和赔偿额计算中的举证责任分配。对于第二个问题，二审判决进一步强化举证责任分配规则在侵权损害赔偿计算中的适用，明确了当被诉侵权人对赔偿数额有异议时，其作为持有侵权规模证据的侵权行为人，应当提交与侵权行为规模有关的证据予以反驳，而不能避开侵权行为规模的基础事实，另行主张专利技术贡献度等其他抗辩事由，从而突出侵权规模基础事实在损害赔偿计算中的首要地位，这有利于引导和促进诉讼双方就侵权赔偿计算形成实质性抗辩。对此，不再进一步阐明。对于第一个问题即多主体实施的方法专利的侵权判定规则问题，是本案最引人关注的问题，也是最具指导意义的问题，下文将对此作详细分析。

一、多主体实施方法专利的保护难点

所谓多主体实施的方法专利，是指方法专利所限定的技术方案，有赖于多个主体共同实施才能够完整地实现。根据专利侵权判定的“全面覆盖”原则，专利侵权的认定应当以被诉侵权人实施的被诉侵权技术方案全面覆盖了专利权利要求记载的所有技术特征为必要条件。被诉侵权人实施的被诉侵权行为符合前述条件，且被诉侵权人无其他不侵权抗辩事由，或者其提出的相关抗辩事由不成立的，构成专利侵权。在此种情形下，被诉侵权人直接实施覆盖了专利权利要求的全部技术特征的行为，故该种形式的专利侵权亦被称为直接侵权。由此可见，相对于一般的单主体实施的方法专利，多主体实施的方法专利的维权较为困难，专利权人要通过诉讼方式获得权利救济，有时需要将所有参与方法专利实施的主体一起作为被告提起诉讼。这在某些情况下是可行的，例如多个主体在实施方法专利技术方案的过程中存在意思联络的分工合作关系，此时可以适用《侵权责任法》[1]第8条关于共同侵权的规定，认定所有参与实施方法专利技术方案的主体构成共同侵权，并承担连带责任。然而，更多的情况下，参与实施方法专利技术方案的各主体之间并不存在意思联络，仅仅是由于社会化分工和商品的市场流通而形成上下游或者平行的分工协作关系，且并没有一个主体实施了完整的方法专利的技术方案。此种情形下，既难以认定参与实施方法专利技术方案的所有主体构成共同侵权，也难以认定其中任何一个仅实施

〔1〕根据《民法典》的规定，《侵权责任法》自2021年1月1日起废止。以下同。

了部分方法专利技术方案的主体构成专利侵权。

二、专利间接侵权的保护思路及局限性

为了进一步加强对专利权的保护，《审理侵犯专利权纠纷案件司法解释（二）》（2016年）规定了间接侵权制度。该司法解释第21条第1款和第2款规定："明知有关产品系专门用于实施专利的材料、设备、零部件、中间物等，未经专利权人许可，为生产经营目的将该产品提供给他人实施了侵犯专利权的行为，权利人主张该提供者的行为属于侵权责任法第九条[1]规定的帮助他人实施侵权行为的，人民法院应予支持。明知有关产品、方法被授予专利权，未经专利权人许可，为生产经营目的积极诱导他人实施了侵犯专利权的行为，权利人主张该诱导者的行为属于侵权责任法第九条规定的教唆他人实施侵权行为的，人民法院应予支持。"根据该条司法解释的规定，认定某一行为人实施的行为是否构成专利侵权，并不要求该行为人本人直接实施了覆盖专利权利要求全部技术特征的行为，如果行为人"明知"其实施的行为及其行为结果系"专用"于实施专利技术方案而仍然为之，或者"明知"其教授行为将侵害他人专利权而仍然"积极诱导"，则行为人的行为亦构成专利侵权，一般称为帮助/教唆侵权，或统称为间接侵权。需要特别指出的是，根据第四次全国法院知识产权审判工作会议精神，"专利领域中的帮助侵权以被帮助者利用侵权专用品实施了覆盖专利权利要求全部技术特征的行为为条件，既不要求被帮助者的行为必须构成法律意义上的直接侵权行为，也不要求必须将帮助者和被帮助者作为共同被告"。故2018年的司法政策，进一步明确了间接侵权并不以直接侵权的成立为要件，而以专利技术方案的所有技术特征是否最终被全面覆盖为成立要件。由此可见，较之直接侵权，我国的专利间接侵权制度为多主体实施的方法专利的权利人提供了更为有利的救济途径，多主体实施的方法专利的权利人不再需要将所有参与实施方法专利的主体列为共同被告，可以仅起诉为实施方法专利提供"专用品"的相关行为人。但是，由于本案吉祥腾达科技公司制造并销售的被诉侵权产品不是侵权"专用品"，其还具有其他上网

[1] 现为《民法典》第1169条。以下同。

认证方式可选，正是由于被诉侵权产品并非“专用品”，吉祥腾达科技公司是否“明知”其制造并销售的被诉侵权产品系“专用”于实施专利技术方案也无从谈起，因此本案没有适用间接侵权的空间。本案二审判决并未选择通过认定吉祥腾达科技公司构成专利间接侵权的方式确定其法律责任。

三、对专利直接侵权行为的深化认识

在综合考虑现有法律规定和本案案件基本事实之后，本案二审采取了直接侵权的思路认定吉祥腾达科技公司构成专利侵权，具体如下：《专利法》第 11 条所规定的关于侵害方法专利的“使用”行为，从字面含义看，应是指直接执行专利方法的每个步骤，而不包含为执行专利方法步骤创造条件或提供帮助的辅助行为。但须注意到，正如二审判决书所指出的，“终端用户在使用终端设备时再现的专利方法过程，仅仅是此前固化在被诉侵权产品内的专利方法的机械重演”。也就是说，对于终端用户而言，其既没有执行专利方法的动机，也对专利方法所有步骤被执行没有感知，其在网页浏览器内输入其想要浏览网站的网址的行为，仅仅是触发了专利方法所有步骤被软件自动执行。终端用户不应被视为使用了涉案方法专利的主体，其在网页浏览器地址栏内输入其想要浏览网站的网址的行为系正常地使用现有技术的行为，而非使用专利方法的行为。由于侵权行为的主体不可能是装置或软件，而应当是通过装置或软件来实施专利侵权行为的自然人、法人或非法人组织等民事主体，因此，将具备执行方法专利所有步骤的软件固化到被诉侵权路由器中的主体，应当被认定为执行涉案专利方法的主体，也即使用了涉案专利方法的主体。据此，吉祥腾达科技公司在本案中制造被诉侵权路由器的过程中固化专利方法的行为，并非一般地为执行专利方法创造条件或提供帮助的辅助行为，而是直接使用了涉案专利方法的行为。由此二审判决将本案被诉侵权行为解释为专利直接侵权行为，适用《专利法》第 11 条对此予以规制。

四、对“不可替代的实质性作用”规则的理解和适用

本案二审判决的意义在于，在解决个案问题的同时，抽象出了关于多主体实施的方法专利的侵权判定一般性规则，即“如果被诉侵权行为人以生产经营为目的，将专利方法的实质内容固化在被诉侵权产品中，该行为或者行为结果对专利权利要求的技术特征被全面覆盖起到了不可替代的实质性作用，也即终端用户在正常使用该被诉侵权产品时就能自然再现该专利方法过程的，则应认定被诉侵权行为人实施了该专利方法，侵害了专利权人的权利”（以下简称“不可替代的实质性作用”规则），既合理拓展了多主体实施的方法专利权保护空间，又不会使此类专利权被滥用。可以从以下三个方面进一步去理解该裁判规则：

1. 关于“全面覆盖原则”

无论是专利直接侵权，还是专利间接侵权，都应遵循“全面覆盖原则”。本案适用的是专利直接侵权的法律规范，自然也遵循“全面覆盖原则”。吉祥腾达科技公司在制造被诉侵权路由器时，将专利方法的实质内容通过软件的方式固化到被诉侵权路由器的过程，就是实施了“全面覆盖”专利技术特征的行为。需要特别指出的是，之所以用“专利方法的实质内容”而不是“专利方法的全部技术特征”，是因为：一方面，方法专利权利要求中涉及的部分产品和装置没有办法通过软件的方式固化到被诉侵权产品中，能固化到被诉侵权产品中的是对这些产品和装置控制、调用等指令；另一方面，方法专利保护的对象是特定的方法、步骤、操作流程，而不是产品装置，在已将所有体现专利方法的步骤、操作流程的技术特征以软件的方式固化到被诉侵权产品中的情况下，应认定该固化行为实现了对方法专利的“全面覆盖”。

2. 关于“不可替代的实质性作用”

该要件将方法专利的权利行使范围限定在与其技术贡献相匹配的合理范围之内，防止将一些已属于公有领域的技术方案纳入专利权的保护范围。涉案专利方法的实施涉及三个装置：用户设备（对应于终端用户的电脑）、接入服务器（对应于被诉侵权路由器）以及真正门户网站 Portal_ Server（本案中内置于被诉侵权路由器）。由于涉案专利方法的实质内容只是固化在其中一个装置，即被诉侵权路由器，故被诉侵权路由器在实施涉案专利方法的过程中发挥了“不可替代的实质性作用”。而终端用户的电脑、真正门户网站 Portal_ Server 是通用设备，这些装置对于专利方法的实施具有可替代性，在实施涉案专利方法过程中并未发挥实质性作用。相应地，制造、控制以及使用这些通用设备的主体不具有可责性，这些主体各自实施的相关行为也不应受到涉案专利权的限制。

3. 关于本案规则的适用范围

本案的情况是涉案专利方法的实质内容全部被固化在一个硬件装置中，而且该固化行为的实施者与硬件装置的制造者是同一主体，因此在与本案情形类似的案件中，适用“不可替代的实质性作用”的规则，将硬件装置的制造者认定为侵权行为人并承担相应侵权责任不会存在障碍。但是，随着网络通信领域技术的进一步发展，可能会出现更为复杂的情况，例如专利方法实质内容被固化到多个硬件装置中，通用硬件装置在接收到某一固化有专利方法的硬件装置发出的指令后自动下载安装具有执行专利方法功能的软件，制造硬件装置的主体与固化专利方法的主体系两个不同主体等情形。在这些情形中，某一硬件装置（某一方主体）对于实施方法专利是否具有“不可替代”作用的判断相对容易，但对究竟是哪一个硬件装置（哪一方主体）对于实施专利方法起到了“实质性作用”的判断可能会存在争议。并且，如何认定多个对实施专利方法均有“不可替代”作用的硬件装置的控制者或者制造商的行为性质，是各自构成专利直接侵权，还是各自构成专利间接侵权，抑或是构成共同侵权，这些问题都有待进一步在司法实践中探索解决。

五、结语

本案确立的“不可替代的实质性作用”标准，解决了信息化时代背景下的多主体实施专利的保护难题。对全面覆盖原则的前述阐释发展了我国专利侵权判定理论体系，满足了产业创新和专利实质化保护的内在需要，将对以互联网通信技术为代表的高新技术产业的知识产权保护和创新激励产生深远影响，同时向世界传达了中国法院关于知识产权实质化保护的价值取向和裁判理念，因此具有指导意义。

最高人民法院二审合议庭成员：朱理　傅蕾　张晓阳

（编写人：张晓阳*　审稿人：丁文严）

---

* 张晓阳，工学博士，中华人民共和国最高人民法院知识产权法庭，四级高级法官。

典型案例

民商事与执行

中铁物上海有限公司
与
济南润和机车车辆物流有限责任公司、
中车山东机车车辆有限公司
执行异议之诉案

——当事人对已经生效的仲裁裁决或法院驳回的诉讼请求以执行异议之诉的方式再行主张的认定

【裁判摘要】

已经生效的仲裁裁决或人民法院判决驳回的部分请求，当事人在执行该裁决或判决的过程中又以相同的请求和理由提出执行异议之诉的，属于重复诉讼，应当裁定驳回起诉。

【案件基本信息】

1. 诉讼当事人

再审申请人（一审原告、二审上诉人）：中铁物上海有限公司（以下简称中铁物公司）

被申请人（一审被告、二审被上诉人）：济南润和机车车辆物流有限责任公司（以下简称润和机车车辆物流公司）

被申请人（一审被告、二审被上诉人）：中车山东机车车辆有限公司（以下简称中车车辆公司）

2. 案件索引与裁判日期

一审：山东省济南市中级人民法院（2019）鲁01民初2842号判决（2020年1月6日）

二审：山东省高级人民法院（2020）鲁民终1438号判决（2020年7月7日）

再审：最高人民法院（2021）最高法民申42号裁定（2021年4月12日）

3. 案由

执行异议之诉

【简要案情】

2016年9月26日，济南仲裁委作出（2016）济仲裁字第0280号裁决书，裁决：（一）润和机车车辆物流公司向中铁物公司支付货款29,463,534.91元；（二）润和机车车辆物流公司向中铁物公司支付利息损失2,447,634.29元；（三）中铁物公司的其他仲裁请求不予支持；（四）本案仲裁费169,242元，中铁物公司承担10,000元，润和机车车辆物流公司承担159,242元。上述第一项、第二项、第四项合并计算共计32,070,411.20元，由润和机车车辆物流公司于裁决生效之日起10日内一次性支付给中铁物公司。关于中铁物公司请求济南轨道交通装备有限公司（以下简称轨道交通装备公司）共同支付拖欠货款等的责任，济南仲裁委未予支持，其理由之一为润和机车车辆物流公司虽系轨道交通装备公司独资设立，两公司存在母子公司的关联性，但两公司各自依法具有独立法人资格，依法独立对自己的民事行为享有权利，承担义务和责任。2016年8月，轨道交通装备公司名称变更为中车车辆公司，润和机车车辆物流公司系中车车辆公司的全资子公司。该仲裁裁决作出后，一审法院于2017年1月10日立案执行，案号为（2017）鲁01执37号，中铁物公司申请追加中车车辆公司为本案被执行人，对润和机车车辆物流公司的债务承担连带清偿责任。一审法院于2019年7月24日作出（2019）鲁01执异638号裁定，驳回中铁物公司的追加申请。中铁物公司不服，在法律规定的时间内提起本案诉讼，请求追加中车车辆公司为被执行人，对润和机车车辆物流公司的债务承担连带清偿责任。

一审法院于2020年1月6日作出（2019）鲁01民初2842号判决，驳回中铁物公司诉讼请求。二审法院于2020年7月7日作出（2020）鲁民终1438号判决，驳回上诉，维持原判。

中铁物公司不服二审判决，向最高人民法院申请再审。

【案件焦点】

已经生效仲裁裁决或人民法院判决驳回的部分请求，当事人在执行该裁决或判决的过程中又以相同的请求和理由提出执行异议之诉的，是否构成重复起诉。

【裁判结果】

最高人民法院经审理认为，第一，从执行异议之诉的设立目的来看，中铁物公司在仲裁庭已就上述请求作出裁决的情况下，仍然以申请追加被执行人的方式再次主张同样的请求，并在被驳回后提起执行异议之诉，不具有正当性。第二，从仲裁程序的救济途径来看，在仲裁庭裁决驳回中铁物公司关于中车车辆公司对润和机车车辆物流公司的涉案债务承担连带清偿责任的请求后，依据一裁终局规则，除非该裁决被依法撤销，否则裁决结果具有法律效力，中铁物公司在执行程序中申请追加中车车辆公司承担连带清偿责任的行为，其实质是对仲裁裁决结果不服并提出异议，这不符合仲裁程序的救济规则。第三，从或裁或审原则来看，尽管中铁物公司未在仲裁裁决作出后直接就同一纠纷提起诉讼，但由于其在执行异议、执行异议之诉中的请求与仲裁程序中的请求相同，如果人民法院再次予以审理，实质上属于重复审理，违反了或裁或审原则。因此，中铁物公司提起执行异议之诉在本质上属于重复诉讼，本案应当驳回中铁物公司的起诉。考虑到原审法院驳回了中铁物公司的诉讼请求，故为减轻当事人讼累，节约司法资源，本案可驳回中铁物公司的再审申请。因此，裁定驳回中铁物公司的再审申请。

【裁判摘要评析】

一、关于“重复起诉”的界定与适用

“一事不再理”是民事诉讼中的一项基本法律制度，是各国民事诉讼法中通用的国际惯例。《民事诉讼法司法解释》第247条规定：“当事人就已经提起诉讼的事项在诉讼过程中或者裁判生效后再次起诉，同时符合下列条件的，构成重复起诉：（一）后诉与前诉的当事人相同；（二）后诉与前诉的诉讼标的相同；（三）后诉与前诉的诉讼请求相同，或者后诉的诉讼请求实质上否定前诉裁判结果。当事人重复起诉的，裁定不予受理；已经受理的，裁定驳回起诉，但法律、司法解释另有规定的除外。”一般看来，同样的当事人之间发生争议且已经法院生效裁判解决的问题，当然不得再次提出诉请或不允许将生效裁判推倒重来，如对法院已经裁判驳回的部分请求再次提起诉讼，则属于重复诉讼。这就是一事不再理原则或法院裁判消极既判力的道理之所在，体现了法院裁判的权威性。[1]

诉讼与仲裁均是当事人解决矛盾纠纷的法律途径，当事人可以根据法律规定和协商自主选择采用何种途径维护自身合法权益，并在行使权利的过程中遵从法律规定和约束。仲裁裁决同样具有禁止重复诉讼的既判力，仲裁庭作出裁决后，当事人不得就同一纠纷再次申请仲裁或向人民法院提起诉讼。《仲裁法》第9条第1款规定：“仲裁实行一裁终局的制度。裁决作出后，当事人就同一纠纷再申请仲裁或者向人民法院起诉的，仲裁委员会或者人民法院不予受理。”《贸仲仲裁规则》第49条中规定：“裁决是终局的，对双方当事人均有约束力。任何一方当事人均不得向法院起诉，也不得向其他任何机构提出变更仲裁裁决的请求。”

本案中，中铁物公司申请将中车车辆公司作为连带责任人的请求被仲裁裁决驳回后，又在执行程序中提出执行异议，向法院申请追加中车车辆公司作为被执行人，在其执行异议被驳回后，再次以相同的诉讼请求和理由提起执行异议之诉。执行异议之诉是否能与执行依据之诉或仲裁构成重复诉讼目前尚属于法律规定的空白，因此一审、二审法院均对本案进行了实质审理并判决驳回中铁物公司的诉讼请求，而未认定重复诉讼。本案裁定明确认定了对于已经生效的仲裁裁决或法院裁判驳回的诉讼请求，当事

---

〔1〕 参见王亚新、陈晓彤：《前诉裁判对后诉的影响——〈民诉法解释〉第93条和第247条解析》，载《华东政法大学学报》2015年第6期。

人以相同的请求和理由提出执行异议之诉的属于重复诉讼，应当驳回起诉。

执行异议之诉是指在执行过程中，当事人、案外第三人因法院的不当执行导致其权利受到侵害时，依法提起诉讼以排除法院强制执行的救济途径。其目的在于保障当事人和案外第三人能够充分参与诉讼程序，排除执行机关的不当执行行为，实现自身的权利救济，保护正当的实体权利。执行异议之诉是否能与作出执行依据裁判（仲裁裁决）的诉讼（仲裁）构成重复诉讼，目前法律并无明文规定，但从执行异议之诉设立的目的来看，当事人对于已经生效仲裁裁决或人民法院裁判驳回的部分请求，仍然以申请追加被执行人的方式再次主张，并在执行异议被驳回后提起执行异议之诉，不具有正当性。在当事人已经充分参与诉讼或仲裁，诉讼权利和正当的实体权利均得到有效保障的情况下，其再次在执行异议之诉中提出相同的诉请和理由，该行为与执行异议之诉设立的目的相违背，增加了其他当事人的诉累，不利于节约司法资源、维护法律的权威。

二、关于重复起诉的认定条件

从认定重复诉讼的条件来看，首先，构成重复诉讼要求后诉与前诉的当事人相同。传统观点认为，当事人是指因民事上的权利义务关系与他人发生争议，而以自己的名义参加诉讼，并受法院裁判拘束的人。[1] 同一当事人不仅包括后诉与前诉原告与被告完全一致的情形，也包括后诉中原被告双方地位互换的情形。其次，构成重复诉讼要求后诉与前诉的诉讼标的相同，这是认定重复诉讼的核心要素。学界对于诉讼标的的定义存在几种不同的学说。传统诉讼标的理论认为，诉讼标的乃是原告在诉讼上所为一定具体实体法之权利主张，原告起诉时，在诉状上必须具体表明其所主张之实体权利或法律关系。[2] 据此，作为法院审理对象的诉讼标的应当为诉讼上原告的权利主张。新诉讼标的理论认为，诉讼标的应当与民法上的实体权利义务相分离，仅从纯粹的诉讼法角度看待诉讼标的，根据原告的诉讼请求以及其主张的事实理由，形成真正的诉讼法意义上的诉讼标的概念

〔1〕 参见江伟主编：《中国民事诉讼法教程》，中国政法大学出版社 1994 年版，第 86 页。

〔2〕 参见陈荣宗、林庆苗：《民事诉讼法》，台北，三民书局 1996 年版，第 293 页。

和内容，也就是根据诉讼请求和事实理由确定诉讼标的。新实体法说认为，在基于一个事实关系而产生具有几个实体法请求权的情况下，根据不同的实体法上的理论，只能成立一个请求权。《民事诉讼法司法解释》第247条中诉讼标的应当适用传统诉讼标的理论，也就是以当事人在诉讼中具体而特定地主张的实体法律关系作为诉讼标的。最后，构成重复诉讼要求后诉与前诉的诉讼请求相同，或者后诉的诉讼请求实质上否定前诉裁判结果。诉讼请求即建立在诉讼标的基础上的诉的声明，具体的请求内容对于诉讼中识别诉讼标的及厘清其范围具有实际意义。本案裁定明确指出，中铁物公司提起的执行异议之诉中的原被告双方当事人、诉讼请求及标的与已生效仲裁裁决完全相同，因此中铁物公司提出的执行异议之诉符合构成重复诉讼的情形。虽然执行异议之诉是在执行程序中方可提起的诉讼，其设立目的和前置程序都与普通的诉讼不同，中铁物公司也并未就相同的事实与理由直接提起诉讼，但当该执行异议之诉符合《民事诉讼法司法解释》第247条规定的情形时，也可以与其执行依据之诉或仲裁构成重复诉讼。

最高人民法院再审合议庭成员：张纯　汪军　谢爱梅

（编写人：汪军*　马冉**　傅竞娴***　审稿人：杨奕）

---

* 汪军，法律硕士，中华人民共和国最高人民法院第三巡回法庭，三级高级法官。

** 马冉，法学硕士，中华人民共和国最高人民法院民事审判第一庭，法官助理。

*** 傅竞娴，法学硕士，中华人民共和国最高人民法院第三巡回法庭，实习助理。

明发集团有限公司
与
宝龙集团发展有限公司
及原审第三人致同会计师事务所
（特殊普通合伙）厦门分所
合同纠纷案

——或裁或审协议效力的认定

【裁判摘要】

当事人在合同中约定，双方发生与合同有关的争议，既可以向人民法院起诉，也可以向仲裁机构申请仲裁的，当事人关于仲裁的约定无效。但发生纠纷后，一方当事人向仲裁机构申请仲裁，另一方未提出异议并实际参加仲裁的，应视为双方就通过仲裁方式解决争议达成了合意。其后双方就同一合同有关争议又向人民法院起诉的，人民法院不予受理；已经受理的，应裁定驳回起诉。

【案件基本信息】

1. 诉讼当事人

上诉人（一审原告）：明发集团有限公司（以下简称明发集团）

被上诉人（一审被告）：宝龙集团发展有限公司（以下简称宝龙集团）

原审第三人：致同会计师事务所（特殊普通合伙）厦门分所

2. 案件索引与裁判日期

一审：福建省高级人民法院（2019）闽民初 44 号裁定（2020 年 10 月 13 日）

二审：最高人民法院（2021）最高法民终480号裁定（2021年3月26日）

3. 案由

合同纠纷

【简要案情】

明发集团与宝龙集团签订了合作开发“明发商业广场”合同书（以下简称合作合同），双方合作开发了明发商业广场项目。宝龙集团向厦门仲裁委员会（以下简称厦门仲裁委）提起仲裁申请，要求对涉案项目的利润进行分配，明发集团参加了仲裁审理活动。在厦门仲裁委作出裁决后，明发集团关于撤销仲裁的申请也被福建省厦门市中级人民法院驳回。

明发集团认为根据合作合同约定，宝龙集团应按30%的比例分摊上述未经厦门仲裁委处理的支出，并向明发集团支付资金占用费。此外，双方合作开发涉案项目，直接使用了明发集团的“明发”品牌商标，宝龙集团应向明发集团支付品牌使用费。故明发集团诉至一审法院，请求判令宝龙集团承担上述费用。

一审法院认为，明发集团收到厦门仲裁委受理通知及相关材料，选定仲裁员廖某某，双方参加了仲裁审理活动。当事人上述行为表明双方对合作中产生的纠纷已经选择通过仲裁解决。其次，厦门仲裁委已根据宝龙集团的申请对双方的争议作出裁决。本案明发集团所提起的诉讼（包括增加的诉讼请求）仍是基于双方在履行合作合同中所产生的纠纷，故明发集团对已经仲裁的争议不能再向法院提起民事诉讼；对于合作中新产生的争议仍应按既选的仲裁方式解决。一审法院据此裁定：驳回明发集团的起诉。

明发集团不服一审裁定，向二审法院提起上诉，请求撤销一审裁定，指令一审法院继续审理本案。

【案件焦点】

明发集团能否就履行合作合同中新产生的纠纷向人民法院起诉。

【裁判结果】

最高人民法院经审理认为，《仲裁法司法解释》第7条规定，“当事人约定争议可以向仲裁机构申请仲裁也可以向人民法院起诉的，仲裁协议无效。但一方向仲裁机构申请仲裁，另一方未在仲裁法第二十条第二款规定期间内提出异议的除外”。《仲裁法》第20条第2款规定：“当事人对仲裁协议的效力有异议，应当在仲裁庭首次开庭前提出。”本案中，明发集团与宝龙集团签订的合作合同第12条约定：“对本合同各条款的执行与解释所引起的争执，合作双方应尽量通过友好协商解决，如争议调节不成，可提交当地仲裁机构仲裁或辖区人民法院诉讼。”2009年11月26日，宝龙集团依据该约定向厦门仲裁委申请仲裁，明发集团收到厦门仲裁委受理通知及相关材料，未对以仲裁方式解决纠纷以及仲裁机构提出异议，全程参与仲裁活动，直至2018年10月30日厦门仲裁委作出裁决书。宝龙集团、明发集团的行为符合上述法律、司法解释规定的情形，涉案合作合同第12条关于仲裁协议的约定对双方具有法律约束力。依据《仲裁法》第5条及《民事诉讼法司法解释》第215条的规定，双方就涉案合作合同产生的纠纷均应通过仲裁的方式解决，不能向人民法院提起诉讼。一审法院裁定驳回明发集团起诉，并无不当。明发集团关于参加仲裁仅视为其同意通过仲裁方式解决仲裁案件中请求和反请求部分涉及的内容，并不能推定其同意通过仲裁方式解决涉案合作合同项下其他纠纷的主张不能成立。最高人民法院据此裁定：驳回上诉，维持原裁定。

【裁判摘要评析】

诉讼与仲裁是当事人解决民商事争议常用的途径。一般来说，除《仲裁法》第3条[1]规定的仲裁的消极适用范围外，当事人可在任一纠纷产生前后自愿选择仲裁或诉讼作为争议解决方式。然而从仲裁和诉讼的发展历史及现实看，仲裁与诉讼虽作为解决民商事争议的主要方法并存，但该两种争议解决办法在性质上是彼此排斥的，因此在具体选择争议解决方法时，诉讼与仲裁这两种方式不能并存。实践中，不乏有当事人在合同中约定与合同有关的争议既可以向人民法院起诉也可以向仲裁机构申请仲裁。针对该类争议解决条款的效力，法院大多依据《仲裁法司法解释》第7

〔1〕《仲裁法》第3条规定：“下列纠纷不能仲裁：（一）婚姻、收养、监护、扶养、继承纠纷；（二）依法应当由行政机关处理的行政争议。”

条[1]进行审查判断。

针对《仲裁法司法解释》中或裁或审协议效力的规定，司法实践中产生了不同的认识，即仲裁协议无效究竟是仅“涉及仲裁部分的约定无效”还是“或裁或审协议整体无效”。结合《仲裁法司法解释》第7条的后半段则衍生出前述问题的孪生问题——未对一方向仲裁机构申请仲裁提出异议的行为是使在先的仲裁协议有效，还是以事实行为在当事人间达成了一个新的仲裁协议？此外，该争议解决条款仅适用于个案还是对因同一合同产生的所有纠纷均得以适用？笔者拟对这两个问题进行梳理，并就统一裁判尺度提出建议。

一、关于或裁或审协议效力的认定

部分无效说认为，仲裁协议无效仅指仲裁部分的约定无效，当事人关于诉讼的约定仍然有效。最高人民法院（2016）最高法民辖终285号裁定、最高人民法院（2016）最高法民辖终39号裁定持此观点。最高人民法院（2016）最高法民辖终285号裁定认为：“合同第十二条关于约定仲裁的部分违反上述规定，应属无效；关于向合同签订地法院提起诉讼的约定，应根据《中华人民共和国民事诉讼法》第三十四条[2]有关约定管辖的规定认定。本案主合同签订地为云南省昆明市，双方约定的管辖法院明确、唯一，与合同有实际联系，也不违反级别管辖和专属管辖的规定，应认定有效。”北京市高级人民法院和江苏省高级人民法院发布的地方性司法文件也主张应对仲裁条款和诉讼管辖条款进行独立判断，仲裁协议无效不影响诉讼管辖协议的效力，诉讼管辖协议的效力应从是否违反级别管辖、法定管辖以及是否具有法定无效事由的角度来判断。[3] 有学者在此基础上进一步主张仲裁条款的独立性，认为仲裁和诉讼都具有解决争议的能力，不能仅

---

〔1〕《仲裁法司法解释》第7条规定：“当事人约定争议可以向仲裁机构申请仲裁也可以向人民法院起诉的，仲裁协议无效。但一方向仲裁机构申请仲裁，另一方未在仲裁法第二十条第二款规定期间内提出异议的除外。”

〔2〕2021年《民事诉讼法》修改后，本条变更为第35条。

〔3〕参见《北京市高级人民法院关于民事诉讼管辖若干问题的规定（试行）》第6条；《江苏关于商事纠纷管辖若干疑难问题的解答》第10条。

因仲裁协议与法院管辖选择并行的事实就导致仲裁条款无效。两个条款若同时存在，应分别根据法律规定考察各条款的效力。如果两个条款中仅一个条款有效，当事人只能提起诉讼或提起仲裁；如果两个条款均有效，则由当事人自行选择。[1]

整体无效说认为，仲裁协议无效系指或裁或审协议整体无效，不仅关于仲裁的条款是无效的，关于诉讼的条款也是无效的。最高人民法院（2020）最高法知民辖终 283 号裁定和最高人民法院（2014）最高法民二终字第 83 号裁定持此观点。最高人民法院（2020）最高法知民辖终 283 号裁定从当事人在具体选择争议解决方法时应当具有明确性和确定性出发，认为若当事人在合同中同时选择了诉讼与仲裁来解决其争议，应认定当事人的真实意思表示不确定，仲裁协议条款整体无效，应按照法定管辖确定受理法院。

需要注意的是，实践中还有一类最高人民法院的案例在援引《仲裁法司法解释》第 7 条后，径直概括认为“当事人约定的仲裁条款无效，人民法院对本案具有管辖权”，并未涉及整体无效和部分无效两种论点的判断。最高人民法院（2019）最高法民辖终 122 号裁定和最高人民法院（2017）最高法民辖终 83 号裁定即作此处理。

综览上述两种对或裁或审协议的处理方式，尽管从结果上看两者最终都排除了仲裁机构的管辖，认定由法院受理涉案纠纷，但两者的路径和依据并不一致，对仲裁条款的效力认定也不一致，并且路径的差异还可能进一步导致管辖法院不一致的情况。从法解释学的层面来看，《仲裁法司法解释》第 7 条仅规定或裁或审情况下仲裁协议无效，并未区分整体无效还是部分无效，故文义解释在此无能为力，或者说它允许两可的解释。有观点认为从体系解释和立法解释的角度可以得出整体无效的观点。具体而言，其认为《仲裁法司法解释》第 7 条整体规定意味着诉讼条款也无效，否则当诉讼条款有效时，当事人只能向法院提起诉讼，即便另一方未

[1] 参见杨玲：《论“或裁或审”条款中仲裁条款的效力——以海峡两岸司法实践为视角》，载《西北大学学报（哲学社会科学版）》2014 年第 4 期。

在规定期间内对一方向仲裁机构申请仲裁提出异议；其还认为《仲裁法司法解释》系由最高人民法院研究室和民事审判第四庭起草完成，起草者的解读接近立法原意和立法目的，可视作立法解释，而从前者编著的《最高人民法院仲裁法司法解释的理解与适用》一书相关内容来看，或裁或审协议应作“整体无效”解释。关于对体系解释的回应，将于其后展开；就立法解释而言，《最高人民法院仲裁法司法解释的理解与适用》亦仅围绕“如果当事人同时选择了诉讼与仲裁解决其争议，应认定该仲裁条款无效”[1]这一观点展开论证，无涉“整体无效与部分无效”的纷争，故从立法解释亦无从得出该种观点更具有合理性。在解释学无从得出唯一结论的情况下，不妨以意思自治作为突破口来解决路径的选择问题。

从意思自治的角度，笔者认可部分无效说。首先，争议解决条款是当事人依据意思自治原则选择争议解决方式的约定，性质上属于当事人之间就争议解决方式所达成的契约，在没有禁止性规定的情况下，应最大限度上尊重当事人的意思自治，这符合现代民事纠纷合意解决机制的价值理念。根据《仲裁法》第 5 条，仲裁与诉讼不能并行选择。而在或裁或审协议中，因为当事人同时作出了诉讼管辖和仲裁管辖的意思表示，当事人对于争议解决机构选择的真意并不明确，无从判断当事人更倾向于采取何种方式解决纠纷，在其意思表示面临全部无效以及部分无效的风险时，从尊重当事人意思自治的角度，应采取对当事人意思损害最小的认定，即只认定部分无效。其次，根据《民法典》第 156 条的规定可推知，争议解决条款中仲裁条款无效不影响诉讼管辖条款的效力，应单独对条款中诉讼管辖约定的效力作出认定。在不违反法定管辖和级别管辖的情况，应认定当事人关于诉讼管辖的约定有效。在当事人约定的管辖法院符合级别管辖以及专属管辖的规定，且约定的法院不同于法定管辖所确定的受理法院时，若采“整体无效说”，则当事人关于法院管辖的约定亦无效，最终案件将由法定管辖所确定的法院管辖而非当事人之间约定的法院管辖。若诉讼管辖条款

---

[1] 最高人民法院研究室、最高人民法院民事审判第四庭编著：《最高人民法院仲裁法司法解释的理解与适用》，人民法院出版社 2015 年版，第 70-72 页。

因违反级别管辖或专属管辖而无效，则或裁或审协议中当事人关于争议解决机构的选择系唯一的，当事人应向仲裁机构申请仲裁。最后，关于《仲裁法司法解释》第7条后半段的理解问题，前述已论及或裁或审协议中的仲裁条款因当事人意思表示不确定而无效。在一方向仲裁机构申请仲裁，另一方未在仲裁庭首次开庭前提出异议的，这一事实选择的行为表明当事人此时对选择仲裁的意思表示是真实、明确、清晰的，这一行为使在先的仲裁条款有效。依据《仲裁法》第5条的规定，有效的仲裁协议排斥法院管辖，故从体系解释的角度亦可得出部分无效说的结论。

本案中，宝龙集团与明发集团达成的合作合同关于争议解决的条款虽属或裁或审协议，但明发集团在宝龙集团申请仲裁后未在仲裁庭首次开庭前提出异议，并在选定仲裁员后参加仲裁，该行为使在先的仲裁条款重新生效，明发集团关于"合作合同第十二条关于约定仲裁的条款没有法律效力，应视为双方未达成提交仲裁的合意"的主张，不能成立。

二、仲裁条款的约束力

此处探讨的范围仅限于因《仲裁法司法解释》第7条后半段所规定行为而有效的仲裁条款的约束力，也即该条款能否适用于后续因同一合同产生的其他纠纷，对此笔者持肯定观点。首先，依据《仲裁法》第5条及《民事诉讼法司法解释》第215条的规定，当事人之间达成有效的仲裁协议，一方向人民法院起诉的，人民法院不予受理。在或裁或审协议中，因符合《仲裁法司法解释》第7条后半段的规定而有效的仲裁条款是当事人之间达成的真实意思表示，该行为使仲裁协议有效并成为合同的争议解决条款，不仅约束该次争议的解决，还影响和约束同一合同项下相关争议的解决。此外，诉讼和仲裁作为争议解决的两种方式，两者在管辖权、审理原则、审理程序等方面存在较大区别，[1] 因同一合同产生的不同纠纷若既由法院管辖又由仲裁机构仲裁，容易造成裁判尺度不一，不利于纠纷

---

〔1〕 参见江伟、肖建国主编：《仲裁法》（第3版），中国人民大学出版社2016年版，第31-32页；宋连斌主编：《仲裁法》，武汉大学出版社2010年版，第2-3页；李广辉、林泰松：《仲裁法学》，中国法制出版社2019年版，第7-8、12-13页。

化解。

综上，或裁或审协议中仲裁约定无效的，在一方向仲裁机构申请仲裁，另一方未在仲裁庭首次开庭前提出异议时，视为双方就通过仲裁方式解决争议达成了一致。其后双方就合同有关争议又向人民法院起诉的，人民法院不予受理；已经受理的，应裁定驳回起诉。本案中，合作合同中的仲裁条款因明发集团未在厦门仲裁委员会仲裁庭首次开庭前提出异议并参加仲裁而有效，该条款系明发集团与宝龙集团间的争议解决条款，其后明发集团与宝龙集团就合作合同产生的纠纷均应通过仲裁解决。

最高人民法院二审合议庭成员：汪军　薛贵忠　杜微科

（编写人：汪军*　魏佳钦**　刘志远***　审稿人：杨奕）

---

* 汪军，法律硕士，中华人民共和国最高人民法院第三巡回法庭，三级高级法官。

** 魏佳钦，法学硕士，中华人民共和国最高人民法院第三巡回法庭，法官助理。

*** 刘志远，南京师范大学法学硕士。

江西腾荣实业有限公司
与
江西银行股份有限公司南昌高新支行
债权转让合同纠纷案

——通谋虚伪行为的认定与效力评价

【裁判摘要】

借款人与贷款银行在双方签订的借款合同之外，又另行签订债权转让及资产委托管理协议，约定借款人支付一定金额的债权转让费用但不获取任何利益的，应认定该债权转让及资产委托管理协议系以变相收取借款利息等为目的，属于双方订立的借款合同的组成部分。双方签订债权转让及资产委托管理协议系以虚假的意思表示实施的民事法律行为，依法应认定为无效；该行为所隐藏的收取利息的行为的效力，依照有关法律规定处理。

【案件基本信息】

1. 诉讼当事人

再审申请人（一审原告、二审被上诉人）：江西腾荣实业有限公司（以下简称腾荣实业公司）

被申请人（一审被告、二审上诉人）：江西银行股份有限公司南昌高新支行（以下简称江西银行南昌高新支行）

2. 案件索引与裁判日期

一审：江西省南昌市中级人民法院（2018）赣 01 民初 342 号判决（2019 年 12 月 20 日）

二审：江西省高级人民法院（2020）赣民终 267 号判决（2020 年 5 月 26 日）

申请再审：最高人民法院（2020）最高法民申 7094 号裁定（2021 年 6 月 25 日）

3. 案由

债权转让合同纠纷

【简要案情】

2013 年 10 月 21 日，腾荣实业公司与江西银行南昌高新支行签订借款合同，约定腾荣实业公司向江西银行南昌高新支行借款 5400 万元，期限 3 年，年利率6.15%。同年 10 月 28 日，双方又签订债权转让协议，约定江西银行南昌高新支行自交割日起将涉案债权及从权利转让给腾荣实业公司，转让价为 10,620,439.51 元；江西银行南昌高新支行在交割日前收到腾荣实业公司支付的买价后，双方于交割日进行贷款债权的交割；从交割日起，涉案贷款债权归腾荣实业公司享有。双方另签订资产委托管理协议，约定腾荣实业公司委托江西银行南昌高新支行清收涉案债权，江西银行南昌高新支行清收上述委托管理资产取得的款项，在扣除清收过程发生的必要性支出后，剩余款项全部作为委托管理费归属江西银行南昌高新支行；江西银行南昌高新支行可在回收的借款本息资金中直接扣除委托管理费。上述协议签订后，腾荣实业公司于 2013 年 12 月 5 日向江西银行南昌高新支行支付债权转让款 10,620,439.51 元。2013 年 8 月 7 日，江西银行南昌高新支行就涉案债权向江西省南昌市中级人民法院起诉。上述协议签订后，江西银行南昌高新支行以自己的名义继续该案诉讼。南昌市中级人民法院于2014 年5 月23 日就该案作出（2013）洪民二初字第235 号判决，判决：解除涉案债权转让协议，江西银行南昌高新支行在判决生效之日起 10 日内返还腾荣实业公司债权转让款并支付利息。

江西银行南昌高新支行不服一审判决，向二审法院提起上诉，请求撤销一审判决，改判驳回腾荣实业公司所有诉讼请求。

二审法院认为，腾荣实业公司诉请解除双方签订的债权转让协议，江西银行南昌高新支行返还其债权转让款本息的主张，与事实不符，于法无据，不应支持。一审法院判决解除双方签订的债权转让协议，江西银行南昌高新支行返还债权转让款本息错误，予以纠正。二审法院据此改判：撤销一审判决，驳回腾荣实业公司的诉讼请求。

腾荣实业公司不服二审判决，向最高人民法院申请再审。

【案件焦点】

1. 涉案债权转让协议应否解除；

2. 江西银行南昌高新支行应否返还腾荣实业公司支付的债权转让款及利息。

【裁判结果】

最高人民法院经审查认为，腾荣实业公司与江西银行南昌高新支行所签订的债权转让协议和资产委托管理协议名为债权转让和资产委托管理协议，实为双方订立的本金为5400万元的借款合同的组成部分。理由如下：第一，从债权转让协议和资产委托管理协议的约定看，该两份协议约定的内容不符合常理。一般而言，腾荣实业公司作为涉案债权受让方及资产委托管理方，其受让涉案债权并委托江西银行南昌高新支行清收，应以获取收益为目的，但本案双方签订的债权转让协议、资产委托管理协议约定，腾荣实业公司以10,620,439.51元的对价受让江西银行南昌高新支行的债权，再委托江西银行南昌高新支行予以清收，清收所得款项在扣除支出费用后，剩余款项全部作为委托管理费归江西银行南昌高新支行所有，即腾荣实业公司在向江西银行南昌高新支行支付了10,620,439.51元的债权转让款后，并不能从受让的上述债权中获取任何收益。第二，从双方签订债权转让协议、资产委托管理协议的目的看，腾荣实业公司是为了与江西银行南昌高新支行签订借款合同，以获得江西银行南昌高新支行5400万元的借款；江西银行南昌高新支行与腾荣实业公司签订债权转让协议、资产委托管理协议是为了在借款合同之外另行收取10,620,439.51元的款项，并达到剥离不良资产即涉案债权的目的。腾荣实业公司2015年5月13日向江西银行南昌高新支行出具的关于要求提供债务人信息资料的报告中载明："我公司为了在贵行贷款伍仟肆佰万元人民币，接受了贵行债务人江西维财实业有限公司的不良贷款债权转让条件……"江西银行南昌高新支行在本案一审中也有关于"该借款腾荣实业公司享受了优惠利率政策，年利率仅为6.15%，当时江西银行南昌高新支行的贷款利率执行的标准为年利率13%

左右，这也是腾荣实业公司同意接受本案债权的原因所在”的陈述。第三，从债权转让协议和资产委托管理协议的实际履行情况看，江西银行南昌高新支行并未实际履行该两份协议。债权转让协议第2条约定，江西银行南昌高新支行应在交割日即2013年10月28日将涉案债权及从权利转让给腾荣实业公司，但根据江西银行南昌高新支行在本案一审中自认的事实，其在收到腾荣实业公司支付的10,620,439.51元债权转让款后并未将涉案债权移交给腾荣实业公司，而是继续以自己的名义通过提起诉讼、申请法院强制执行的方式对涉案债权进行追讨，且江西银行南昌高新支行并未提供证据证明其已将相关债权追讨情况告知了腾荣实业公司。综合以上分析可以看出，腾荣实业公司与江西银行南昌高新支行关于债权转让及资产委托管理的意思表示是虚假的，江西银行南昌高新支行收取的10,620,439.51元的债权转让款应认定为其就涉案5400万元借款在双方于2013年10月21日签订的借款合同之外另行收取的利息。《民法总则》〔1〕第146条规定："行为人与相对人以虚假的意思表示实施的民事法律行为无效。以虚假的意思表示隐藏的民事法律行为的效力，依照有关法律规定处理。"〔2〕本案中，腾荣实业公司与江西银行南昌高新支行以虚假的意思表示实施的债权转让及资产委托管理行为应无效；双方以该虚假的意思表示所隐藏的支付10,620,439.51元借款利息的行为，实际系双方订立本金为5400万元的借款合同这一民事法律行为的组成部分，对该行为的效力应依照有关法律规定处理。鉴于腾荣实业公司并未就双方订立的本金为5400万元的借款合同提出相应的诉讼请求，故对该借款合同的效力不作审查和认定。二审法院认定债权转让协议和资产委托管理协议合法有效虽有不当，但判决驳回腾荣实业公司关于解除债权转让协议及江西银行南昌高新支行返还债权转让款和相应利息的诉讼请求，并无不妥。最高人民法院据此裁定：驳回腾荣实业公司的再审申请。

---

〔1〕根据《民法典》的规定，《民法总则》自2021年1月1日起废止。以下同。

〔2〕现为《民法典》第146条。

【裁判摘要评析】

一、通谋虚伪行为的认定与效力评价

通谋虚伪行为，即行为人与相对人通谋以虚假的意思表示实施的民事法律行为。《民法总则》第 146 条首次对通谋虚伪行为的法律效力作出了明确规定。《民法典》第 146 条吸收了《民法总则》的上述规定。

意思表示是民事法律行为的核心要素，其真实性对于保证行为人正确实现行为目的至关重要。虚假的意思表示，顾名思义，即意思表示不真实。以虚假意思表示实施的民事法律行为即虚假行为。虚假行为是表意人和表示的受领人一致同意表示事项不应该发生效力，亦即双方当事人一致同意仅仅造成订立某项法律行为的表面假象，而实际上并不想使有关法律行为的法律效果产生。〔1〕我国民法中所使用的虚假行为的概念，是指通谋的虚假行为，存在行为人与相对人两个以上的民事主体，其概念有别于单方实施的虚伪行为，也即真意保留行为〔2〕。一般认为，虚假民事法律行为必须具备以下三方面条件：一是行为人需有两方以上的表意人，真意保留不构成虚假意思表示；二是双方当事人所表达的意思并非当事人的真意，表示与真意不符；三是双方当事人对虚假的意思表示须有通谋。通谋虚伪行为实际包含了两个行为，除行为人与相对人之间通谋的虚假意思表示行为之外，还包含隐藏行为。隐藏行为，是被伪装行为所掩盖的，代表行为人和相对人真实意思的行为，即当事人通过虚假的意思表示所隐藏的真实意思表示的民事法律行为。《民法典》第 146 条用前后两款分别就虚假意思表示行为和隐藏行为的效力进行了明确。

就本案而言，最高人民法院经审查认为，腾荣实业公司与江西银行南昌高新支行所签订的债权转让协议和资产委托管理协议名为债权转让和资产委托管理协议，实为双方订立的借款合同的组成部分，并从上述协议约定的内容、协议的履行情况及签订协议的真实意思表示三个方面对此进行

---

〔1〕参见［德］卡尔·拉伦茨：《德国民法通论》（下），王晓晔等译，法律出版社 2003 年版，第 497 页。

〔2〕真意保留行为指表意人故意隐瞒其真实意思，而表示其他意思，是一种自知其并非真意的意思表示。

了分析论述。债权转让协议和资产委托管理协议由腾荣实业公司与江西银行南昌高新支行共同签字确认，该协议所表达的意思表示是腾荣实业公司受让江西银行南昌高新支行的债权，并委托该行清收债权，在扣除清收过程发生的必要性支出后，剩余款项全部作为委托管理费归属该行。受让金融不良债权作为一项商事活动，通常应以逐利为目的。但根据上述两份协议，腾荣实业公司在支付债权转让款后，即便不良债权能收回，也不能从中获取任何收益，故其对其支付债权转让对价后无法从中获益系明知，这显然不符合常理。且双方并未实际履行该两份协议，江西银行南昌高新支行在收到腾荣实业公司的债权转让款后并未移交涉案债权，而是继续以自己的名义通过诉讼、申请法院强制执行的方式对涉案债权进行追讨，也未将相关债权追讨情况告知腾荣实业公司。结合腾荣实业公司 2015 年 5 月 13 日向江西银行南昌高新支行出具的关于要求提供债务人信息资料的报告的记载及江西银行南昌高新支行在本案一审中关于“该借款腾荣实业公司享受了优惠的利率政策，年利率仅为 6.15%，当时江西银行南昌高新支行的贷款利率执行的标准为年利率 13%左右，这也是腾荣实业公司同意接受本案债权的原因所在”的陈述，最高人民法院认定双方关于债权转让和资产委托管理协议的意思表示虚假，该虚假的意思表示所隐藏的民事法律行为系就双方订立的借款合同支付借款利息的行为，该行为属于借款合同的组成部分。

就双方虚假意思表示行为的效力，因该意思表示非双方真意，如认定为有效，显然有违当事人内心真意，故《民法总则》《民法典》先后对该行为的效力均给予了否定性评价，规定该行为无效[1]。就其隐藏的民事法律行为的效力，应依照有关法律规定处理，其效力判断标准与一般民事法律行为的判断标准相同。

《民法总则》原则上没有溯及力，但也存在例外情形，如虽然法律事实发生在《民法总则》施行前，但当时的法律对此没有规定而《民法总则》

---

〔1〕 我国法律规定的民事法律行为无效为绝对无效。参见杨立新：《〈民法总则〉规定的虚假民事法律行为的法律适用》，载《法律科学（西北政法大学学报）》2018 年第 1 期。

有规定的，如对于虚伪意思表示、第三人实施欺诈行为，合同法均无规定，发生纠纷后，基于“法官不能拒绝裁判”规则，可以将《民法总则》的相关规定作为裁判依据。[1] 本案中，涉案债权转让协议、资产委托管理协议及借款合同均签订于《民法总则》施行之前，但当时的法律对通谋虚伪行为没有规定。本案将《民法总则》作为裁判依据，符合《全国法院民商事审判工作会议纪要的通知》（法〔2019〕254号）关于《民法总则》适用的法律衔接问题的意见。

二、司法裁判对金融领域乱象的回应

人民法院在金融审判过程中，要贯彻防范重大金融风险、金融服务实体经济、降低融资成本的精神，充分发挥司法的示范、引导作用，维护金融秩序，促进金融行业健康发展。实践中，金融机构通过名目繁多的服务费、咨询费、财务顾问费、管理费等形式变相收取借款利息的案件并不鲜见。这些所谓的费用从表面上看，大多与金融机构和相对人签订的借款合同有关，且不直接表现为利息等直观的融资成本，但从有关这类费用的合同约定内容、实际履行情况及探究双方真实意思表示角度分析，实际则为金融机构向借款人变相收取的额外融资成本。这类变相收取利息的合同也被称为名实不符或质价不符的合同。《关于进一步加强金融审判工作若干意见的通知》（法发〔2017〕22号）明确指出，对以金融创新为名掩盖金融风险、规避金融监管、进行制度套利的金融违规行为，要以其实际构成的法律关系确定其效力和各方的权利义务。整治名实不符的金融产品亦已成为中国银行保险监督管理委员会2021年开展的重要工作之一。人民法院在审理此类案件时，应注意探究各方真实意思表示，注意剥离其虚假行为与隐藏行为，对其行为效力分别作出认定，并以其实际构成的法律关系确定各方的权利义务。

本案江西银行南昌高新支行通过与腾荣实业公司签订债权转让协议、资产委托管理协议的方式收取其向腾荣实业公司发放借款的部分利息，也

〔1〕 参见最高人民法院民事审判第二庭编著：《〈全国法院民商事审判工作会议纪要〉理解与适用》，人民法院出版社2019年版，第7-8页。

属于金融机构变相收取借款利息的模式之一。从类案检索情况看，此操作模式下变相收取借款利息的涉诉案件不多，本案裁判对此类案件在真意探究和行为效力评价方面具有新颖性、典型性。银行通过此类操作模式，既实现了变相收取贷款利息的目的，又成功剥离了一笔不良债权，可谓一举两得；而就借款人而言，为了顺利拿到贷款，即便需多承担部分融资成本，其也愿意配合。但从深层次角度分析，银行利用其金融机构的特殊身份，为达到逃避行业监管的目的，与借款人签订虚假意思表示的合同，在一定程度上扰乱了金融秩序。对于此类扰乱金融秩序的金融行为或所谓的“金融创新”模式，司法应作出正面回应，与监管部门形成司法和行政的合力，以规范、引导金融行业发展。

本案再审审查裁定之所以未对隐藏行为即江西银行南昌高新支行收取利息行为的效力问题进行审查和认定，系因腾荣实业公司一审中未就借款合同提出相应的诉讼请求，本案作为申请再审案件，不宜直接进行评价。当事人对隐藏行为如有争议，可依法另行主张。

最高人民法院再审审查合议庭成员：汪军　薛贵忠　杜微科

（编写人：汪军*　魏佳钦**　唐广征***　审稿人：杨奕）

---

* 汪军，法律硕士，中华人民共和国最高人民法院第三巡回法庭，三级高级法官。

** 魏佳钦，法学硕士，中华人民共和国最高人民法院第三巡回法庭，法官助理。

*** 唐广征，法律硕士，中华人民共和国最高人民法院第三巡回法庭，法官助理。

中国民生银行股份有限公司郑州分行
与
焦作市海华纺织股份有限公司、苗某甲等
金融借款合同纠纷案

——以票据贴现融资后票据权利未实现的，担保人责任的认定

【裁判摘要】

以票据贴现方式融通资金，金融机构取得的对价是票据权利，是对其贴出资金的远期或有清偿，且并未导致债权债务的即时清结。设定担保是为了确保其金融债权的实现。在票据权利未获实现时，金融机构贴出资金的本金和利息亦确定地未获得届期清偿，债务人所负债务没有消灭，仍负继续履行还本付息的义务，担保人应按照相关担保合同的约定承担担保责任。

【案件基本信息】

1. 诉讼当事人

再审申请人（一审原告、二审被上诉人）：中国民生银行股份有限公司郑州分行（以下简称民生银行郑州分行）

被申请人（一审被告、二审上诉人）：焦作市海华纺织股份有限公司（以下简称海华纺织公司）

被申请人（一审被告、二审上诉人）：苗某甲

被申请人（一审被告、二审上诉人）：王某

被申请人（一审被告）：张某某

被申请人（一审被告）：苗某乙

被申请人（一审被告）：南阳世纪精纺有限公司（以下简称世纪精纺公司）

一审被告：南阳大地棉业有限公司（以下简称大地棉业公司）

2. 案件索引与裁判日期

一审：河南省郑州市中级人民法院（2017）豫01民初5759号判决（2018年11月23日）

二审：河南省高级人民法院（2019）豫民终98号判决（2019年3月28日）

申请再审：最高人民法院（2019）最高法民申6160号裁定（2020年10月22日）

3. 案由

金融借款合同纠纷

【简要案情】

2016年6月14日，民生银行郑州分行与大地棉业公司签订公授信字第ZH1600000030351号综合授信合同，主要约定大地棉业公司在合同约定的授信有效期内可向民生银行郑州分行申请使用的最高授信额度为伍仟万元整，合同项下的额度由大地棉业公司使用，合同项下的授信种类为人民币业务：贷款、汇票承兑、汇票贴现，贸易融资业务，开立信用证、国内信用证买方押汇或代付、进口押汇或代付买方保理担保。最高授信额度的有效使用期限为1年，自2016年6月14日至2017年6月14日……在合同约定的授信期限和最高授信额度内，大地棉业公司可以一次或分次使用授信额度。民生银行郑州分行经审查认为符合合同约定，应当与大地棉业公司签订相应授信业务的具体合同或协议。大地棉业公司应按时偿还授信额度项下所发生具体业务的资金本息，并按时支付应付费用。

2016年6月14日，民生银行郑州分行与海华纺织公司签订公高保字第DB1600000022729号最高额保证合同，主要约定为确保大地棉业公司与民生银行郑州分行签订的主合同的履行，海华纺织公司愿意为主合同项下的全部/部分债务提供最高额保证，本合同项下的主合同选择为民生银行郑州分行与大地棉业公司签订的公授信字第ZH1600000030351号综合授信合同，该合同与其项下发生的具体业务合同、申请书及借款凭证等债权凭证或电子数据共同构成本合同的主合同。海华纺织公司所担保的最高债权额为人民币伍仟万元整，该最高债权额为本金余额最高限额，海华纺织公司的保证方式为连带责任保证。其中，该最高额保证合同第二章第3条约定，“本合同项下被担保的主债权的发生期间为2016年6月14日至2017年6月14日。本条约定具有以下含义：3.1 如果主合同中约定的业务种类为借款业务，则每笔借款的发放日均不超过该期间的届满日；3.2 如果主合同中约定的业务种类为票据承兑/开立信用证/开立保函（或提货担保书）业务，则民生银行郑州分行对汇票进行承兑/开立信用证/开立保函（或提货担保书）的日期均不超过该期限的届满日”。

2017年5月18日，民生银行郑州分行与大地棉业公司签订公贴现字第ZH1700000053364号商业汇票贴现协议，主要约定本协议中的贴现额度是指编号为公授信字第ZH1600000030351号的综合授信合同中民生银行郑州分行授予大地棉业公司的用于贴现业务的额度，若民生银行郑州分行收到商业汇票项下款项的时间超过本协议约定的期限，则民生银行郑州分行有权向大地棉业公司追索逾期罚息，逾期罚息按照7.56%年的罚息利率计收。2017年5月18日，大地棉业公司向民生银行郑州分行申请1000万元整的汇票贴现，并提交ZH1700000053364号商业汇票贴现申请表，请求民生银行郑州分行根据商业汇票贴现协议，审核本表及所附汇票。2017年5月18日，民生银行郑州分行审核同意，为大地棉业公司办理了票面金额为1000万元的商业汇票贴现业务，出票人及承兑人为河南润禾棉业有限公司（以下简称润禾棉业公司），汇票到期日为2017年11月18日。因汇票到期后润禾棉业公司未支付该款项，同时，大地棉业公司账户余额不足，2017年11月20日，民生银行郑州分行根据合同约定为大地棉业公司垫款人民币1000万元。

一审法院于2018年11月23日作出（2017）豫01民初5759号判决，认定民生银行郑州分行与大地棉业公司之间发生的汇票贴现业务均有合同依据，且在保证期间和保证范围之内，海华纺织公司辩称汇票贴现业务无效且不在其保证期间和保证范围的抗辩无依据，海华纺织公司应按约定承担担保责任。海华纺织公司不服一审判决，提起上诉。

二审法院于2019年3月28日作出（2019）豫民终98号判决，认定大地棉业公司作为涉案商业汇票的持票人，享有债权人的身份，海华纺织公司保证的是大地棉业公司的债务，而不是债权，故海华纺织公司不应对商业汇票贴现的1000万元承担保证责任，海华纺织公司的上诉理由成立，予以改判。

判决生效后，民生银行郑州分行向最高人民法院申请再审，请求撤销二审法院判决，维持一审民事判决。

【案件焦点】

海华纺织公司、苗某甲、王某、张某某、苗某乙、世纪精纺公司应否对民生银行郑州分行主张的商业汇票贴现垫款1000万元及利息等承担担保责任。

【裁判结果】

最高人民法院经审查认为，《贷款通则》第9条规定，票据贴现系指贷款人以购买借款人未到期商业票据的方式发放的贷款。即票据贴现属于贷款的一种类型，因此票据贴现实际上存在两重法律关系：资金融通法律关系和票据买卖法律关系。

本案争议的金融借款合同关系即系根据综合授信合同、商业汇票贴现协议以及最高额保证合同等形成，因此涉案票据贴现是资金融通法律关系，是以票据贴现方式体现的银行借贷关系。涉案资金融通法律关系的当事人，系申请贴现企业大地棉业公司、贴现金融机构民生银行郑州分行、资金融通的连带保证人海华纺织公司等担保人。贴现之日就是双方基础法律关系发生之日，金融机构贴出资金，贴现企业获得资金，如同普通金融贷款合同中的银行贷出资金，企业借入资金；金融机构对贴现企业享有汇票到期日还本付息的债权，贴现企业则负有到期还本付息的债务。故从资金融通法律关系分析，涉案商业汇票贴现垫款1000万元发生在2017年5月18日，未超出上述最高额保证合同第二章第3条约定的海华纺织公司所担保的主债权的发生期间，即2016年6月14日至2017年6月14日，海华纺织公司应当承担保证责任。

由于本案融资采取票据贴现方式，故其法律形式表现为票据买卖关系。贴现本身是未到期票据的买卖关系，金融机构买入票据，同时支付扣除期前利息的票款。申请贴现企业则以转让票据为对价，获得资金融通。表面上看，票据买卖关系一方付款，一方支付票据，双方买卖关系已经清结，似乎不存在债务关系，即没有可保证的主债务。但从票据买卖关系来看，作为金融机构融通资金的对价，汇票是一种信用证券；金融机构买入汇票，取得的是票据权利，即远期的付款请求权和追索权；如遭拒付，只能向前手请求清偿（行使追索权）；如不能获得清偿，则其票据权利不能实现，从而导致票据买卖关系中的对价落空。因此，以票据贴现方式融通资金，金融机构取得的对价是票据权利，是对其贴出资金的远期或有清偿，并未导致债权债务的即时清结。正因如此，才需要设定担保以确保其金融债权的实现。2017 年 11 月 18 日汇票到期，民生银行郑州分行提示付款遭拒付，行使追索权向前手大地棉业公司追索，因大地棉业公司银行账户余额不足未获清偿。票据权利未获实现的同时，其贴出资金的本金和利息亦确定地未获得届期清偿，即从或有清偿变为确定的未获清偿，大地棉业公司所负债务没有消灭。因此，大地棉业公司作为资金融通法律关系的债务人，仍负继续履行还本付息的义务，海华纺织公司等担保人则应按照相关担保合同的约定承担担保责任。

本案资金融通法律关系的保证人海华纺织公司的抗辩理由，混淆了资金融通法律关系和票据法律关系。本案资金融通法律关系是根据各方当事人签订的综合授信合同、商业汇票贴现协议以及最高额保证合同等所确立。融出资金的民生银行郑州分行享有债权，融入资金的大地棉业公司负有债务（主债务），海华纺织公司等担保人负有担保债务。大地棉业公司背书转让汇票，是作为其融入资金的对价，并非保证合同所担保的主债务。就本案而言，资金融通法律关系是基础法律关系，汇票背书转让是票据法律关系，海华纺织公司的保证责任针对的是基础法律关系即资金融通关系中的债务，海华纺织公司并非票据法律关系的当事人，故其主张大地棉业公司转让的票据权利系债权而非债务，其无保证责任的抗辩，不能成立。另外，世纪精纺公司、张某某、苗某乙未对一审判决提起上诉，二审判决一并改判海华纺织公司、苗某甲、王某、张某某、苗某乙及世纪精纺公司不应对民生银行郑州分行主张的商业汇票贴现垫款1000万元及利息等承担担保责任，存在不当。

综上所述，民生银行郑州分行的再审申请符合《民事诉讼法》第200条第6项[1]规定的情形。依照《民事诉讼法》第204条[2]、第206条[3]，《民事诉讼法司法解释》第395条第1款的规定，裁定指令河南省高级人民法院再审本案，再审期间，中止原判决的执行。

【裁判摘要评析】

一、关于票据贴现法律关系的界定

目前，我国对票据贴现的法律关系没有明确统一界定。《票据法》未对票据贴现的法律关系进行界定，中国人民银行、银保监会及银行业自律组织等银行业规制部门对此也未予以明确，或界定为借贷关系，或为票据权利的买卖关系，或为借贷与买卖相结合的关系等。由于规制部门对票据贴现法律关系界定不统一、不明确，导致市场出现逆向选择，银行在票据贴现的操作实务中出现贸易背景审查责任分配不合理、风险防控措施不到位等问题。为此，清晰界定票据贴现的法律性质，对于指导票据贴现业务健康发展，发挥其在商品交易中的结算、信用等功能都有着重要的作用。

《贷款通则》第9条规定，票据贴现属于贷款的一种类型。票据贴现，系指贷款人以购买借款人未到期商业票据的方式发放的贷款。为此，民生银行郑州分行与大地棉业公司签订的综合授信合同约定，授信方式包括贴现这一方式。结合综合授信合同、最高额保证合同的文义、合同条款以及目的进行文义解释、整体解释和目的解释可以得出，担保人担保的主债权是发生在最高额保证期间内的，因具体授信融资行为而产生的债权。尽管票据追索权的产生时点是持票人被拒付后，但根据前述约定的本意，其所指“发生”是指贴现这一行为的发生时点，而非这一行为已经产生或者将要产生债权的时点。以涉案综合授信合同项下的因承兑行为产生

---

[1] 2021年《民事诉讼法》修改后，本项变更为第207条第6项。

[2] 2021年《民事诉讼法》修改后，本条变更为第211条。

[3] 2021年《民事诉讼法》修改后，本条变更为第213条。

的逾期贷款为例也可解读出当事人的这一真意。承兑本身并不当然产生逾期贷款债权，只有在承兑申请人未按期将票款交付承兑行构成承兑行对其垫款后才形成逾期贷款债权，而涉案综合授信合同对于因承兑行为产生的债权的产生时点的约定为承兑行为发生之日。

票据贴现系资金融通行为。有资金需求的企业将其持有的未到期汇票向金融机构申请贴现，金融机构按照贴现日和到期日的资金占有天数乘以贴现率计算出资金占用利息，从票面金额中扣除利息后，将款项发放给申请贴现的企业。故票据贴现实际上存在两重法律关系：资金融通法律关系和票据买卖法律关系。

二、从资金融通法律关系分析海华纺织公司的责任承担

根据本案事实，2016 年 6 月 14 日，民生银行郑州分行与大地棉业公司签订公授信字第 ZH1600000030351 号综合授信合同，约定大地棉业公司在授信有效期内可向民生银行郑州分行申请使用的最高授信额度为伍仟万元整，授信种类的人民币业务中包括贷款、汇票承兑、汇票贴现；最高授信额度的有效使用期限为 1 年，自 2016 年 6 月 14 日至 2017 年 6 月 14 日。大地棉业公司使用授信额度应当与民生银行郑州分行签订相应授信业务的具体合同或协议。大地棉业公司应按时偿还授信额度项下所发生具体业务的资金本息，按时支付应付费用。同日，民生银行郑州分行与海华纺织公司签订公高保字第 DB1600000022729 号最高额保证合同，约定海华纺织公司为确保大地棉业公司与民生银行郑州分行签订的主合同的履行，愿意为主合同项下的全部/部分债务提供最高额保证。保证合同项下的主合同选择为民生银行郑州分行与大地棉业公司签订的公授信字第 ZH1600000030351 号综合授信合同，该合同与其项下发生的具体业务合同等共同构成保证合同的主合同，担保的最高债权额为人民币伍仟万元整，海华纺织公司的保证方式为连带责任保证。该最高额保证合同第二章第 3 条约定：“本合同项下被担保的主债权的发生期间为 2016 年 6 月 14 日至 2017 年 6 月 14 日。”2017 年 5 月 18 日，民生银行郑州分行与大地棉业公司签订公贴现字第 ZH1700000053364 号商业汇票贴现协议，约定本协议中的贴现额度是指编号为公授信字第 ZH1600000030351 号的综合授信合同中民生银行郑州分行授予大地棉业公司的用于贴现业务的额度，若民生银行郑州分行收到商业汇票项下款项的时间超过本协议约定的期限，则民生银行郑州分行有权向大地棉业公司追索逾期罚息。本案争议的金融借款合同关系即系根据上述综合授信合同、商业汇票贴现协议以及最高额保证合同形成，证明本案票据贴现系资金融通法律关系。

本案资金融通法律关系的当事人，系申请贴现企业大地棉业公司、贴现金融机构民生银行郑州分行、资金融通的连带保证人海华纺织公司。所谓资金融通法律关系，即申请贴现企业向金融机构融通资金的关系，与银行借贷并无本质区别，不过是以票据贴现方式体现，在纳入授信范围后较之通常的金融借贷关系更为高效便捷。贴现之日就是双方基础法律关系发生之日，金融机构贴出资金，贴现企业获得资金，如同普通金融贷款合同中的银行贷出资金，企业借入资金；金融机构对贴现企业享有汇票到期日还本付息的债权，贴现企业则负有到期还本付息的债务。

故从资金融通法律关系分析，本案债权债务发生在2017年5月18日，未超出最高额保证合同第二章第3条约定的海华纺织公司所担保的主债权的发生期间，即2016年6月14日至2017年6月14日，海华纺织公司应当承担保证责任。

三、关于票据贴现担保责任的认定

由于本案融资采取票据贴现方式，故其法律形式表现为票据买卖关系。贴现本身是未到期票据的买卖关系，金融机构买入票据，同时支付扣除期前利息的票款。申请贴现企业则以转让票据为对价，获得资金融通。表面上看，票据买卖关系一方付款，一方支付票据，双方买卖关系已经清结，似乎不存在债务关系，即没有可保证的主债务。但从票据买卖关系来看，作为金融机构融通资金的对价，汇票是一种信用证券；金融机构买入汇票，取得的是票据权利，即远期的付款请求权和追索权；如遭拒付，只能向前手请求清偿（行使追索权）；如不能获得清偿，则其票据权利不能实现，导致票据买卖关系中的对价落空。因此，以票据贴现方式融通资金，金融机构取得的对价是票据权利，是对其贴出资金的远期或有清偿，并未导致债权债务的即时清结。正因如此，才需要通过设定保证担保确保其金融债权的实现。2017 年 11 月 18 日汇票到期，民生银行郑州分行提示付款遭拒付，行使追索权向前手大地棉业公司追索，因大地棉业公司银行账户余额不足未获清偿。票据权利未获实现的同时，其贴出资金的本金和利息亦确定地未获得届期清偿，即从或有清偿变为确定的未获清偿。大地棉业公司所负债务没有消灭。因此，大地棉业公司作为资金融通法律关系的债务人，仍负继续履行以还本付息的义务，保证人则按照最高额保证合同的约定须承担保证责任。

本案资金融通法律关系的保证人海华纺织公司的抗辩理由，混淆了资金融通法律关系和票据法律关系。本案资金融通法律关系是根据三方当事人的综合授信合同、商业汇票贴现协议以及最高额保证合同所确立。融出资金的民生银行郑州分行享有债权，融入资金的大地棉业公司负有债务（主债务），海华纺织公司负有连带保证债务。大地棉业公司背书转让汇票，是作为其融入资金的对价，并非保证合同所担保的主债务。就本案而言，资金融通法律关系是基础法律关系，汇票背书转让是票据法律关系，海华纺织公司的保证责任是针对基础法律关系即资金融通关系中的债务；其并非票据法律关系的当事人，故其主张大地棉业公司转让的票据权利系债权而非债务，其无保证责任的抗辩，系属无的放矢，不能成立。

票据行为系无因行为，基础交易关系存在与否不影响其效力。最高人民法院（2007）民二终字第 36 号判决认为，即使汇票项下没有真实交易背景，也不能认定票据行为无效。根据票据的无因性理论，票据的基础关系独立于票据关系，票据基础关系的效力不影响票据关系的效力。《票据法》第 10 条规定属于管理性规范，基础关系欠缺并不当然导致票据行为无效。

最高人民法院再审审查合议庭成员：张淑芳　万会峰　谢勇

（编写人：张淑芳*　审稿人：杨奕）

---

* 张淑芳，法学硕士，中华人民共和国最高人民法院第四巡回法庭，二级高级法官。

刘某
与
中铁五局集团建筑工程有限责任公司、
铜仁市盛世铭城房地产开发有限公司
第三人撤销之诉案

——第三人撤销之诉的原告主体资格认定

【裁判摘要】

在先的建设工程施工合同纠纷生效判决认定，承包人对涉案商品房享有建设工程价款优先受偿权。针对该生效判决提起的第三人撤销之诉中，原告作为债权人与发包人（开发商）作为债务人订立涉案商品房买卖合同作为借款担保并进行了商品房预售合同登记备案。原告根据先于该生效判决作出的民事调解书有权在开发商逾期不归还借款时选择自行处置涉案商品房。后原告申请强制执行，人民法院在该生效判决作出前查封了涉案商品房。在此情况下，应当认定原告属于《民事诉讼法》第 56 条〔1〕规定的第三人，具有针对该生效判决提起第三人撤销之诉的主体资格。

【案件基本信息】

1. 诉讼当事人

上诉人（一审原告）：刘某

被上诉人（一审被告）：中铁五局集团建筑工程有限责任公司（以下简称中铁五局）

被上诉人（一审被告）：铜仁市盛世铭城房地产开发有限公司（以下简

〔1〕 2021 年《民事诉讼法》修改后，本条变更为第 59 条。以下同。

称盛世铭城房地产开发公司）

2. 案件索引与裁判日期

一审：贵州省高级人民法院（2020）黔民撤4号裁定（2020年8月11日）

二审：最高人民法院（2021）最高法民终353号裁定（2021年3月19日）

3. 案由

第三人撤销之诉

【简要案情】

2008年2月18日，开发商盛世铭城房地产开发公司作为发包人与中铁五局作为承包人签订建设工程施工合同，约定由中铁五局承建盛世铭城房地产开发公司的涉案工程。合同签订后，中铁五局对上述工程进行了施工。2016年12月5日，双方签订工程结算对账单，内容包括，截至2016年9月30日，盛世铭城房地产开发公司欠中铁五局工程款70,302,509元。2018年2月28日，中铁五局提起诉讼，请求判令盛世铭城房地产开发公司支付其工程款70,302,509元及利息、停工损失等，并请求确认其对涉案项目折价或者拍卖价款享有70,302,509元的优先受偿权。贵州省高级人民法院以（2018）黔民初24号（以下称原案）立案受理。在原案审理过程中，2019年4月1日，双方共同向法院提交了和解协议，协议包括以下内容：盛世铭城房地产开发公司认可欠中铁五局工程款本金70,302,509元，并同意支付自2015年2月7日起至实际付清之日止的利息，于法院判决生效后5日内支付完毕；盛世铭城房地产开发公司认可中铁五局对上述工程款本金70,302,509元以涉案项目折价或者拍卖价款享有优先受偿权。

2019年4月12日，贵州省高级人民法院作出原案判决，该判决强调，建设工程价款优先受偿权系法定权利，不因双方约定产生和消灭，而涉案工程未竣工验收，未交付使用，更未进行结算。双方应付款仍需经司法裁判确认，应付款时间为该院司法裁判确认时间，中铁五局通过诉讼主张建设工程价款优先受偿权未超过法定期间。该判决第一项内容为盛世铭城房地产开发公司于判决生效后5日内支付中铁五局工程款70,302,509元及利息；第三项内容为中铁五局在70,302,509元工程款范围内对涉案工程价款优先受偿。该判决因当事人未提起上诉，已发生法律效力。

2019年9月30日，中铁五局以原案判决为依据向贵州省高级人民法院申请对盛世铭城房地产开发公司强制执行，贵州省高级人民法院裁定由贵州省铜仁市中级人民法院执行。2020年1月7日，铜仁市中级人民法院向贵州省贵阳市中级人民法院发出协助执行函，请求贵阳市中级人民法院协助将盛世铭城房地产开发公司的75套房屋拍卖所得价款中70,302,509元存入其执行款专户。2020年3月19日，中铁五局向铜仁市中级人民法院书面申请参与分配盛世铭城房地产开发公司75套房屋拍卖、变卖所得，申请所得价款优先用于清偿其工程款。

2014年，刘某因借款纠纷向贵阳市中级人民法院起诉盛世铭城房地产开发公司、覃某，经贵阳市中级人民法院于2014年12月17日调解，双方达成如下协议：盛世铭城房地产开发公司在2015年1月31日偿还2000万元及利息1008万元，覃某对上述款项承担清偿责任。贵阳市中级人民法院出具了（2014）筑民二（商）初字第97号民事调解书（以下简称第97号调解书）。2015年2月25日，刘某以第97号调解书为依据向贵阳市中级人民法院申请对盛世铭城房地产开发公司、覃某强制执行，后该院裁定终结本次执行程序。2020年2月25日，该案恢复执行。刘某得知中铁五局于2020年3月19日向铜仁市中级人民法院申请参与分配后，于2020年7月8日向贵州省高级人民法院提起本案诉讼。贵州省高级人民法院在查明上述事实的基础上，作出（2020）黔民撤4号裁定，驳回刘某的起诉。

刘某不服，提起上诉。最高人民法院另查明，盛世铭城房地产开发公司与中铁五局在贵州省高级人民法院于2019年1月8日开庭审理原案及之前对应付工程款时间的认定和优先受偿权是否成立存在争议，在庭审结束后于2019年4月1日达成认可享有优先受偿权的和解协议，并请求法院按照已达成的一致意见进行判决。

盛世铭城房地产开发公司与刘某就涉案78套房屋签订了商品房买卖合同，盛世铭城房地产开发公司和中铁五局认为该买卖合同是作为借款合同的担保合同。第97号调解书载明的经法院确认的调解协议内容包括：盛世铭城房地产开发公司和覃某逾期不归还借款和利息，刘某有权选择下列措施，（1）对涉案金额申请强制执行（强制执行完毕后刘某须无条件配合盛世铭城房地产开发公司办理商品房买卖前置协议所涉及房产的回购或退房手续）；（2）自行处置商品房买卖前置协议所涉及房产。商品房买卖前置协议所涉及房产的备案登记时间为 2013 年 1 月 7 日，登记权人为刘某，共有人为缪某，售房单位为盛世铭城房地产开发公司。

在第 97 号调解书的执行程序中，涉案 78 套房屋被贵阳市中级人民法院查封，查封时间从 2018 年 12 月 27 日至 2021 年 12 月 26 日止。

【案件焦点】

刘某是否具有提起第三人撤销之诉的原告主体资格。

【裁判结果】

最高人民法院经审理认为，本案中，刘某作为盛世铭城房地产开发公司的债权人，与盛世铭城房地产开发公司签订了涉案 78 套房屋的商品房买卖合同作为民间借贷合同的担保。涉案 78 套房屋的商品房买卖合同已进行了商品房预售合同登记备案。刘某有权选择自行处置涉案房屋。贵阳市中级人民法院作出协助执行通知书，查封涉案 78 套房屋。根据《民间借贷案件规定》（2020 年 8 月修正）第 24 条[1]，当事人以订立买卖合同作为民间借贷合同的担保，借款到期后借款人不能还款，出借人请求履行买卖合同的，人民法院应当按照民间借贷法律关系审理。按照民间借贷法律关系审理作出的判决生效后，借款人不履行生效判决确定的金钱债务，出借人可以申请拍卖买卖合同标的物，以偿还债务。因此，刘某可以申请拍卖涉案 78 套房屋以实现债权，并且贵阳市中级人民法院也于原案判决作出前即 2018 年 12 月查封了涉案 78 套房屋。原案判决第三项即中铁五局在 70,302,509 元工程款范围内对其施工工程享有建设工程价款优先受偿权中的施工工程包含涉案 78 套房屋，与刘某具有法律上的利害关系。刘某属于《民事诉讼法》第 56 条规定的第三人，具有提起第三人撤销之诉的原告主体资格。综合考虑本案相关因素，原案判决关于应付款时间以及优先受偿

〔1〕 2020 年 12 月该规定修改后，本条变更为第 23 条。以下同。

权是否成立应当在审理阶段根据案件具体情况作出最终认定。因此，裁定撤销一审裁定，指令贵州省高级人民法院审理本案。

【裁判摘要评析】

本案争议焦点即第三人撤销之诉原告主体资格的认定，涉及《民事诉讼法》第 56 条第 3 款及《民事诉讼法司法解释》第 292 条的适用。

一、关于刘某是否具有原告主体资格的观点评析

本案中，对于刘某是否具有提起第三人撤销之诉的原告主体资格，有不同观点。

第一种观点认为，刘某作为盛世铭城房地产开发公司的债权人，通过签订涉案 78 套房屋的商品房买卖合同作为债权的担保，虽然涉案 78 套房屋没有办理过户登记，刘某对涉案 78 套房屋不具有物权；但是，在先生效调解书确认刘某在盛世铭城房地产开发公司不偿还债权的情况下有权选择自行处置涉案 78 套房屋，人民法院也在原案判决作出前对涉案房屋采取了查封措施，涉案房屋已经被特定化。原案判决第三项确认的优先受偿权针对的涉案工程包括涉案 78 套房屋，与刘某具有法律上的利害关系。刘某具有提起第三人撤销之诉的原告主体资格。

第二种观点认为，刘某与盛世铭城房地产开发公司系借款合同关系，未参与涉案工程开发建设，故刘某不是原案当事人双方的诉讼标的即盛世铭城房地产开发公司与中铁五局之间的建设工程施工合同关系的主体，不是原案有独立请求权第三人。原案诉讼请求与刘某并无牵连，原案的处理结果也未导致刘某承担法律义务或责任，原案的处理结果与刘某仅存在事实上的利害关系，而非法律上的利害关系，刘某不是原案无独立请求权第三人。中铁五局开发建设涉案工程项目事实存在，盛世铭城房地产开发公司与中铁五局不存在恶意串通、虚假诉讼的情况，亦不存在盛世铭城房地产开发公司放弃其到期债权或者无偿转让财产对刘某造成损害的事实。因此，刘某无权提起第三人撤销之诉。

《民事诉讼法》增设第三人撤销之诉是通过在原有的第 56 条关于第三人规定的基础上增加一款即第 56 条第 3 款规定的方式实现的。因此，是否有权提起第三人撤销之诉首先要根据《民事诉讼法》第 56 条第 1 款和第 2

款规定判断原告是否属于第三人。这也是前述第二种观点的审理思路。根据第二种观点，刘某不是原案当事人双方的诉讼标的即盛世铭城房地产开发公司与中铁五局之间的建设工程施工合同关系的主体，对该诉讼标的没有独立请求权；原案的处理结果也未导致刘某承担法律义务或责任，刘某与原案不存在法律上的利害关系，因此，刘某不是原案的第三人。可见，第二种观点完全是根据《民事诉讼法》第 56 条第 1 款和第 2 款关于第三人的规定，以原案“当事人双方的诉讼标的”作为起点进行分析的。但是，根据第三人撤销之诉的立法目的和立法者关于第三人的解释，第二种观点对于第三人的解释并不全面。

二、关于第三人撤销之诉的立法目的

从第三人撤销之诉的立法目的来说，“立法设立第三人撤销之诉的主要目的是对民事权益受到侵害而未能参加诉讼的案外人提供救济。第三人撤销之诉制度的引入，最初目的就是为了遏制、打击实践中出现的虚假诉讼，保护案外人合法权益”[1]。因此，根据上述立法目的的解释，第三人撤销之诉中的第三人还应当包括民事权益受到虚假诉讼侵害的案外人即原案当事人的债权人。通过对《民事诉讼法》第 56 条第 3 款进行立法目的解释，将虚假诉讼当事人的债权人纳入第三人范围，属于一种基于立法目的的扩张解释。正是在这个意义上，《全国法院民商事审判工作会议纪要》第 120 条规定了债权人可以提起第三人撤销之诉的情况中，明确包括裁判文书主文确定的债权内容部分或者全部虚假这一情况。实际上，如果严格按照《民事诉讼法》第 56 条第 1 款和第 2 款判断，虚假诉讼当事人的债权人虽然因虚假诉讼受到损害，但其并非该虚假诉讼的第三人。

根据全国人大常委会法制工作委员会的解释，实践中，第三人提起撤销之诉的撤销事由主要有以下几类：(1) 当事人恶意串通进行诉讼，损害其利益；(2) 第三人对原判决、裁定、调解书所处分的财产拥有物上请求

---

〔1〕 最高人民法院民事审判第二庭编著：《〈全国法院民商事审判工作会议纪要〉理解与适用》，人民法院出版社 2019 年版，第 609 页。

权；(3) 原诉遗漏了必要的共同诉讼当事人，损害了其利益。[1] 上述几种事由中，第三种事由是符合《民事诉讼法》第56条第1款、第2款规定的本意的第三人。而第二种事由，即第三人对原判决、裁定、解调书所处分的财产拥有物上请求权，改变了第二种观点关于“当事人双方的诉讼标的”的分析起点，将“诉讼标的物”作为分析的起点。按照上述分析，本案中，刘某对原案即建设工程施工合同纠纷一审中法院判决中铁五局享有优先受偿权的标的物即涉案工程中的涉案78套房屋，通过在先的为了实现担保而签订的商品房买卖合同享有非典型担保，而且该非典型担保合同约定的担保物经过人民法院的民事调解书确认刘某享有自行处置的权利，再通过人民法院的执行裁定被查封，在原案判决作出前已经被特定化。涉案78套房屋的特定化过程符合法律和司法解释规定，包括《民间借贷案件规定》（2020年8月修正）第24条。在此情况下，刘某与原案判决处分的涉案78套房屋有法律上的利害关系，属于《民事诉讼法》第56条规定的第三人。

三、关于建设工程的抵押权人提起第三人撤销之诉的原告主体资格认定

在对本案作出二审裁定之前，最高人民法院发布的指导案例150号已经确认，建设工程的抵押权人对确认建设工程价款优先受偿权的生效裁判具有提起第三人撤销之诉的原告主体资格。本案中，刘某在上诉时主张其对涉案78套房屋具有担保物权，担保方式是签订商品房买卖合同并在房管部门将商品房预售合同登记备案在刘某名下，该担保方式也为《民间借贷案件规定》（2020年8月修正）第24条所认可。上述担保方式在实践中或者学理中被称为让与担保。由于物权法定原则，担保物权作为物权的一种，其内容只能通过法律进行规定。但是，在商事交易中，出于融资的需要，当事人逐渐发展出让与担保的交易模式，《全国法院民商事审判工作会议纪要》第71条规定了让与担保，即债务人或者第三人与债权人订立合同，约定将财产形式上转让至债权人名下，债务人到期清偿债务，债权人将该财产返还给债务人或第三人，债务人到期没有清偿债务，债权人可以

---

[1] 参见全国人大常委会法制工作委员会民法室编著：《2012民事诉讼法修改决定条文释解》，中国法制出版社2012年版，第65页。

对财产拍卖、变卖、折价偿还债权。对于让与担保合同的效力，由于物权法未作规定，法院常常以违反物权法定、违反物权法关于禁止流质流押的规定等理由认定让与担保合同无效或者未成立。然而，随着社会经济生活中越来越多的当事人采取让与担保的方式，人民法院逐渐认识到此种方式对于实现当事人融资目的的重要价值，开始逐渐承认让与担保的效力。《物权法》[1] 第186条[2]和第211条[3]分别规定，抵押权人或者质权人在债务履行期届满前，不得与抵押人或者出质人约定债务人不履行到期债务时抵押财产或者质押财产归债权人所有，即禁止流押流质。《全国法院民商事审判工作会议纪要》第71条第2款规定，担保物已经通过权利变动公示转让至债权人名下，债权人请求参照法律关于担保物权的规定对财产拍卖、变卖、折价优先偿还其债权的，人民法院依法予以支持。此后，《民法典》进一步肯定了让与担保效力。《民法典》第388条规定，“设立担保物权，应当依照本法和其他法律的规定订立担保合同。担保合同包括抵押合同、质押合同和其他具有担保功能的合同”。此条中的“其他具有担保功能的合同”即包括让与担保合同。参照《民法典》第401条关于“抵押权人在债务履行期限届满前，与抵押人约定债务人不履行到期债务时抵押财产归债权人所有的，只能依法就抵押财产优先受偿”的规定，让与担保人有权就让与担保财产优先受偿。本案中，刘某在借款时无法就涉案78套房屋设立抵押，于是采取了签订涉案78套房屋商品房买卖合同并在房管部门进行登记备案的方式作为担保，商品房买卖合同登记备案虽然不是权利变动公示，但也具有一定的公示性和公权性，[4] 特别是在调解书确认刘某在债务人逾期不归还借款的情况下有权自行处置涉案78套房屋，而且人民法院也根据刘某的申请予以查封，在这种情况下，刘某与原案判决确认的中铁

〔1〕 根据《民法典》的规定，《物权法》自2021年1月1日起废止。以下同。

〔2〕 本条现为《民法典》第401条：“抵押权人在债务履行期限届满前，与抵押人约定债务人不履行到期债务时抵押财产归债权人所有的，只能依法就抵押财产优先受偿。”

〔3〕 本条现为《民法典》第428条：“质权人在债务履行期限届满前，与出质人约定债务人不履行到期债务时质押财产归债权人所有的，只能依法就质押财产优先受偿。”

〔4〕 参见最高人民法院民法典贯彻实施工作领导小组主编：《中华人民共和国民法典物权编理解与适用》（上），人民法院出版社2020年版，第117页。

五局享有优先受偿权的涉案工程中的涉案 78 套房屋有法律上的利害关系，有权针对原案提起第三人撤销之诉。

是否具有第三人撤销之诉的原告主体资格在审判实践中存在很大争议。本案中，原告刘某在请求撤销的生效判决之前对涉案商品房通过签订商品房买卖合同并进行登记备案的方式设立了担保，而且在先民事调解书认定刘某对涉案商品房有权自行处置且涉案商品房在其执行申请下已经被人民法院查封。本案裁定书在查明上述事实的基础上，依据《民间借贷案件规定》（2020 年 8 月修正）第 24 条规定，认定原告与涉案商品房具有法律上的利害关系，有权提起第三人撤销之诉，对于类似案件具有指导意义。

最高人民法院二审合议庭成员：郎贵梅　王朝辉　刘丽芳

（编写人：郎贵梅*　审稿人：杨奕）

---

* 郎贵梅，法学博士，中华人民共和国最高人民法院第五巡回法庭，二级高级法官。

李某、余某等
与
雷某
及一审第三人喻某、倪某等
合伙协议纠纷案

——合伙协议为可履行正式合同的认定

【裁判摘要】

合伙协议中带有“草签”字样，但各方在协议中对合伙项目的盈余分配、支付方式、债务承担、合伙终止等事项及各方的权利、义务和违约责任，均作出了实质性的约定；对合同履行过程中可能出现的不确定情况均作了相应的处理约定，且未附生效条件，从内容上看并不存在履行上的法律或事实障碍时，无论合同名称如何，均应视为可以履行的正式合同。

【案件基本信息】

1. 诉讼当事人

再审申请人（一审被告、反诉原告，二审上诉人）：李某

再审申请人（一审被告、反诉原告，二审上诉人）：余某

再审申请人（一审被告、二审被上诉人）：湖北澳龙建设有限公司（以下简称澳龙建设公司）

被申请人（一审原告、反诉被告，二审上诉人）：雷某

一审第三人：喻某

一审第三人：倪某

一审第三人：郑某

2. 案件索引与裁判日期

一审：湖北省武汉市中级人民法院（2013）鄂武汉中民商初字第00411号判决（2014年9月15日）

二审：湖北省高级人民法院（2015）鄂民一终字第00079号判决（2015年12月31日）

再审：最高人民法院（2019）最高法民申829号裁定（2019年3月9日）

3. 案由

合伙协议纠纷

【简要案情】

2008年7月26日，雷某与李某、喻某、郑某、倪某为共同以澳龙建设公司的名义承接某海外分公司分包的"刚果（金）金沙萨的机场、机场路及其其他项目的路基、涵洞和运输工程"，签订联合投资协议一份，主要内容为：（1）联合方式为共同出资、共同管理、风险共担、利润共享。（2）联合投资人出资及联合比例分配为倪某、李某、喻某、郑某各出资200万元，雷某出资100万元，均分别占工程比例总额的20%。全体合伙人均同意雷某实际出资100万元，盈亏比例按出资额200万元计算，但在结算退股时只能退还实际出资100万元，其余投资人退还实际出资200万元。（3）全体投资人一致推选李某作为本投资事务的负责人，统一组织和落实对投资事务完全推行公司管理模式，投资人李某对外身份为澳龙建设公司董事长。

此后，因倪某未出资而退出合伙，喻某因身体原因要求退股，经全体投资人同意，喻某名下的25%的股份转让给李某，该项目投资人及股份分配比例变更为李某占投资的55%，郑某占投资25%，雷某占投资20%。其间经各方投资人共同确认，郑某作为受余某委托的联合投资协议约定项目名义持有人，以代持股权人的名义行使股东权利，但不享有该股权的收益权或处置权等。

2012年7月28日，雷某（乙方）与李某、余某（甲方）签订一份退伙结算协议（草签）。该协议载明，现因多方原因，双方同意雷某退出合伙。经结算，双方达成协议如下：（1）即日起乙方与甲方所签订的所有合伙协议及文件废止，乙方不再享有分红、资产处置等所有权利。双方确认甲方支付乙方应分配合伙盈余款项700万元（含所得税），由甲方分40个月付清，每月付款金额17.5万元，自2012年7月开始支付，直至付清为止。(2)乙方同意按此前合伙协议结清所有财务手续，结算后所欠款项在2012年8月应支付款中扣除。(3)乙方应督促其在涉案项目工作的亲属周某、胡某等人在2012年8月30日前完成劳务合同结算手续，并保证上述人员结算时不得主张合同条款以外的要求，不得起诉甲方及澳龙建设公司（“永远不得起诉甲方及澳龙建设公司”），否则乙方自愿承担由此给甲方造成的一切经济损失。(4)日后如需补交合伙期间相关税款，或在审计中被审减工程计量，乙方按合伙比例承担，从盈余款项700万元中扣除，如有不足部分乙方以现金方式向甲方或税务部门支付。(5)违约责任。甲方应按时向乙方支付约定款项，如有延误，须按当月违约金额每日支付3‰的迟延履约金；逾期10日以上，乙方有权要求甲方下月提前双倍支付等额款项；如因乙方原因，2012年8月30日前未签订正式退伙协议，甲方暂停本协议的支付义务，待正式退伙协议签订以后，按正式协议履行。(6)本草签协议在双方签字后生效，在正式退伙协议签字生效后失效。

2012年8月30日，合伙各方就雷某在合伙期间的各种款项进行了对账确认。当日，雷某出具一份承诺书，称如其在涉案项目工作亲属周某、胡某等人的工资结算及离职手续办理等事宜未在2012年10月底前解决完，其同意暂停支付退伙协议中约定应得的款项，直到此事解决后支付。另外，2013年9月12日，周某、胡某分别向澳龙建设公司提起诉讼，要求依法确认其与澳龙建设公司间的劳动关系，并解除双方的劳动合同，补办社会保险，支付相应工资、社保费用及住房公积金等，上述两案经历一审、二审，于2014年5月12日结案。

案件审理过程中，雷某、李某、余某均确认在2012年7月28日退伙结算协议（草签）达成后，李某、余某依约向雷某支付了第一期的合伙盈余款17.5万元，其余款项未予支付。

湖北省武汉市中级人民法院一审认为：退伙结算协议（草签）的内容在剔除涉及他人权利的约定（雷某的亲属周某、胡某“永远不得起诉李某、余某及澳龙建设公司”）后均有效，李某、余某于判决生效后15日内向雷某支付自2014年5月13日起至8月31日止的合伙盈余款70万元。李某、余某不服提起上诉，湖北省高级人民法院二审判决驳回上诉，维持原判。李某、余某、澳龙建设公司遂向最高人民法院申请再审。

【案件焦点】

退伙结算协议（草签）的效力和性质。

【裁判结果】

最高人民法院再审审查后认为，涉案退伙结算协议（草签）名称中虽含有草签字样，但从内容上看该协议并不存在履行上的法律或事实障碍，应视为可以履行的正式合同，剔除其中因涉及他人权益而无效的条款，其他内容仍对各方当事人具有法律约束力。裁定驳回李某、余某、澳龙建设公司再审申请。

【裁判摘要评析】

草签协议又称预约协议，即约定将来订立一定契约的协议。由于草签协议与本约之间既相互独立，又相互关联，两者之间是手段与目的的关系。草签协议通常是当事人为了将来订立确定性本约而预先达成的书面允诺或协议，通常是在正式订立协议的时机尚未成熟时，双方为了将来能够订立正式协议而对相关事宜进行初步法律确认的预先约定。由于草签协议与正式协议的效力和性质均有较大差异，因此正确界分协议的效力和性质十分重要。但认定一份合同是草签协议（预约协议），还是正式协议，不仅应仅依据合同名称来判断，还应结合合同具体内容、生效条件等综合判断。

一、退伙结算协议（草签）的效力

涉案退伙结算协议（草签）名称中虽含有草签字样，但从合同内容来看，各方在协议中对合伙项目的盈余分配、支付方式、债务承担、合伙终止等事项及各方的权利、义务和违约责任，均作出了实质性的约定；其形式要件符合《合同法》[1] 第12条[2]规定合同一般应有的条款内容，根据

---

〔1〕 根据《民法典》的规定，《合同法》自2021年1月1日起废止。以下同。

〔2〕 本条现为《民法典》第470条："合同的内容由当事人约定，一般包括下列条款：（一）当事人的姓名或者名称和住所；（二）标的；（三）数量；（四）质量；（五）价款或者报酬；（六）履行期限、地点和方式；（七）违约责任；（八）解决争议的方法。当事人可以参照各类合同的示范文本订立合同。"

《合同法》第32条“当事人采用合同书形式订立合同的，自双方当事人签字或盖章时合同成立”[1]之规定，该合同在各方签字后成立。该协议约定自各方签字后生效，对合同履行过程中可能出现的不确定情况（补税、审计）均作了相应的处理约定（如考虑相关工程量审减部分的20%和税款有可能金额高于盈余分配款的情况，专门约定不足部分由雷某以现金方式向李某、余某支付），而并未附生效条件，从内容上看该协议并不存在履行上的法律或事实障碍，无论合同名称如何，都为可以履行的合同。

关于该协议的法律效力，退伙结算协议（草签）关于雷某应保证周某、胡某等“永远不得起诉李某、余某及澳龙建设公司”的约定，属限制合同以外当事人权利的条款，应为无效。其余内容系各方当事人的真实意思表示，亦未违反我国法律、行政法规的强制性规定，依《合同法》第56条“合同部分无效，不影响其他部分效力的，其他部分仍然有效”[2]之规定，均应认定为有效。双方约定该协议在签字后生效，各方均须履行该协议约定的义务，在正式退伙协议生效后失效。此后，合伙各方依约进行了财务清算，李某、余某亦按期向雷某支付了第一笔合伙盈余款17.5万元，该事实说明合伙各方也已就上述合同的履行实施了积极行为。因各方约定退伙结算协议（草签）“在双方签字后生效，在正式退伙协议签字生效后失效”，在各方后续未订立正式退伙协议的情况下，剔除其中因涉及他人权益而无效的条款，该协议其他内容仍具有法律效力，各方当事人应遵照执行。但需要指出的是，雷某2012年8月30日的承诺函——关于暂停支付合伙盈余款条件的承诺，系雷某对自身民事权利的有效限制，不涉及对第三方权利的处分，在雷某以单方要约的法律形式将该份承诺函提交给李某、余某，并获得李某和余某确认后，对合伙各方均具有法律上的约束力。

---

[1] 本条现为《民法典》第490条：“当事人采用合同书形式订立合同的，自当事人均签名、盖章或者按指印时合同成立。在签名、盖章或者按指印之前，当事人一方已经履行主要义务，对方接受时，该合同成立。法律、行政法规规定或者当事人约定合同应当采用书面形式订立，当事人未采用书面形式但是一方已经履行主要义务，对方接受时，该合同成立。”

[2] 本条现为《民法典》第156条：“民事法律行为部分无效，不影响其他部分效力的，其他部分仍然有效。”

二、退伙结算协议（草签）的性质

依据订立合同的目的，契约可分为预约和本约。预约合同乃约定将来订立一定契约之契约，本约合同即为依照预约成立的合同。区分预约和本约，对于确定当事之间的法律关系的性质、当事人的责任十分重要。预约合同中各方当事人的合同义务是订立本约，合同内容一般较为简单；而本约合同所约定的合同义务是直接履行内容，具备可履行性，当事人也因此而形成具体的债权债务关系。实践中，预约合同与本约合同有时较难区分。《商品房买卖合同纠纷案件司法解释》（2020 年修正）第 5 条规定，“商品房的认购、订购、预订等协议具备《商品房销售管理办法》第十六条规定的商品房买卖合同的主要内容，并且出卖人已经按照约定收受购房款的，该协议应当认定为商品房买卖合同”，若采取客观解释的路径，即商品房认购书等一般应认定为商品房买卖预约合同，但如果商品房认购书具备了一定的实质要件，即使冠以认购书等名称，仍应认定为商品房买卖合同，即名为预约实为本约。但实践中亦有观点采取主观解释的路径［参见最高人民法院（2013）民提字第 90 号判决］，认为仅根据当事人约定内容上是否全面，并不足以界分预约和本约，判断当事人之间订立的合同系本约还是预约的根本标准应当是当事人的意思表示，如果当事人存在明确的将来订立本约的意思，那么，即使预约的内容与本约已经十分接近，即使通过合同解释，从预约中可以推导出本约的全部内容，也应当尊重当事人的意思表示。故认定当事人之间为预约还是本约关系，除要分析协议内容是否具备法律或事实上的障碍，还要结合当事人嗣后的磋商及具体的履行行为，探寻当事人的真实意思，并据此对当事人之间法律关系的性质作出准确的界定。

本案中，李某、余某、澳龙建设公司等称退伙结算协议（草签）只是一份预约合同，法院只能判令其承担不履行签订本约合同的违约责任。从退伙结算协议（草签）就各方民事权利义务关系所作具体约定及履行时间（2012 年 7 月）来看，该协议的主要内容具备可履行性，且反映各方直接履行的意思表示，具有正式合同性质，实践中各方当事人亦已开始实际履行。但退伙结算协议（草签）特殊之处还在于其中含有关于正式退伙协议签订时间（2012 年 8 月 30 日）的约定和安排，反映双方将来订立本约合同的合意，具有预约合同的成分。该协议约定："因乙方（雷某）原因，于 2012 年 8 月 30 日前未签订正式退伙协议，甲方（李某、余某）暂停本协议的支付义务，待正式退伙协议签订以后，按正式协议履行"，并约定该协议在正式退伙协议签字生效后失效，将正式退伙协议的生效作为该协议的失效条件。但对于未能签订正式退伙协议的原因，李某、余某在一审、二审及申请再审环节均不能提供有效证据系因雷某的原因所致，故在后续各方未订立正式退伙协议的情况下，退伙结算协议（草签）对李某、余某与雷某仍有约束力。

最高人民法院再审合议庭成员：包剑平　杜军　谢勇

（编写人：包剑平*　刘平安**　审稿人：杨奕）

* 包剑平，法学硕士，中华人民共和国最高人民法院第四巡回法庭，二级高级法官。

** 刘平安，法学硕士，中华人民共和国最高人民法院第四巡回法庭，法官助理。

武汉市江岸区物资总公司
与
武汉双龙堂房地产发展有限公司、
武汉华氏地产集团发展有限公司
及原审第三人武汉市江岸区物资管理处、
武汉市文物交流中心
合同纠纷案

——对合同约定不明争议的处理

【裁判摘要】

合同约定不明，当事人也未根据情况变化对合同履行条件进一步明确的，人民法院应当综合合同签订的背景、合同履行的实际情况、合同文义表述等因素，遵循科学的合同解释规则，从有利于实现合同目的的角度选择符合当事人真实意思表示的解释。

【案件基本信息】

1. 诉讼当事人

上诉人（一审原告）：武汉市江岸区物资总公司（以下简称物资总公司）

被上诉人（一审被告）：武汉双龙堂房地产发展有限公司（以下简称双龙堂房地产公司）

被上诉人（一审被告）：武汉华氏地产集团发展有限公司（以下简称华氏地产集团）

原审第三人：武汉市江岸区物资管理处（以下简称物资管理处）

原审第三人：武汉市文物交流中心（以下简称文物交流中心）

2. 案件索引与裁判日期

一审：湖北省高级人民法院（2017）鄂民初8号判决（2018年12月18日）

二审：最高人民法院（2019）最高法民终896号判决（2019年12月30日）

3. 案由

合同纠纷

【简要案情】

2005年8月23日，物资总公司与华氏地产集团签订置换协议约定，华氏地产集团投资的中华城项目建成后，偿还物资总公司原地、临香港路、二期建筑面积17,000平方米，其中，用于经营的商业面积12,000平方米，用于办公的建筑面积5000平方米（一层、二层各还6000平方米的商铺，三层还3000平方米、四层还2000平方米的办公用房）。2007年12月12日，物资总公司与华氏地产集团签订置换补充协议约定，华氏地产集团于2008年6月30日之前在香港路213号地块完成临时建筑（新文物市场）建设。2009年9月8日，物资总公司、华氏地产集团、双龙堂房地产公司签订补充协议约定，华氏地产集团在置换协议、置换补充协议上的权利义务由双龙堂房地产公司承继。2010年1月9日，武汉市国土局向双龙堂房地产公司出具关于双龙堂房地产公司"中华城"项目分期指标的函载明，中华城项目分两期实施，A地块的用地性质为公共设施、居住用地，B地块的用地性质为居住用地。2011年7月13日，武汉市国土局向双龙堂房地产公司颁发建设工程规划许可证，其中载明A地块分一期、二期。

后双方因何时还房、如何还房发生纠纷引发本案诉讼。物资总公司一审诉讼请求：（1）①判令双龙堂房地产公司在中华城商业社区A地块A栋、B1栋、B2栋一楼向物资总公司还房6000平方米（根据建筑施工图所示，A栋、B1栋、B2栋一楼建筑面积共5463.83平方米），不能实现的部分（6000平方米减去一楼实际还房面积的差额部分），由双龙堂房地产公司按照市场评估价在中华城商业社区A地块A栋、B1栋、B2栋还给物资总公司等值的房屋；②判令双龙堂房地产公司在中华城商业社区A地块A栋、B1栋、B2栋二楼向物资总公司还房6000平方米（根据建筑施工图所示，A栋、B1栋、B2栋一楼建筑面积共5604.83平方米），不能实现的部分（6000平方米减去二楼实际还房面积的差额部分），由双龙堂房地产公司按照市场评估价在中华城商业社区A地块A栋、B1栋、B2栋还给物资总公司等值的房屋；③判令双龙堂房地产公司在中华城商业社区A地块A栋、B1栋、B2栋临香港路街面位置三楼向物资总公司还房3000平方米（参照建筑施工图，首先以临香港路街面最近的一排房屋还房，不足部分在三层向内按离香港路街面由近及远顺序扩展至3000平方米房屋作为还房），若有不能实现的部分（3000平方米减去三楼实际还房面积的差额部分），由双龙堂房地产公司按照市场评估价在中华城商业社区A地块A栋、B1栋、B2栋还给物资总公司等值的房屋；④判令双龙堂房地产公司在中华城商业社区A地块A栋、B1栋、B2栋临香港路街面位置四楼向物资总公司还房2000平方米（参照建筑施工图，首先以临香港路街面最近的一排房屋还房，不足部分在四层向内按离香港路街面由近及远顺序扩展至2000平方米房屋作为还房），若有不能实现的部分（2000平方米减去四楼实际还房面积的差额部分），由双龙堂房地产公司按照市场评估价在中华城商业社区A地块A栋、B1栋、B2栋还给物资总公司等值的房屋。（2）判令双龙堂房地产公司继续履行2005年8月23日物资总公司与华氏地产集团签订的置换协议、2007年12月12日物资总公司与华氏地产集团签订的置换补充协议和2009年9月8日双龙堂房地产公司、华氏地产集团、物资总公司三方签订的补充协议等三份协议及其他相关协议。（3）判令双龙堂房地产公司向物资总公司支付逾期还房的违约金250万元（人民币，下同）。（4）判令华氏地产集团对前述三项诉讼请求承担连带责任。（5）本案诉讼费用由双龙堂房地产公司和华氏地产集团负担。

一审法院认为，本案焦点问题是：（1）物资总公司与华氏地产集团签订的置换协议及补充协议的效力；（2）双龙堂房地产公司应否向物资总公司返还位于A地块上的房屋；（3）双龙堂房地产公司是否违约以及应否向物资总公司支付违约金250万元；（4）华氏地产集团应否在本案中承担民事责任。一审判决：（一）物资总公司与双龙堂房地产公司继续履行置换协议、置换补充协议及补充协议等系列协议；（二）双龙堂房地产公司于本判决生效之日起15日内向物资总公司支付违约金250万元；（三）驳回物资总公司的其他诉讼请求。一审案件受理费2,374,300元，诉讼保全费5000元，由物资总公司负担2,141,370元，由双龙堂房地产公司负担237,930元。

一审宣判后，物资总公司不服，向最高人民法院提起上诉。诉讼中，二审法院查明双龙堂房地产公司于一审开庭前已将B地块卖出。

【案件焦点】

双龙堂房地产公司是否应当在中华城商业社区A地块上向物资总公司返还相应面积的房屋。

【裁判结果】

最高人民法院经审理认为：

一、关于是否应在A地块上返还房屋问题

本案中，双方当事人对置换协议中返还房屋的位置约定“二期”指向不明，在履行合同的过程中土地用途又发生了一定的调整变化，而当事人并未根据变化情况对约定的“二期”进一步明确，导致双方对返还房屋应在A地块还是B地块争执不下，这成为本案审理的关键问题。本院认为，根据《合同法》第61条“合同生效后，当事人就质量、价款或者报酬、履行地点等内容没有约定或者约定不明确的，可以协议补充；不能达成补充协议的，按照合同有关条款或者交易习惯确定”[1]的规定，以及第62条“当事人就有关合同内容约定不明确，依照本法第六十一条的规定仍不能确定的，适用下列规定……（五）履行方式不明确的，按照有利于实现合同目的的方式履行……”[2]的规定，综合本案合同约定内容、合同履

---

〔1〕本条现为《民法典》第510条：“合同生效后，当事人就质量、价款或者报酬、履行地点等内容没有约定或者约定不明确的，可以协议补充；不能达成补充协议的，按照合同相关条款或者交易习惯确定。”以下同。

〔2〕本条现为《民法典》第511条：“当事人就有关合同内容约定不明确，依据前条规定仍不能确定的，适用下列规定：(一）质量要求不明确的，按照强制性国家标准履行；没有强制性国家标准的，按照推荐性国家标准履行；没有推荐性国家标准的，按照行业标准履行；没有国家标准、行业标准的，按照通常标准或者符合合同目的的特定标准履行。(二）价款或者报酬不明确的，按照订立合同时履行地的市场价格履行；依法应当执行政府定价或者政府指导价的，依照规定履行。(三）履行地点不明确，给付货币的，在接受货币一方所在地履行；交付不动产的，在不动产所在地履行；其他标的，在履行义务一方所在地履行。(四）履行期限不明确的，债务人可以随时履行，债权人也可以随时请求履行，但是应当给对方必要的准备时间。(五）履行方式不明确的，按照有利于实现合同目的的方式履行。(六）履行费用的负担不明确的，由履行义务一方负担；因债权人原因增加的履行费用，由债权人负担。”

行情况及项目状态背景、项目实际规划批准的情况等，从有利于实现合同目的角度看，能够认定双龙堂房地产公司应在A地块上返还物资总公司房屋。理由如下：

1. 从三份合同约定的内容看，可以认定合同所指“二期”工程位置不在B地块，而在A地块。具体而言：

（1）2005年置换协议约定，双龙堂房地产公司返还1.7万平方米房屋的位置条件有三个：原地、临香港路、二期。首先，对于“原地”即香港路205—209号，本院查看现场时双方均确认为A地块B1栋所在位置，因中华城商业社区系双龙堂房地产公司在包括物资总公司被拆房屋所在土地在内的土地上整体开发建设的项目，该项目所涉土地本身具有整体性，故对“原地”不应机械理解为A地块B1栋，应作适当扩大解释，即在中华城商业社区规划范围内即可。其次，对于“临香港路”，A地块A1栋、B1栋、B2栋以及B地块香港路213号地块即临时文物市场所在地均满足该条件。再次，对于“二期”，合同约定没有具体指向，但可以推定位于A地块。置换协议约定项目建设周期为3年，其中包括二期商业，B地块香港路213号为临时建筑（新文物市场），用于物资总公司过渡使用，时间也为3年，鉴于B地块上唯一满足“原地、临香港路”条件的地块被用于临时过渡，过渡时间与包含二期的项目建设时间一致，该地块不可能同时用于过渡和建设二期工程，故满足“原地、临香港路、二期”三个条件的房屋应在A地块。

（2）2007年置换补充协议第1条约定乙方（双龙堂房地产公司）在香港路与建设大道交会处兴建占地面积约145亩、建筑面积约600,000平方米的商业社区，其中二期商业面积70,000平方米，建设工期为3年，自2008年6月30日开始动工至2011年6月30日之前完工；第2条第1项约定：乙方于2008年6月30日前在香港路213号地块完成临时建筑（新文物市场）建设，用于甲方（物资总公司）过渡使用，以上约定进一步明确了“二期”工程的开工和完工时间，同时也明确了在“二期”工程建设期间香港路213号地块作为过渡使用，因香港路213号地块不可能同时作为过渡地块和建设地块，故可认定“二期”工程不在B地块，而应在A地块。

（3）2009 年补充协议约定，香港路 213 号地块为临时安置地点，过渡时间为 5 年，并约定 5 年后如新建文物市场未建成，该市场物资总公司继续无偿使用；还约定，新建文物市场建成，文物市场搬迁后，临时文物市场必须拆除。补充协议再次说明，临时文物市场并非合同约定的项目建设用地，即 B 地块香港路 213 号地块并非合同所载明的“二期”建设用地。

2. 一审判决认定合同约定的“二期”对应 B 地块依据不足，武汉市国土局 8 号函所记载的“两期”，不能等同于双方合同约定的“一期二期”。具体而言：

（1）2005 年双方签订合同时项目尚未经过规划审批，当事人约定的“二期”在含义上并不明确具体。武汉市国土局 8 号函载明，中华城项目分两期建设，该函系武汉市国土局于 2010 年出具，晚于三份合同签订时间，在当事人未明确置换协议中记载的“二期”与该函中“B 地块”完全对应的情况下，不能以政府在后文件中的“两期”概念来解释当事人在先合同所约定的“二期”内容。

（2）武汉市国土局 8 号函载明 A 地块的用地性质为公共设施、居住用地，B 地块的用地性质为居住用地，B 地块的性质与合同约定的返还房屋为商业性质并不相符。如将合同约定的“二期”理解为 B 地块，则“二期”中并没有符合合同约定的可供返还的房屋，该理解显然不符合双方订立合同的目的。

（3）武汉市国土局 2011 年 7 月 13 日向双龙堂房地产公司颁发建设工程规划许可证，其中载明 A 地块分一期、二期，这里所指的“二期”概念明显不同于武汉市国土局 8 号函，进一步说明不能简单将武汉市国土局 8 号函中所称“二期 B 地块”对应合同约定的“二期”。一审判决认为置换协议中二期对应 B 地块，属于理解不当，应予纠正。

3. 双龙堂房地产公司以实际行为表明合同约定的“二期”并非对应 B 地块，具体而言：

双龙堂房地产公司虽主张“二期”即 B 地块，其应当在 B 地块上返还房屋，但其在 2017 年 4 月 11 日已将 B 地块转让的情况下，仍然在 2017 年 8 月 16 日一审庭审的答辩状中表示要在 B 地块上继续还房，其关于还房位置的主张与B地块已不属于双龙堂房地产公司的事实相互矛盾。本院认为，双龙堂房地产公司认可应当向物资总公司还房的意思表示真实，而现有证据表明已无法在B地块上还房，说明双龙堂房地产公司自身也并不认可应在B地块上还房。

4. 在A地块上返还房屋有利于保护被拆迁人的利益，有利于实现合同目的，具体而言：

2003年《商品房买卖合同纠纷案件司法解释》第7条第1款规定："拆迁人与被拆迁人按照所有权调换形式订立拆迁补偿安置协议，明确约定拆迁人以位置、用途特定的房屋对被拆迁人予以补偿安置，如果拆迁人将该补偿安置房屋另行出卖给第三人，被拆迁人请求优先取得补偿安置房屋的，应予支持。"虽然该条司法解释并非适用于本案情形，但其体现的理念是对被拆迁人的权利应当在法律框架内给予一定程度的优先保护，该理念在本案审理中具有参考价值。本案中，2007年12月12日签订的置换补充协议第4条第2款约定：华氏地产集团商业社区建成后，最迟应于2011年7月30日之前向物资总公司交付置换新物业。故双龙堂房地产公司应当于2011年7月30日前向物资总公司返还房屋。双龙堂房地产公司在二审庭审中亦承认，物资总公司是涉案土地房屋的原有产权人，应当返还其房屋，只是表示不能用A地块上的房屋返还。如前所述，A地块上房屋满足合同约定的返还条件，B地块并不符合返还条件且B地块已经转让。在此情况下，认定双龙堂房地产公司应当在A地块上返还房屋，有利于保护被拆迁人物资总公司的利益，符合司法解释规定精神和合同履行实际情况，也有利于合同目的的实现。

二、关于如何分配房屋问题

二审庭审中双方表示，A地块上房屋除了本案被查封房屋外，其余均已销售完毕，故应在物资总公司申请查封的房产范围内还房。但被查封房屋无法满足置换协议约定的返还房屋的楼层、房屋性质等条件，对此，物资总公司向本院出具情况说明，表示只要求返还17,000平方米房屋，对返还的楼层、房屋性质等不作要求，故应根据实际情况予以调整。因双方均未能举证证明合同约定的17,000平方米价值多少，亦未能举证证明合同约定的应返还房产与现被查封房产之间是否存在差价，故本案返还房屋仅考虑面积，不再考虑价值差异。另外，被查封房产未经竣工验收，查封各楼层面积系物资总公司根据双龙堂房地产公司提交的武汉市房产平面图及建筑施工图计算得出，二审开庭时双龙堂房地产公司对此未提出异议，故以此作为判决依据，具体面积以实测为准。

为便于房产充分合理利用，根据公平原则，结合查看现场情况，认定双龙堂房地产公司应当向物资总公司返还如下房屋：(1) 中华城商业社区A地块上B1栋1—5层商业用房全部返还物资总公司，共计8064.04平方米。(2) 因被查封房屋中仅有A1栋6层有办公用房2152.67平方米，远低于置换协议约定的5000平方米办公用房面积，最高人民法院酌定以被查封房屋中的等面积商业用房进行冲抵，故返还A1栋6层办公用房2152.67平方米，并以A1栋5层2847.33平方米的商铺冲抵相同面积办公用房。(3) 为便于房屋便利使用，并尊重物资总公司不再坚持合同约定楼层的真实意思表示，剩余商铺返还不再考虑合同约定的楼层，而是结合前述分房方案的实际情况，认定应返还A1栋5层2603.16平方米商铺、A1栋4层1332.79平方米商铺。以上返还面积共计17,000平方米。

最终，最高人民法院作出如下判决：(一) 撤销湖北省高级人民法院(2017) 鄂民初8号判决；(二) 双龙堂房地产公司于本判决生效之日起15日内向物资总公司返还17,000平方米房屋（具体分配方案为中华城商业社区A地块上B1栋1—5层共计8064.04平方米商铺、A1栋6层2152.67平方米办公用房、A1栋5层5450.49平方米商铺、A1栋4层1332.79平方米商铺。以上面积为暂定面积，最终以实测为准)；(三) 双龙堂房地产公司于本判决生效之日起15日内向物资总公司支付违约金250万元；(四) 驳回物资总公司的其他诉讼请求。

【裁判摘要评析】

本案主要涉及合同解释的原则和方法问题。合同解释，就是确定当事人双方的共同意思，是指对合同及其相关资料的含义所作的分析和说明(其不仅对当事人之间的权利义务分配和当事人对合同的利益期待的实现有重要意义，更关乎合同本身价值的实现以及实现程度)。合同条款作为合同双方合意内容的载体，是合同解释的主要对象。通常情况下，当事人应该严格按照合同约定的条款行使权利和义务，但是由于受到当事人预见能力的制约以及语言文字多异性的影响，人民法院在审理合同纠纷案件时，经常会碰到当事人对合同条款的理解发生争议的情况。此时，人民法院参照合同解释原则，遵循科学的合同解释规则，来确定当事人的真实意思表示显得尤为重要。本案即是如此。

本案系双龙堂房地产公司借用物资总公司土地建设后如何返还房屋的合同纠纷。双方当事人签订的置换协议第 2 条：双龙堂房地产公司将在香港路与建设大道交会处兴建 60 万平方米商业社区，其中二期商业面积 7 万平方米，建设周期为 3 年，项目完工后，还物资总公司二期建筑面积 17,000 平方米（含商业面积和办公面积）。第 3 条第 4 款约定：项目建成后，原地还给物资总公司物业，即双龙堂房地产公司（原华氏地产集团）在商业街香港路街面的位置还物资总公司。据此，双龙堂房地产公司与物资总公司返还的房屋位置必须满足“二期”“原地”“临香港路街面”“商业用途”等条件。但是由于置换协议等系列协议关于还房位置的约定存在歧义，无法区分究竟涉案项目哪个地块完全符合上述条件，在履行合同的过程中土地用途又发生了一定的调整变化，而当事人并未根据变化情况对约定的返还房屋条件进行进一步的明确，因此，本案的争议问题集中于物资总公司与双龙堂房地产公司签订的置换协议等系列协议的相关条款的理解问题。《合同法》第 125 条[1]第 1 款规定：“当事人对合同条款的理解有争议的，应当按照合同所使用的词句、合同的有关条款、合同的目的、交易习惯以及诚实信用原则，确定该条款的真实意思。”据此，我国合同解释制度中的一般解释规则方法有文义解释、体系解释、目的解释、诚信解释和参照交易习惯解释等。具体来讲，二审法院对双方争议的条款的解释遵循以下解释规则：

---

〔1〕 本条现为《民法典》第 466 条：“当事人对合同条款的理解有争议的，应当依据本法第一百四十二条第一款的规定，确定争议条款的含义。合同文本采用两种以上文字订立并约定具有同等效力的，对各文本使用的词句推定具有相同含义。各文本使用的词句不一致的，应当根据合同的相关条款、性质、目的以及诚信原则等予以解释。”以下同。

（一）文义解释方法

文义解释又称文本解释，主要是指依据合同所使用的词句，确定合同中权利义务关系的解释规则。文义解释是合同解释的基础和起点，其要旨在于基于合同文本条款的字面意思弄清合同双方当事人在缔约时的真实意思表示。只有在文义解释不能适用或者适用不能获得合理的真实意思时，才会考虑适用其他的解释规则。实践中，对文义解释的适用应当注意以下四个方面：一是文义解释应当对合同用语按照通常的理解进行解释；二是文义解释应依照一个合理的理性人的标准进行解释；三是文义解释并非合同词句的生硬翻译，而应以探究当事人真实意图为解释目的；四是进行文义解释的时候，对合同用语中表示范围的词语、条款等，多数情况下应当进行限制性解释。本案中，还房位置的四个限制条件“二期”“原地”“临香港路街面”“商业用途”中“临香港路街面”“商业用途”均无语义争议，双方当事人对于合同语义争议的焦点集中在“二期”“原地”之上。首先，“原地”从字面意思来看，应该是物资总公司原址所在地，经当事双方确认即涉案项目 A 地块 B1 栋所在位置。但是涉案“中华城”项目系双龙堂房地产公司在物资总公司被拆房屋所在土地上整体开发建设的项目。虽然武汉市国土局发布的 8 号函将涉案项目所涉土地分为 A、B 地块，但是该文件是从项目开发建设角度所作的划分，并未改变项目所涉土地本身的整体性。故而对“原地”不应机械地理解为 A 地块 B1 栋。其次，“二期”的约定从文字含义来看系双龙堂房地产公司在开发建设前期拟将项目分为两期建设，并打算在第二期商业用房面积处向物资总公司还房，但仅从字面上来看，无法确定“二期”的具体指向地。如前所述，目前适用文字解释尚不能确定当事人的真实意思表示，因此尚须考虑适用其他的解释规则来解决。

（二）体系解释方法

由于每个合同条款都是合同的有机组成部分，当事人为表达自己的真实意图往往会用不止一条进行约定，因此对合同条款的理解必须将其置于合同整体之中，与上下文联系起来，方能准确合理地确定当事人真实意图，尽可能地减少误解。这种解释合同的方法称为体系解释，也称整体解释，是以整体来看待合同的全部条款，同时结合合同文本各个条款之间的相互联系、所处的地位和总体联系阐明合同当事人系争的合同用语的含义。以本案为例，虽然双方当事人对于“原地”的约定没有具体的指向，但是联系上下文，双方当事人已经将“原地”的范围限缩为项目中临“商业街香港路街面”部分。从查明的事实来看，满足上述条件的位置有A地块A1栋、B1栋、B2栋以及B地块临香港路街面部分。再结合双方当事人进一步约定项目建设期间，物资总公司可将B地块临香港路街面位置作过渡使用，从一般人角度推知，该过渡地块无法同时作为建设地块使用，因此“原地”的范围应排除B地块临香港路街面部分，缩小至A地块。

（三）目的解释方法

合同目的是当事人订立合同所追求的目标和基本利益。合同中的条款都是当事人为达到其合同目的而专门设置的。因此，当合同条款表达意思不清时，应作出与合同目的相一致的解释，即符合当事人的缔约目的。要运用目的解释规则，首先要确定当事人的合同目的。从本案当事人的约定可推知，物资总公司作为涉案土地房屋的原有产权人，具有从涉案项目后续开发建成的房屋中优先获得返还，进行商业和办公之用的意图。但是一审法院直接以涉案项目在开发建设的实施过程中，武汉市国土局出具的8号函中所记载的“两期”等同于置换协议约定的“二期”，并进一步与B地块相对应，显然与物资总公司拟在B地块临时建筑中过渡并从建成项目中获得房屋的目的不符。且该8号函载明的B地块规划用途为居住用地，也与物资总公司将返还房屋作商业、办公用途的目的不符。此外，基于优先保护被拆迁人权利的理念，被拆迁人虽然对拆迁人享有的是合同债权，但这种债权与一般的商品房买卖中的合同债权不同，被拆迁人原本对其被拆迁的房屋享有的是物权，故其对拆迁补偿安置协议所约定房屋享有的债权具有一定的物权属性，因此在当事人约定确实存在模糊不清，当事人对此如何理解存在争议时，作出有利于被拆迁人的解释，符合该司法解释所反映的精神。而本案物资总公司与双龙堂房地产公司之间的法律关系与拆迁安置补偿法律关系类似，二审法院将“原地”解释为被拆迁人物资总公司原房屋所在地符合上述司法解释精神，有利于保护物资总公司的利益，有利于实现合同目的。因此，结合置换协议已经明确了“二期”工程的开工和完工时间，本案纠纷发生时已逾双龙堂房地产公司应还房日期8年之久，而B地块土地未开发建设，如果认为应在B地块上返还房屋将对物资总公司签订置换协议等系列协议的合同目的实现产生重大影响，故二审法院认定双龙堂房地产公司用在A地块上的房屋交付物资总公司符合目前合同履行的目的。

（四）诚信解释方法

诚信解释是指依照诚实信用原则来确定合同权利义务关系及责任承担的解释规则。诚信解释最基本的要求就是在合同解释过程中应维持双方当事人的利益大致平衡以及符合社会公共利益和公序良俗。本案中，双龙堂房地产公司虽主张“二期”即B地块，其应当在B地块上返还房屋，但其在2017年4月11日已将B地块转让的情况下，仍然在2017年8月16日一审庭审的答辩状中表示要在B地块上继续还房，其关于还房位置的主张与B地块已不属于双龙堂房地产公司的事实相互矛盾，有违诚信原则；且如按照双龙堂房地产公司的主张，事实上将造成物资总公司无法得到房屋，双方利益严重失衡。因此，虽然现有证据表明已无法在B地块上还房，但双龙堂房地产公司认可应当在中华城商业社区向物资总公司还房，目前仅A地块上有房屋可供返还且符合合同约定，故认定应在A地块上返还房屋。

综合本案审理过程，一审、二审法院虽然都使用了合同解释的规则和方法，但之所以得出了完全相反的结论，是因为一审法院对“二期”的理解机械适用了置换协议签订5年后由武汉市国土局出具的8号函，以证载“两期”对应约定“二期”，未结合全部合同约定审查，也忽略了8号函确定的居住用地的B地块与返还商业用途房屋约定之间的矛盾。而二审法院从“原地”“二期”的文义出发，结合相关合同条款对两个概念作整体解释，并通过查明当事人签约意图检视推论的适当性，从而确定当事人的真实意思表示，公平合理地认定了合同内容。司法实践中，人民法院对合同条款理解争议时的解释应在遵循合同解释规则的基础上充分论证并检视，以作出最符合当事人真意的合同解释。《合同法》第 125 条的规定，《民法典》中相应条文为第 466 条，未作实质性修改。

最高人民法院二审合议庭成员：方芳　李相波　宁晟

（编写人：方芳*　王戈**　王利萍***　审稿人：杨奕）

---

* 方芳，法学硕士，中华人民共和国最高人民法院第四巡回法庭，二级高级法官。

** 王戈，法学硕士，中华人民共和国最高人民法院第四巡回法庭，法官助理。

*** 王利萍，法学学士，中华人民共和国最高人民法院第四巡回法庭，书记员。

湖北第二师范学院
与
湖北永隆置业投资有限公司
合同纠纷案

——未改变划拨土地使用权用途的土地使用权转让合同的效力认定

【裁判摘要】

在未改变划拨土地使用权原用途的情况下，转让划拨土地使用权的行为并非当然无效。出让方依照相关法律规定，向有批准权的人民政府申请对划拨土地使用权转让进行审批，依法促成过户，亦为出让方履行合同义务的一部分。

【案件基本信息】

1. 诉讼当事人

再审申请人（一审被告、反诉原告、二审上诉人）：湖北第二师范学院（以下简称湖北二师院）

被申请人（一审原告、反诉被告、二审被上诉人）：湖北永隆置业投资有限公司（以下简称永隆置业投资公司）

2. 案件索引与裁判日期

一审：湖北省武汉市中级人民法院（2013）鄂武汉中民商初字第00391号判决（2014年8月6日）

二审：湖北省高级人民法院（2014）鄂民二终字第00131号判决（2018年12月28日）

再审申请：最高人民法院（2019）最高法民申5003号裁定（2019年

12月20日）

3. 案由

合同纠纷

【简要案情】

2003年10月31日，湖北二师院（甲方）与永隆置业投资公司（乙方）签订一份协议书，约定甲方出让××校区的存量教育资产，乙方向甲方支付转让款，转让的房产和土地于2005年6月30日前过户给乙方。甲方转让资产包括新建教学楼（约8000平方米）和宿舍楼（约16,400平方米）及其配套设施等，另有其余资产价值为6033万元，乙方支付的全部价款总计约8533万元；土地使用证、房产证办证中所产生的过户税费由甲乙双方各承担50%。

2004年10月18日，湖北二师院就其将教育资产出让给永隆置业投资公司，永隆置业投资公司以该资产举办丁学院（民办普通本科学校）的具体情况向省教育厅进行请示。省教育厅向湖北二师院复函："同意你校将××校区转让给永隆置业投资公司，用于举办丁学院，转让所得资金全部用于你校新校区建设。请你校依据有关法律法规和省市有关规定及时办理国有资产登记和过户手续。"

2008年2月29日，永隆置业投资公司与湖北二师院已完成全部转让资产（含固定、流动资产）的实物交接。经湖北省计划发展委员会（简称省计委）及教育主管部门同意，永隆置业投资公司利用湖北二师院转让的教育资产，建设丁学院，开始办学招生。

2008年湖北二师院与永隆置业投资公司再次签订协议书及补充协议，约定湖北二师院对于永隆置业投资公司仅尚欠1000万元未付无异议；湖北二师院应于2009年11月5日将转让的土地、房产权属登记为丁学院并交付永隆置业投资公司。

2009年湖北二师院就其向永隆置业投资公司转让教育资产的具体情况向省财政厅进行了请示，并将此前提交省教育厅的函件、相关清产核资报告、协议书及2003—2008年湖北二师院收取永隆置业投资公司所付款项的财务进账证明等文件作为该请示的附件提交给省财政厅。

省财政厅向省教育厅复函，同意湖北二师院将××校区的土地及房产有偿转让给永隆置业投资公司，并按照有关规定及时补办产权转让相关手续。同月，省教育厅向湖北二师院复函："同意你院将××校区的土地及房产有偿转让给永隆置业投资公司，用于举办丁学院，并按照相关规定及时补办产权转让相关手续。"

2009 年 11 月 2 日，湖北二师院向永隆置业投资公司发函，称根据法律规定和房地产主管部门的要求，拟过户的房产及土地须按现时评估价计算营业税、契税和土地收益金，并据此缴纳税费。2009 年 3 月××评估公司对拟过户的 17 栋房产进行了评估，评估总价为 12, 023. 57 万元。如永隆置业投资公司同意此评估价，则房产过户工作可如期进行。

2009 年 11 月 27 日，永隆置业投资公司向湖北二师院回复，认为该房产评估价值过高，直接影响双方利益，必须按双方所签订的协议执行。此后，双方就协议履行等问题持续存在争议。

2013 年，永隆置业投资公司向武汉市中级人民法院起诉，请求确认涉案协议有效，湖北二师院继续履行过户登记义务。湖北二师院提起反诉，请求确认涉案协议无效，永隆置业投资公司返还占有的财产并支付资产占用费。

一审法院于 2014 年 8 月 6 日作出（2013）鄂武汉中民商初字第 00391 号判决，认定湖北二师院主张双方签订的资产转让协议因未进行资产转让评估，未得到国有资产管理部门和土地管理部门的批准，属于违反法律、行政法规强制性规定，应为无效的理由不成立。对湖北二师院反诉请求确认涉案协议无效以及返还教育存量资产、支付占用费的请求，不予支持。湖北二师院不服一审判决，提起上诉。

二审法院于 2018 年 12 月 28 日作出（2014）鄂民二终字第 00131 号判决，认为涉案协议不存在《合同法》第 52 条[1]规定的无效情形，故一审

---

〔1〕 本条现为《民法典》第 144 条、第 146 条、第 153 条和第 154 条。第 144 条："无民事行为能力人实施的民事法律行为无效。"第 146 条："行为人与相对人以虚假的意思表示实施的民事法律行为无效。以虚假的意思表示隐藏的民事法律行为的效力，依照有关法律规定处理。"第 153 条："违反法律、行政法规的强制性规定的民事法律行为无效。但是，该强制性规定不导致该民事法律行为无效的除外。违背公序良俗的民事法律行为无效。"第 154 条："行为人与相对人恶意串通，损害他人合法权益的民事法律行为无效。"以下同。

法院认定涉案协议有效并无不当。

判决生效后，湖北二师院向最高人民法院申请再审。

【案件焦点】

在未改变划拨土地使用权原用途的情况下，转让划拨土地使用权是否有效。

【裁判结果】

最高人民法院经审理认为，涉案划拨土地使用权系由湖北二师院直接转让至永隆置业投资公司出资成立的丁学院名下，继续作为教育用地使用，未改变该划拨土地的办学用途。协议履行过程中，湖北二师院已先后向教育厅、财政厅如实申报了资产转让的对象、区位、范围和价格等重要事项，上述部门均同意该资产转让并作出同意补办资产转让手续的复函。同时，涉案教育资产转让协议对转让税费的负担作了明确约定，并无规避法律监管和行政审批、牟取不正当利益的情形。故涉案教育资产转让协议虽涉及对划拨土地使用权的转让，但并未损害国家利益或社会公共利益，不存在《合同法》第52条规定的合同无效的法定情形。湖北二师院作为涉案划拨土地使用权人，对划拨土地使用权转让须经有审批权的人民政府审批应是明知的。在永隆置业投资公司已依约支付协议约定价款，教育厅和财政厅已审批同意湖北二师院转让涉案教育资产并补办转让手续后，湖北二师院怠于依法办理划拨土地使用权转让的相关行政审批手续，且以自身原因造成的涉案划拨土地使用权转让未经有审批权的人民政府审批为由在诉讼中主张合同无效，其目的在于获取超出合同约定的更大利益。湖北二师院的做法有悖诚实信用原则。

综上所述，涉案协议并不完全构成2004年《国有土地使用权合同纠纷案件司法解释》第11条[1]规定的合同无效情形。根据案件具体履行情况并依照诚实信用原则以及合同法关于效力问题的规定，涉案协议应认定为有效。湖北二师院的再审申请不能成立，应予驳回。

【裁判摘要评析】

划拨土地使用权是我国特有的概念，是指土地使用者经县级以上人民

---

〔1〕2020年《国有土地使用权合同纠纷案件司法解释》修正后，该条被删除。

政府依法批准，通过除出让土地使用权以外的各种方式，除缴纳补偿、安置等费用外完全无偿取得的国有土地使用权。在改革开放之前，我国城市土地均是通过划拨方式进行的，即都是无偿划拨供应的，只存在单一的划拨土地供应制度。改革开放后，随着外资的进入，我国对外资企业开始试行土地有偿使用收取土地使用费。1990 年，国务院《城镇国有土地使用权出让和转让暂行条例》的颁布与实施，标志着出让土地使用权制度的建立，由此开启了划拨土地使用权，通过办理出让手续可再行转让的历史。

《城市房地产管理法》第 40 条第 1 款规定："以划拨方式取得土地使用权的，转让房地产时，应当按照国务院规定，报有批准权的人民政府审批。有批准权的人民政府准予转让的，应当由受让方办理土地使用权出让手续，并依照国家有关规定缴纳土地使用权出让金。"《城镇国有土地使用权出让和转让暂行条例》第 44 条、第 45 条规定，以划拨方式取得土地使用权的，转让房地产时应当经过有批准权的人民政府审批。根据前述规定，以划拨方式取得的土地使用权及地上房产可以转让，但转让前须报请有批准权的人民政府审批同意。2004 年《国有土地使用权合同纠纷案件司法解释》第 11 条规定："土地使用权人未经有批准权的人民政府批准，与受让方订立合同转让划拨土地使用权的，应当认定合同无效。但起诉前经有批准权的人民政府批准办理土地使用权出让手续的，应当认定合同有效。"同时，该司法解释第 12 条规定："土地使用权人与受让方订立合同转让划拨土地使用权，起诉前经有批准权的人民政府同意转让，并由受让方办理土地使用权出让手续的，土地使用权人与受让方订立的合同可以按照补偿性质的合同处理。"〔1〕该司法解释第 13 条规定："土地使用权人与受让方订立合同转让划拨土地使用权，起诉前经有批准权的人民政府决定不办理土地使用权出让手续，并将该划拨土地使用权直接划拨给受让方使用的，土地使用权人与受让方订立的合同可以按照补偿性质的合同处理。"〔2〕从前述规定的内容看，该司法解释在合同效力认定上，规定了补救性的措

〔1〕 2020 年《国有土地使用权合同纠纷案件司法解释》修正后，本条变更为第 10 条。
〔2〕 2020 年《国有土地使用权合同纠纷案件司法解释》修正后，本条变更为第 11 条。

施，即向人民法院起诉前，如果合同符合法律、行政法规规定的条件，亦不存在《合同法》第52条规定的无效情形，即认定合同有效。该规定体现了《合同法》的立法精神，保护了双方当事人的合法利益，也促进了合同的履行和土地资源的合理利用。

本案中，湖北二师院与永隆置业投资公司签订的教育资产转让协议中包括划拨土地使用权及房产。虽然涉案协议签订时及本案起诉前，该划拨土地使用权的转让尚未经有审批权的人民政府审批，但是，涉案协议中涉及的划拨土地使用权在转让后其办学用途并未改变，故涉案协议并不符合《国有土地使用权合同纠纷案件司法解释》第11条规定的合同无效之情形。根据前述司法解释的精神，涉案协议的效力应结合案件具体情况并依照诚实信用原则以及合同法关于效力问题的规定，综合判断。

第一，虽然涉案教育资产转让协议中所涉划拨土地使用权的转让尚未经有审批权的人民政府审批，但不宜依此对涉案教育资产转让协议的效力作否定性评价，须根据协议约定内容和当事人的实际履行情况等因素综合判断。首先，涉案划拨土地使用权系由湖北二师院直接转让至永隆置业投资公司出资成立的丁学院名下，继续作为教育用地使用，未改变该划拨土地的办学用途。其次，协议履行过程中，湖北二师院已先后向省教育厅、省财政厅如实申报了资产转让的对象、区位、范围和价格等重要事项，上述部门均同意该资产转让并作出同意补办资产转让手续的复函。最后，涉案教育资产转让协议对转让税费的负担作了明确约定，并无规避法律监管和行政审批、牟取不正当利益的情形。因此，涉案教育资产转让协议虽涉及对划拨土地使用权的转让，但并未损害国家利益或社会公共利益，不存在《合同法》第52条规定的合同无效的法定情形。

第二，涉案教育资产转让协议系基于双方当事人的真实意思表示订立，根据合同的实际履行情况，永隆置业投资公司已经依照协议约定支付了7367万元，仅余1000万元尾款依约须待湖北二师院办理涉案相关房地产权属变更登记后支付。湖北二师院在自身合同目的已基本实现的情况下，未依约履行办理涉案教育资产权属变更登记的义务。之后，其单方主张涉案教育资产价值应为12, 023. 57万元，并表示如永隆置业投资公司同意此价格，则涉案相关房地产过户工作可如期进行。嗣后，又在本案诉讼中主张因涉案划拨土地使用权的转让未经审批，协议无效，无法办理相关房地产过户手续。湖北二师院作为涉案划拨土地使用权人，对划拨土地使用权转让须经有审批权的人民政府审批应是明知的。在永隆置业投资公司已依约支付协议约定价款，省教育厅和省财政厅亦已审批同意湖北二师院转让涉案教育资产并补办转让手续后，湖北二师院怠于依法办理划拨土地使用权转让的相关行政审批手续，且以自身原因造成的涉案划拨土地使用权转让未经有审批权的人民政府审批为由在诉讼中主张合同无效，其目的在于获取超出合同约定的更大利益。湖北二师院的做法有悖诚实信用原则。

综上所述，基于涉案教育资产转让已经过省教育厅和省财政厅审批同意，永隆置业投资公司已依照协议约定支付了款项，永隆置业投资公司在涉案划拨土地上投资成立的丁学院已获得教育部批准并招生办学多年等实际情况，原审法院认定涉案教育资产转让协议有效并无不当。关于湖北二师院主张的因不具备过户的法定条件，其未办理房产、土地过户系客观履行不能的问题。本院认为，办理涉案房产、土地过户的法定条件并非当然具备，湖北二师院按照相关法律规定，向有批准权的人民政府申请对涉案划拨土地使用权转让进行审批，促成过户法定条件的成就，亦为湖北二师院履行合同义务的一部分。

最高人民法院再审审查合议庭成员：张淑芳　万会峰　谢勇

（编写人：张淑芳* 　审稿人：杨奕）

---

* 张淑芳，法学硕士，中华人民共和国最高人民法院第四巡回法庭，二级高级法官。

合肥开尔纳米技术发展有限责任公司、张某某与陈某某股权转让纠纷案

——未办理工商变更登记不影响非公司发起人股东之间股权转让的效力

【裁判摘要】

依照《公司登记管理条例》相关规定，对于非公司发起人的股东之间的股份转让，并非必须办理变更登记，登记行为并不是确定公司股东身份及权利的实质要件。故就已从公司获得出资证明书并记载于公司股东名册，但工商登记中并未显示的股权转让情形而言，未办理工商变更登记并不影响其转让效力。

【案件基本信息】

1. 诉讼当事人

再审申请人（一审被告、二审上诉人）：合肥开尔纳米技术发展有限责任公司（以下简称开尔纳米技术发展公司）

再审申请人（一审被告、二审上诉人）：张某某

被申请人（一审原告、二审被上诉人）：陈某某

2. 案件索引与裁判日期

一审：安徽省合肥市中级人民法院（2017）皖 01 民初 91 号判决（2018 年 11 月 12 日）

二审：安徽省高级人民法院（2019）皖民终 61 号判决（2019 年 4 月 9 日）

再审审查：最高人民法院（2019）最高法民申 4489 号裁定（2019 年 9 月 29 日）

3. 案由

股权转让纠纷

【简要案情】

2015 年 10 月 18 日，陈某某（投资方）与开尔纳米能源科技股份有限公司（以下简称开尔纳米能源科技公司）、张某某签订增资协议一份，约定按开尔纳米能源科技公司发展规划，增加发行新股 2000 万股，公司同意向陈某某发行的 2000 万股新股中的 724.64 万股对应的增资款总额为 5000 万元。增资款分期支付如下，2015 年 12 月 21 日前，支付 3000 万元；2016 年 11 月 30 日前，支付剩余 2000 万元。

2015 年 10 月 18 日，同华控股有限公司（以下简称同华控股公司，投资方）与开尔纳米能源科技公司、张某某签订增资协议一份，约定开尔纳米能源科技公司同意向同华控股公司发行的 2000 万股新股中的 550.72 万股对应的增资款总额为 3800 万元。增资款分期支付如下，2016 年 2 月 1 日前，支付 1000 万元；2016 年 5 月 15 日前，支付 1000 万元；2016 年 11 月 30 日前，支付剩余 1800 万元。

上述两份增资协议签订后，陈某某于 2015 年 12 月 21 日支付 3000 万元增资款，同华控股公司于 2016 年 2 月 1 日支付 1000 万元增资款，开尔纳米能源科技公司分别向陈某某、同华控股公司出具收款确认书。

2016 年 9 月 6 日，同华控股公司与陈某某签订股份转让协议一份，约定同华控股公司将所持开尔纳米能源科技公司的 4.59% 股份（550.72 万股）转让给陈某某。2016 年 9 月 10 日，开尔纳米能源科技公司向陈某某颁发出资证明书，载明股东陈某某持股数额 1275.36 万股。2016 年 9 月 10 日，开尔纳米能源科技公司的股东名册记载陈某某持股数为 1275.36 万股。但上述同华控股公司与陈某某的股权转让未办理工商变更登记手续。本案审理期间，同华控股公司出具情况说明一份，认可陈某某对上述股份享有所有权及处分权，有权进行转让。

2016 年 10 月 18 日，陈某某（出让方）与开尔纳米技术发展公司（受让方）、张某某（担保方）签订关于开尔纳米能源科技公司的股权转让协议一份，约定陈某某同意按照本协议约定的条件和方式将其拥有的1275.36万股目标公司股份（占目标公司总股份的10.63%）及相应的权益全部转让给开尔纳米技术发展公司，张某某承诺承担连带担保责任。就目标股份项下原陈某某和同华控股公司尚未支付的股份认购款，自协议签署之日起，由开尔纳米技术发展公司承担支付义务，并约定了股份转让对价及违约金。

关于开尔纳米能源科技公司的股权转让协议签订后，开尔纳米技术发展公司未依约履行支付股份转让款的义务，张某某也未承担保证责任，因而成讼。陈某某向安徽省合肥市中级人民法院起诉请求：（1）开尔纳米技术发展公司向陈某某支付股权转让款4508.44万元及违约金899,433.78元（截至2017年2月17日，2017年2月18日以后的违约金计算至实际付款之日）；（2）张某某对上述第一项债务向陈某某承担连带清偿责任。开尔纳米技术发展公司（受让方）、张某某则提出以下抗辩：（1）工商登记记载显示，陈某某持有开尔纳米能源科技公司股份为724.64万股，而非1275.36万股，对于陈某某通过其与同华控股公司签订股份转让协议受让的550.72万股股份，因未办理变更登记手续，陈某某无权处分。（2）陈某某、同华控股公司未缴纳清剩余增资款，因而不享有两份增资协议中对应部分的开尔纳米能源科技公司的股权。

安徽省合肥市中级人民法院一审及随后安徽省高级人民法院二审均支持了陈某某的主要诉讼请求，开尔纳米技术发展公司、张某某不服，向最高人民法院申请再审。

【案件焦点】

1. 陈某某是否有权全部处分涉案股份；

2. 关于开尔纳米能源科技公司的股权转让协议是否有效。

【裁判结果】

最高人民法院经审查认为，开尔纳米能源科技公司为非上市股份公司，依照《公司登记管理条例》[1]的规定，对于非公司发起人的股东之间的股份转让，不需要必须办理变更登记，登记行为也不是确定股份公司股

---

〔1〕自2022年3月1日起，该条例与《企业法人登记管理条例》《合伙企业登记管理办法》等同类企业登记管理规范，被新颁布实施的《市场主体登记管理条例》取代，新条例第8条、第9条关于市场主体的一般登记事项、应当登记事项的规定，未发生实质性变化。

东身份及权利的实质要件，故股权变更是否登记对同华控股公司及陈某某处分该550.72万股股权并无影响。另外，对于开尔纳米技术发展公司、张某某所称的陈某某、同华控股公司出资瑕疵问题行为，与涉案股权转让纠纷分属不同的法律关系，首先应由开尔纳米能源科技公司主张权利，在开尔纳米能源科技公司未依照法定程序催告并解除同华控股公司的股东资格之前，不应成为开尔纳米技术发展公司、张某某拒付股权转让款的事由。裁定驳回开尔纳米技术发展公司、张某某的再审申请。

【裁判摘要评析】

股权转让是指股东按照法定程序将自己的股份转让与其他股东或股东之外的投资人的行为。受制于公司资本维持、资本不变和资本充实原则，公司须以其全部资产对外承担责任，不得任意增资或减资，以保障债权人的合法权益不受侵害，故股东退出公司的唯一途径就是转让股权（可分为外部转让和内部转让两种形式，后者由于不会增加新的股东，所以公司法对其限制条件更为宽松）。股权转让意味着相关的权益及风险一并实际转移，如同买卖标的物风险转移一样，只不过股权转让的风险不是股权的毁损灭失，而是股权转让后股权价值的重大变化。实际转让前的风险和利益归属于转让人，此后的风险以及包括处分权在内的各种权益及风险归属于受让人。〔1〕明确股权何时在转让人与受让人之间发生让渡，在司法实践中具有重大的意义。

一、认定股权转让的实质要件——股权交付

公司股权作为股权转让的客体，其产生源于股东的出资行为，股权的价值也是按照出资数额占公司资本的比例并以公司净资产为基数加以确定。〔2〕在股权归属产生争议时，依据《公司法规定（三）》（2020年修正）第22条第1项、第24条第2款的规定，当事人之间对股权归属发生争议，应当向法院证明其已经依法向公司出资或者认缴出资，且无法律规定的无效情形，这明确了出资与股权归属之间的关联关系。股权转让合同作为以股权为标的的准买卖合同，受让人虽未直接向公司出资，但其向转让

---

〔1〕参见杨瑞峰：《股权转让合同的生效与股权变动》，载《法律适用》2007年第10期。

〔2〕参见胡晓静：《股权转让中的股东资格确认——基于股权权属与股东资格的区分》，载《当代法学》2016年第2期。

人支付了股权转让款，实质上间接对公司进行了出资。按照“谁出资，谁受益”的原则，在不涉及第三人的情况下，受让人应当享有其出资所对应的股权。再结合股权的性质，学界通说认为股权属于一种动产，而依据法律规定，动产转让自交付时发生法律效力。但股权作为一种无形财产，又不可能像有体物一样通过物理形态的转移进行实际交付，故股权的交付主要是通过出资证明书的签发、股东名册的变化、公司章程的修订、股票（无记名）交付等形式进行。依据《公司法》第 73 条、第 139 条之规定，转让股权后，公司应当注销原股东的出资证明书，向新股东签发出资证明书，并相应修改公司章程和股东名册中有关股东及其出资额的记载。股东以背书方式或者法律、行政法规规定的其他方式转让，转让后由公司将受让人的姓名或者名称及住所记载于股东名册。股权作为一种私权，股权交付之后，除非当事人有特殊约定，股权转让的民事法律行为即完成。立法中虽有一些在特殊情况下限制股权转让的规定，但都源于国家对重要经济活动行使的行政监督权力〔1〕，一般与股权转让本身的效力无关。

二、股权转让工商登记的性质

通常情形下，股权转让后，公司应当到公司登记机关为股东办理确认其股东资格的工商登记，但在实践中，并不是所有的公司都会为股东办齐上述手续，由此引发一些复杂的情况。如在本案中，开尔纳米技术发展公司、张某某就以陈某某、同华控股公司之间的股权转让未办理工商变更登记为由，否定陈某某的股东资格及享有的相应处分权。在股权转让未办理工商变更登记手续的情况下，受让人是否享有包括处分权在内的相应股东权益？对此，理论上存在“股东名册变更说”和“工商变更登记说”两种观点。二者的分歧在于对股权发生变化节点的认定。前者主张，公司内部股东状况发生变化的，自股东名册确认后即完成股权结构变动；后者认为，由于国家公权力的介入，工商登记这种公示方式具有了公信的效力。具有最强的确认股东资格的效力。司法实践中也有很多法院以工商登记记载的信息作为认定股东资格的法定依据，对未进行股权变更登记的股权受

---

〔1〕国有独资公司的股权转让因涉及国有资产管理问题，须事先履行特别批准手续。股份公司发起人持有的股份，自公司成立之日起一年内不得转让，否则无效，从而保证公司的稳定和运营的连续性。

让人，以及未进行注册资本变更登记的新增资本认购人的股东资格，更多倾向于不予认定。这就涉及股权转让工商登记的法律性质问题。

根据登记目的和功能，商事登记分为两类：(1) 设权性登记（生效性登记），其具有创设权利主体或产生法律关系的效果，有关事项如未登记不能产生创设性权利或法律关系的效力，设立公司的工商注册登记即属此类，非经工商注册登记，公司不能成立；(2) 宣示性登记（对抗性登记），其具有公示力，有关事项一经登记则产生对抗第三人的法律效力，未经登记不会导致整个商事行为失效，只是该事项本身不具有对抗第三人的法律效力。关于股东身份的登记事项，《公司登记管理条例》第34条规定："有限责任公司变更股东的，应当自变更之日起30日内申请变更登记……有限责任公司的股东或者股份有限公司的发起人改变姓名或者名称的，应当自改变姓名或者名称之日起30日内申请变更登记。"从上述规定可以看出，股权转让涉及的变更登记有两项，一是公司内部的股东名册变更登记，二是涉及有限责任公司的股东或者股份有限公司的发起人变动的，才必须办理工商变更登记。根据前述股权转让变更法定顺序，我国公司法对股权变动效力采取的是公司内部登记生效主义，承认经公司确认的股东变更在先，工商变更登记在后。公司股东名册的变更登记是公司变更登记的基础和根据，决定股权的归属，是股东身份确定和权利产生的直接依据。[1] 因股权转让而进行的工商变更登记，其性质属于一般性行政管理行为，系行政机关对当事人间已经发生的股权转让事实加以确认，从而完成向社会公众进行宣告和公示的一种行政确认，[2] 不具有创设股东权利的功能，应属于宣示性登记或对抗性登记范畴，不是股权变更的生效条件。

三、未办理工商登记对股权转让的影响

如前所述，股权转让行为从其性质分析，是当事人之间依双方约定的合同发生的民事法律行为，通过转让方与受让方、公司之间的交付，该民事法律行为就可以完成。工商变更登记的性质属于宣示性的行政确认行为，主要价值为证权性功能，不是股权转让的生效要件。但未经工商变更

---

〔1〕 参见王华伟：《有限责任公司股权转让若干法律问题研究——以股权转让的效力为中心》，载《河南省法院系统第四届学术研讨会优秀论文集》。

〔2〕 参见黄新波：《论工商变更登记的性质》，载《行政法学研究》2010年第1期。

登记的，依照《公司登记管理条例》第34条，并结合《公司法》第32条第3款“公司应当将股东的姓名或者名称向公司登记机关登记；登记事项发生变更的，应当办理变更登记。未经登记或者变更登记的，不得对抗第三人”之规定，该股权转让不具有对抗第三人的效力。现实中，由于交付和工商变更登记会存在时间差，股权真实权利归属与股东登记表现出来的股权归属之间也往往会存在相应的差异，此种情况下，依照《公司法规定（三）》（2020年修正）第27条第1款“股权转让后尚未向公司登记机关办理变更登记，原股东将仍登记于其名下的股权转让、质押或者以其他方式处分，受让股东以其对于股权享有实际权利为由，请求认定处分股权行为无效的，人民法院可以参照民法典第三百一十一条的规定处理”之规定，股权第一次转让虽未进行工商变更登记，但受让人其已经实际获得了股权；股权转让人虽然仍记载于工商登记，但已经丧失了股权，因此其第二次转让行为属于无权处分。但法律鉴于善意第三人基于未经变更的股权转让人的工商登记形成了登记的转让人仍拥有股权的权利外观，为了保护其信赖利益，在符合善意取得其他构成要件的情况下，对善意第三人发生法律效力。

此外，本案涉及的另外一个问题是股东出资存在瑕疵，是否影响转让其名下的股权。现行《公司法》自2013年12月28日修正后确立了认缴资本制，允许股东分期缴纳其所认缴的出资额，股东足额履行出资义务不是股东资格取得的必要条件和充分条件。出资未到位或出资不足等情形下的相关股权仍然具有可转让性，只是受让方承受的股东资格受制于转让方的股东资格，受让人知道或应当知道相关情形的，还应对有关瑕疵出资对公司或公司债权人承担连带责任。

最高人民法院再审审查合议庭成员：包剑平　朱燕　谢勇

（编写人：包剑平[*]　刘平安[**]　审稿人：李明）

---

[*] 包剑平，法学硕士，中华人民共和国最高人民法院立案庭副庭长、第四巡回法庭副庭长，二级高级法官。

[**] 刘平安，法学硕士，中华人民共和国最高人民法院第四巡回法庭，法官助理。

运城市天宝房地产开发有限公司、运城市发达商贸有限公司与山西省运城中学校及一审第三人运城市宏基教育投资有限公司损害股东利益责任纠纷案

——公司股东权益的实现路径

【裁判摘要】

公司控股股东给公司造成损失，公司的损失并不能直接等同于公司股东权益的损失，公司股东权益的损失除与公司的损失有关外，还与公司的分红政策等因素有关，公司股东不能直接以公司的损失乘以其股权比例作为计算其损失的依据。

【案件基本信息】

1. 诉讼当事人

再审申请人（一审原告、二审被上诉人）：运城市天宝房地产开发有限公司（以下简称天宝房地产开发公司）

再审申请人（一审原告、二审被上诉人）：运城市发达商贸有限公司（以下简称发达商贸公司）

被申请人（一审被告、二审上诉人）：山西省运城中学校（以下简称运城中学）

一审第三人：运城市宏基教育投资有限公司（以下简称宏基教育投资公司）

2. 案件索引与裁判日期

一审：山西省运城市中级人民法院（2015）运中商初字第44号判决（2018年8月27日）

二审：山西省高级人民法院（2019）晋民终184号判决（2019年6月20日）

再审：最高人民法院（2020）最高法民申1113号裁定（2020年3月24日）

3. 案由

损害股东利益责任纠纷

【简要案情】

2002年7月，运城中学与天宝房地产开发公司、发达商贸公司等共同出资成立了宏基教育投资公司，其中运城中学出资比例为67%，天宝房地产开发公司出资比例为17%，发达商贸公司出资比例为16%。2004年7月，宏基教育投资公司作为开办者依法设立了民办性质的运城中学东校。天宝房地产开发公司在运城中学东校建设过程中，向宏基教育投资公司分批投入了1360万元，发达商贸公司分批投入了1284.1703万元，运城中学也投入了大量资金，建成了占地127,210.48平方米的运城中学东校。该学校土地及所有资产为宏基教育投资公司所有，学校于2004年秋季投入运营。

为理顺运城中学与运城中学东校的关系、规范办学，2006年9月28日，运城市盐湖区人民政府下发公函，同意将运城中学东校企业股东全部股份抽出，用于置换老校区国有资产，从而使老校区成为真正独立的民办学校。2007年3月29日，运城中学、天宝房地产开发公司、发达商贸公司、运城中学东校共同签订了股权置换协议，约定天宝房地产开发公司、发达商贸公司将其从运城中学东校撤出的股金加上增加的资金用于和运城中学老校区相应的国有资产进行置换等。股权置换协议签订后，从2007年7月至2008年，天宝房地产开发公司陆续收到宏基教育投资公司退还的“股金”500万元，还“借款”860万元，共计1360万元；发达商贸公司陆续收到宏基教育投资公司退还的“股金”500万元，还“借款”784.1703万元，共计1284.1703万元。2008年11月16日、2008年11月28日、

2009年9月21日，天宝房地产开发公司分三次收到运城中学350万元并出具了载明“借款”的收据。2008年11月7日与2009年9月28日，发达商贸公司分两次收到运城中学支付的款项共计300万元，并出具了载明“借款”的收据。天宝房地产开发公司与发达商贸公司收到上述款项后，未将上述款项对运城中学老校区进行置换。2007年7月3日，“运城中学东校”更名为“运城二中”，学校地址变更为运城中学老校区地址，仍由运城中学统一管理。宏基教育投资公司未在工商管理部门进行股权转让变更登记。2009年，宏基教育投资公司被运城市工商管理部门吊销了营业执照，之后一直未进行清算。

2011年12月12日，天宝房地产开发公司与发达商贸公司申请对宏基教育投资公司所有的财产及财产收益进行鉴定。鉴定范围为宏基教育投资公司所有的资产从2004年9月1日至鉴定评估时，按同等市场条件下应当取得的租赁使用费。一审法院委托山西家豪司法鉴定中心进行鉴定，其作出了〔2012〕晋JH鉴字第190号评估鉴定，确定宏基教育投资公司所有资产（土地、房屋、设备设施）从2004年9月1日至鉴定评估时点的租赁使用费为97,204,795元。

一审法院认为，运城中学无偿占有使用宏基教育投资公司投资建设的用于民办教育的资产，损害了天宝房地产开发公司、发达商贸公司的股东利益，应当依法承担赔偿责任。根据山西家豪司法鉴定中心〔2012〕晋JH鉴字第190号评估鉴定，宏基教育投资公司所有资产（土地、房屋、设备）从2004年9月1日至鉴定评估时点的租赁使用费为97,204,795元，按照天宝房地产开发公司所享有的17%股权，予以赔偿16,524,815.15元；按照发达商贸公司16%股权，予以赔偿15,552,767.2元。扣除运城中学于2007—2009年支付给天宝房地产开发公司的350万元，支付给发达商贸公司的300万元，运城中学应赔偿天宝房地产开发公司13,024,815.15元，应赔偿发达商贸公司12,552,767.2元。一审法院判决，运城中学构成对天宝房地产开发公司和发达商贸公司的侵权，赔偿天宝房地产开发公司13,024,815.15元，赔偿发达商贸公司12,552,767.2元。二审法院认为，本案各当事人均为宏基教育投资公司股东，一审判决将资产的出租收入作为侵权所得依股份比例赔偿各股东，实质是在宏基教育投资公司各股东间对该租赁收入进行了分配，显然未考虑到该收入并非宏基教育投资公司的红利，违反了《公司法》中有关公司的独立法人财产权与股东如何获取红利的原则。二审法院改判驳回天宝房地产开发公司和发达商贸公司要求赔偿的诉讼请求。

二审判决生效后，天宝房地产开发公司、发达商贸公司向最高人民法院申请再审，请求改判维持一审判决。

【案件焦点】

公司因侵权所受损失能否作为公司股东权益受损的计算依据。

【裁判结果】

最高人民法院经审理认为，天宝房地产开发公司、发达商贸公司并非涉案财产的所有人，其是基于宏基教育投资公司股东身份提起诉讼的。根据《公司法》第4条“公司股东依法享有资产收益、参与重大决策和选择管理者等权利”及第34条关于“股东按照实缴的出资比例分取红利”的规定，天宝房地产开发公司、发达商贸公司作为宏基教育投资公司登记股东，依法享有资产收益权，该权利应当通过分取红利实现。涉案评估鉴定内容系运城中学占用宏基教育投资公司财产应当支付的租赁使用费，该费用不等同于宏基教育投资公司的利润，不能直接予以分配。在宏基教育投资公司尚未清算的情况下，其是否有盈利尚不能确定，因而，天宝房地产开发公司、发达商贸公司的股东利益受损情况亦无法确定，二审法院认定不能依据涉案评估鉴定意见赔偿天宝房地产开发公司、发达商贸公司的损失，并无不当。因此，裁定驳回天宝房地产开发公司、发达商贸公司的再审申请。

【裁判摘要评析】

一、公司独立享有法人财产权

《公司法》第3条第1款规定：“公司是企业法人，有独立的法人财产，享有法人财产权。公司以其全部财产对公司的债务承担责任。”据此，公司作为企业法人，系独立的民事主体，拥有独立的法人财产，该财产区别于股东其他个人财产。公司享有独立的法人财产权，即公司股东出资形成的公司财产和公司经营过程中积累的财产，属于公司所有，由公司依法占有、使用、收益和处分。股东出资后，该出资成为公司的财产，股东对该出资丧失占有、使用、收益和处分的权利，并不得非法干涉公司行使财产权，也不得以个人名义独立支配、任意分割公司财产。本案中，虽然运城中学无偿占有使用宏基教育投资公司资产，导致天宝房地产开发公司、发达商贸公司无法从宏基教育投资公司获取收益，侵犯天宝房地产开发公司、发达商贸公司的合法利益，但是，运城中学占有使用的资产属于宏基教育投资公司所有，而非天宝房地产开发公司、发达商贸公司所有的财产，运城中学首先侵犯了宏基教育投资公司的财产权。如果将该资产的出租收入作为侵权获益的赔偿依据，应得到该赔偿的是宏基教育投资公司，而非宏基教育投资公司的股东。故不宜直接依据涉案资产的租赁使用费计算天宝房地产开发公司、发达商贸公司所受损失数额。

二、股东诉讼与股东代表诉讼

《公司法》第 20 条规定："公司股东应当遵守法律、行政法规和公司章程，依法行使股东权利，不得滥用股东权利损害公司或者其他股东的利益；不得滥用公司法人独立地位和股东有限责任损害公司债权人的利益。公司股东滥用股东权利给公司或者其他股东造成损失的，应当依法承担赔偿责任。公司股东滥用公司法人独立地位和股东有限责任，逃避债务，严重损害公司债权人利益的，应当对公司债务承担连带责任。"第 21 条规定："公司的控股股东、实际控制人、董事、监事、高级管理人员不得利用其关联关系损害公司利益。违反前款规定，给公司造成损失的，应当承担赔偿责任。"第 151 条规定："董事、高级管理人员有本法第一百四十九条规定的情形的，有限责任公司的股东、股份有限公司连续一百八十日以上单独或者合计持有公司百分之一以上股份的股东，可以书面请求监事会或者不设监事会的有限责任公司的监事向人民法院提起诉讼；监事有本法第一百四十九条规定的情形的，前述股东可以书面请求董事会或者不设董事会的有限责任公司的执行董事向人民法院提起诉讼。监事会、不设监事会的有限责任公司的监事，或者董事会、执行董事收到前款规定的股东书面请求后拒绝提起诉讼，或者自收到请求之日起三十日内未提起诉讼，或者情况紧急、不立即提起诉讼将会使公司利益受到难以弥补的损害的，前款规定的股东有权为了公司的利益以自己的名义直接向人民法院提起诉讼。他人侵犯公司合法权益，给公司造成损失的，本条第一款规定的股东可以依照前两款的规定向人民法院提起诉讼。”根据上述规定，公司股东既可以为自己个人利益也可以为公司利益提起诉讼，分别为股东诉讼和股东代表诉讼。股东诉讼是公司股东在其合法权益受到损害时以个人名义向相关侵害人提起的诉讼，旨在克服公司“资本多数决定原则”存在的弊端。而股东代表诉讼是公司股东在公司的合法权益受到侵害而公司怠于起诉时，为了公司的利益以自己的名义直接向人民法院提起的诉讼。[1] 股东诉讼与股东代表诉讼的区别之一在于诉讼利益归属不同，股东诉讼的一切利益与不利益都归属于原告股东。股东代表诉讼的诉讼利益则归属于公司，股东只能间接按比例获得诉讼利益。[2] 在个案中要结合提起诉讼股东的具体诉讼请求确定其诉讼类型。就本案来看，天宝房地产开发公司、发达商贸公司起诉的诉讼请求是判令运城中学向其支付损失赔偿，所依据的法律规定是《公司法》第20条、第21条，由此可以认定本案属于股东诉讼。一方面，天宝房地产开发公司、发达商贸公司作为宏基教育投资公司股东可以直接提起，无须经过《公司法》第151条规定的关于股东代表诉讼的前置程序。另一方面，该案诉讼利益应归属于提起诉讼的两个股东，而非公司。由于涉案鉴定所确定的租赁费用属于宏基教育投资公司损失，不宜将该损失直接支付给天宝房地产开发公司、发达商贸公司两位股东。

三、公司股东权益实现路径

公司股东享有资产收益权。《公司法》第4条规定：“公司股东依法享有资产收益、参与重大决策和选择管理者等权利。”出资者向公司投入资产，目的是取得收益。出资者向公司出让资产的使用权后，便不再占有该项资产，不能再直接支配该项资产，只能从公司经营该资产的成果中获得收益。[3] 资产收益权是股东的一项重要权利，任何人都不得非法限制或者剥夺。

---

〔1〕 参见陆玮炜：《浅析我国股东诉讼制度之完善》，载《法制与社会》2018年第3期。

〔2〕 参见徐小媛：《股东诉讼和股东代表诉讼的区分与协调》，载《法制博览》2018年第22期。

〔3〕 参见朱少平主编：《〈中华人民共和国公司法〉释义及实用指南》，中国民主法制出版社2005年版，第82-84页。

公司股东可通过分红或清算分配实现其资产权益。《公司法》第34条规定："股东按照实缴的出资比例分取红利；公司新增资本时，股东有权优先按照实缴的出资比例认缴出资。但是，全体股东约定不按照出资比例分取红利或者不按照出资比例优先认缴出资的除外。"第186条规定："清算组在清理公司财产、编制资产负债表和财产清单后，应当制定清算方案，并报股东会、股东大会或者人民法院确认。公司财产在分别支付清算费用、职工的工资、社会保险费用和法定补偿金，缴纳所欠税款，清偿公司债务后的剩余财产，有限责任公司按照股东的出资比例分配，股份有限公司按照股东持有的股份比例分配。清算期间，公司存续，但不得开展与清算无关的经营活动。公司财产在未依照前款规定清偿前，不得分配给股东。"据此，（1）在公司存续期间，股东获取收益的方式是按照出资比例分取红利，所谓红利即公司的利润扣除应缴纳的各种税款及应提取的法定公积金、法定公益金之后的盈余部分。股东依据自己的出资享有获取红利的权利，股东之间分取红利的比例一般应当与股东的实缴出资比例一致，即股东实际已经缴纳的出资占公司注册资本总额的比例。但全体股东约定不按照出资比例分取红利的除外。（2）在公司解散时，应通过清算实现股东权益。根据法律规定的清偿顺序及先债权后股权的原则，公司财产应先用于支付清算费用、职工的工资、社会保险费用和法定补偿金，缴纳所欠税款，清偿公司全部债务，剩余的财产按照股东的出资比例或者持股比例进行分配。具体到本案中，2009年，宏基教育投资公司被运城市工商管理部门吊销了营业执照，存在《公司法》第180条规定的公司解散事由，但宏基教育投资公司一直未进行清算，因此天宝房地产开发公司、发达商贸公司的权益应在对宏基教育投资公司进行清算后予以确定。

最高人民法院再审合议庭成员：万会峰　张淑芳　谢勇

（编写人：贾亚奇*　万会峰**　审稿人：李明）

---

* 贾亚奇，法学硕士，中华人民共和国最高人民法院第四巡回法庭，三级高级法官。

** 万会峰，法律硕士，中华人民共和国最高人民法院执行局，二级高级法官。

山河建设集团有限公司
与
湖北宏信房地产开发有限公司
建设工程施工合同纠纷案

——债的更新应以双方达成消灭旧债合意为成立要件

【裁判摘要】

1. 债的更新应当以当事人之间达成以新债消灭旧债的合意为构成要件，一方当事人主张双方已达成更新意思合意的，应当举证证明，不能举证证明或者所举证证据不足以证明已达成合意的，人民法院不应认定双方之间构成债的更新。

2. 债务人以承兑汇票方式支付债务，在无以新债消灭旧债的合意情形下，构成新债清偿。在承兑汇票不能承兑时，债权人选择以基础法律关系主张权利的，人民法院应当尊重债权人的选择，不应将另诉的不利益分配给债权人。

【案件基本信息】

1. 诉讼当事人

上诉人（原审原告）：山河建设集团有限公司（以下简称山河建设集团）

被上诉人（原审被告）：湖北宏信房地产开发有限公司（以下简称宏信房地产开发公司）

2. 案件索引与裁判日期

一审：湖北省高级人民法院（2018）鄂民初 46 号判决（2019 年 4 月 15 日）

二审：最高人民法院（2019）最高法民终1341号判决（2019年11月21日）

3. 案由

建设工程施工合同纠纷

【简要案情】

2014年3月17日，宏信房地产开发公司与山河建设集团签订一份建设工程施工承包协议书，约定由山河建设集团承建宏信房地产开发公司建设工程项目。合同对工期、建筑范围、价款支付、违约责任等事项进行了约定。合同签订后，山河建设集团进场施工。

2014年12月20日，山河建设集团向宏信房地产开发公司出具收条，该收条中载明其收到宏信房地产开发公司支付的工程款9500万元，此款为商业承兑汇票13张，商兑贴息由宏信房地产开发公司承担。宏信房地产开发公司对此亦向山河建设集团出具一份承诺书，保证上述承兑汇票到期日将支付该商业承兑汇票的款项，并且保证承担商票记载的兑付金额及因不能及时兑付产生的利息、罚息、违约金及实现债权产生的一切费用。后山河建设集团提交了由出票银行出具的拒绝付款理由书，拒绝付款理由为“余额不足”，该9500万元商业承兑汇票未能实际兑付。

2015年7月28日，宏信房地产开发公司向山河建设集团出具情况说明，该情况说明载明：“我公司（宏信房地产开发公司）于2014年12月20日支付给贵公司（山河建设集团）的9500万元承兑汇票（13张），因出票公司未能兑付。现本公司认可该9500万元承兑汇票不予抵减我司欠贵公司的工程款。但恳请贵公司给予我司一如既往的支持，尽量不要通过诉讼解决我们之前的欠款纠纷，我们欢迎协商解决。”

后双方因工程款纠纷产生诉讼，山河建设集团起诉要求宏信房地产开发公司支付包括该9500万元在内的工程款。宏信房地产开发公司答辩称，该9500万元已经支付，山河建设集团应当以票据法律关系另行主张。

一审法院经审理认为，商业承兑汇票作为一种支付手段，票据权利人可以商业承兑汇票作为准货币清偿债务。虽然宏信房地产开发公司与山河建设集团在建设工程施工承包协议书及补充协议中并未对以商业承兑汇票方式支付工程款作相关约定，但山河建设集团在接受宏信房地产开发公司以商业承兑汇票方式支付工程进度款，并向宏信房地产开发公司出具相应收款凭证后，应视为山河建设集团认可宏信房地产开发公司此种付款方式。在宏信房地产开发公司将上述9500万元商业承兑汇票合法背书转让给山河建设集团后，山河建设集团作为持票人即享有票据权利，山河建设集团主张宏信房地产开发公司背书转让的商业承兑汇票未得到兑付，应向出票人及被背书人甲公司依法主张票据权利。宏信房地产开发公司已向山河建设集团出具相应承诺书，承诺汇票到期日将支付该商业承兑汇票的款项及因不能兑付产生的利息、罚息、违约金及实现债权产生的一切费用，山河建设集团可依据承诺书向宏信房地产开发公司另行主张因商业承兑汇票未能兑付的相应款项和损失。在山河建设集团未行使上述票据追索权及相应的损失请求权的情形下，其主张宏信房地产开发公司此笔商业承兑汇票付款不应计入已付工程款的诉请理由不能成立，山河建设集团作为上述商业承兑汇票的持票人，应依法另行向出票人、承兑人及宏信房地产开发公司主张民事权利。一审法院遂驳回了山河建设集团要求主张该9500万元工程款及利息的诉讼请求。

山河建设集团不服一审判决，向最高人民法院上诉。

【案件焦点】

当事人就旧债达成新债而未有消灭旧债意思合意，能否认定构成债的更新。

【裁判结果】

最高人民法院认为，宏信房地产开发公司向山河建设集团支付13张商业承兑汇票的目的在于支付工程款，属于清偿债务方式中的一种。涉案13张商业承兑汇票因余额不足而被银行拒绝承兑，山河建设集团对此不存在过错，该13张商业承兑汇票并未实际产生偿付9500万元工程款的法律效果，山河建设集团有权要求宏信房地产开发公司继续履行支付该9500万元工程款的义务。《票据法》第61条规定的票据追索权是“可以对背书人、出票人以及汇票的其他债务人行使追索权”，并未限定持票人只能通过票据追索权主张权利，该条规定并不排斥持票人依据基础法律关系或原因行为主张权利。本案中，山河建设集团已经提交证据证明涉案 13 张商业承兑汇票无法承兑，且明确要求在本案中一并处理，此种情形下，一审判决认定山河建设集团司应通过行使票据追索权主张权利，将诉的不利益分配给山河建设集团，属认定不当。山河建设集团二审新提交的情况说明显示，宏信房地产开发公司知晓涉案 13 张商业承兑汇票无法承兑的事实，并认可该 13 张商业承兑汇票共计 9500 万元不予抵减欠付工程款。此种情形下，宏信房地产开发公司主张已经通过商业承兑汇票方式向山河建设集团支付 9500 万元工程款，其应通过票据追索权另行主张该 9500 万元工程款，不能成立，不予支持。最高人民法院二审遂改判支持山河建设集团要求宏信房地产开发公司支付 9500 万元工程款及利息的诉讼请求。

【裁判摘要评析】

在我国目前立法中，并没有关于债的更新等制度的法律规定，但在司法实践中，特别是建设工程施工合同纠纷类案件中，经常出现发包方因资金不够而采取以房抵债、以物抵债等方式支付工程款，即属于代物清偿性质。本案则是通过有价证券方式支付工程款，由此在双方之间形成新的票据关系，该票据关系能否替代原建设工程施工合同债权债务关系，成为本案需要厘清的关键问题。实践中，法官在适用债的更新制度时，存在模糊认识，不能准确区分债的更新与代物清偿、新债清偿等法律关系，未能准确遵循当事人意思自治，进而导致司法裁判尺度不一。因此，有必要通过案例分析，对债的更新制度进行系统而深入的研究。

一、债的更新定义及构成要件

（一）定义

债的更新制度起源于罗马法，是传统民法中债权消灭的原因之一，具有实现债权、债务转移，简化法律关系，保护债之当事人合法权益之功能，是债权让与、债务承担、债的变更制度无法替代的制度。[1] 债的更新作为一种独立的债的消灭方式，从罗马法以降，世界上绝大多数大陆法国家的民法典中均有明文规定，从各个国家民法典的体例安排上看，更新通

---

〔1〕 参见蒋学跃：《债的更新若干问题探讨》，载《云南大学学报（法学版）》2004 年第 5 期。

常都紧排列在清偿之后，而在免除、抵销、混同等其他债的消灭方式之前。[1] 我国并未移植债的更新制度，已废止的《合同法》和已颁布施行的《民法典》中均未对债的更新制度作出规定。一般认为，债的更新亦称债之更改、债之更替，谓因使成立新债务，而使旧债务消灭之契约，[2] 即当事人就已有债务达成新的合同，变更已有债务之要素，成立新的债务，并经由此种合同，当事人将原债权债务关系消灭，而以新的债权债务关系替代之，其行为意思被称为更新意思，其所欲达到的消灭旧债的效果被称为债务更新。

（二）构成要件

一般而言，债的更新作为合同的一种，除须满足合同成立的一般构成要件外，尚须同时满足以下构成要件：

1. 存在有效的旧债

债的更新之目的是消灭旧债，代以新债，倘若旧债并不存在或者无效，则新债发生缺乏原因，更新因无标的，自然也不能成立。反之，若旧债务已然有效成立，则虽因旧债尚未有效给付而产生不完全债权，亦不妨碍成立债的更新。更新合同为要因合同，新债务成立与旧债务消灭与之间存有因果关系，新债务的成立以旧债务有效成立为原因要件。若拟消灭之旧债务不存在或尚未有效成立，更新亦无效。债的更新适用于各种债务内容，也适用于各种原因发生的债。[3] 债务更新之标的可为多种，物之给付之债、权利移转之债、行为之债均可更新。给付为替代物之给付又或为不可替代物之给付，债为特定之债又或为种类之债，均可以经由更新意思而实现债的更新。

2. 新债务有效成立

债的更新，本质上是以新债替代旧债，是以新的合意替代旧的合意，若新债务不成立，表明新的合意并未生效，此时，更新即为无效，原则上旧债务并未消灭。所谓新债务不成立，主要指无效或被撤销。

---

〔1〕 参见聂树平：《债的更新制度研究》，黑龙江大学 2004 年硕士学位论文，第 41 页。

〔2〕 参见史尚宽：《债法总论》，中国政法大学出版社 2000 年版，第 822 页。

〔3〕 参见史尚宽：《债法总论》，中国政法大学出版社 2000 年版，第 826 页。

3. 新旧债务之间存在不同的要素

因更新发生之新债务，在社会观念上，为有别于旧债务的新债务，故而二者之间债之要素须有所不同。所谓债之要素，系指决定债之同一性的重要部分。何为重要部分，应当依当事人的意思和一般交易观念加以确认。按照一般交易观念或者当事人的意思，认为给付的变更已使合同关系失去同一性的，即为债的要素变更。通常来说，债之标的之给付及债之发生原因均属债之要素，如承揽债务变更为给付一定货币的债务，资金借贷变更为房屋买卖等。债权人、债务人的变更，是否构成债之要素变更，需要根据是否因债权人、债务人变更而导致债的同一性发生变化而进行具体判断。在不改变债权的内容而将债权移转于他人的，属于债权让与；在不改变债务的同一性而依合同将债务转移的，属于债务人替换，构成债务承担，此两种情形均不属于债的更新。同时，与债之要素变更相对应，对于非债之要素的变更，通常不构成债的更改，仅变更履行期限、地点或给付数量，对于原担保或无利息之债权，附加担保或利息，或有担保或利息之债变为无担保或无利息之债，或对从给付的变更（如利率之变更），均不构成基本条款的变更，不能成立更新。[1]

4. 当事人之间形成更新合意

此为更新成立之主观要件。所谓更新意思，又叫更新意愿，即消灭旧债务而代之以新债务的意思。因债的更新属于新的合同，需双方形成合意，故此更新意思须双方当事人均有此意思表示。若当事人并无更新之意思，则虽有债之要素变更，亦不得成立更新。换言之，新债务的发生，并非当然使旧债务消灭，能够使旧债务消灭的条件，须当事人有更新意思。更新意思不仅包括消灭旧债务的意思，而且还必须具备以新债务的发生而使旧债务消灭的意思。如果新债务无效或被撤销，则旧债务亦不消灭。

二、债的更新之识别

债的更新作为债消灭原因的一种制度，近来因以物抵债纠纷的激增而

---

〔1〕 参见史尚宽：《债法总论》，中国政法大学出版社 2000 年版，第 827 页。

备受关注，因法律规范的缺失、学界对债的更新认识不统一而导致司法实践中对涉及债的更新案件存在同案不同判的情形，究其主要原因，在于对债的更新与债的清偿和消灭的概念的区分和识别上存在模糊认识。

（一）债的更新与债之变更

债的更新与债之变更多有牵连。所谓债之变更者，债之关系不失其同一性，而变更其内容或主体之谓也。[1] 债之变更，与债之消灭不同，其并非消灭既存之债而成立新债，而是既存之债依然继续存在。其与债的更新的区别，主要有三点：其一，二者对于债的实质影响不同。在债的更新之情况下，消灭旧债，成立新债，债即失去其同一性，新旧两债为分别独立之债；而对于债之变更，旧债变形为新债，债并不失其同一性，变更前后仍为一个债务。其二，二者之效力不同。对于债的更新来说，不仅旧债消灭，且旧债所附之利益及瑕疵同时归于消灭，当事人任何一方于更新合同成立后均不能主张。而对于债之变更，债仍保持其同一性，故原债所附之利益及瑕疵原则上仍继续存在，当事人任何一方均可主张。其三，二者的发生方式有所不同。债的更新只能依当事人之合意合同而成立，债之变更除此之外亦可依法律规定而产生。依据二者的区别，判断究竟是属债的更新还是债之变更，核心在于变更后的债与变更前的债是否仍具有同一性，前债是否已被新债替代。若债的要素变更并不导致债丧失同一性，则应属债之变更；若债的要素变更导致产生新旧不同之债，且新债消灭旧债，则应属债的更新。

（二）债的更新与代物清偿

理论通说认为，代物清偿制度指的是用其他给付来代替原来的给付，进而消除债权人跟给付人之间的债权债务合同。[2] 通常而言，代物清偿必须具备以下要件：一是存在合法有效的债权债务，二是存在代物清偿的合意，三是存在有异原种给付的他种给付。代物清偿，其结果是合同的一种履行，属于清偿行为的范畴，其核心是“抵债”，是清偿行为的变态形

---

〔1〕 参见史尚宽：《债法总论》，中国政法大学出版社2000年版，第701页。

〔2〕 参见［日］我妻荣：《我妻荣民法讲义Ⅳ：新订债权总论》，王燚译，中国法制出版社2008年版，第265页。

式。代物清偿协议根据其签订时间的不同，可分为原债履行期限届满后达成的代物清偿协议、原债履行期届满前达成的代物清偿协议和执行期间达成的代物清偿协议。之所以如此划分，是因根据《全国法院民商事审判工作会议纪要》第 44 条与第 45 条规定，履行期限届满前后达成的以物抵债协议效力和后果有所不同。从性质上判断，代物清偿的成立仅有当事人之间的合意仍不够，必须现实为他种给付以代替原定给付，故为要物合同。代物清偿合同中原定给付即使无效，也不影响他种给付之效力，仅产生不当得利返回之请求，因此为无因合同。债的更新则在达成更新合意时即成立新债务并消灭旧债务，且债的更新中新债务以旧债务为原因，因而债的更新属于诺成合同、要因合同。实践中，要因与否依赖于当事人的意思表示，故而判断起来较为困难，从债的更新与代物清偿含义内容来看，可以是否以受领新债的给付作为旧债消灭的时间作为区分二者的判断标准。债的更新以双方达成债的更新意思合意之时旧债即消灭，以物抵债则并未有消灭旧债的意思表示，而是通过他种履行而使债务获得清偿，进而实现债的消灭。如果当事人在签订完以物抵债协议后立即生效，并同时明确旧债消灭，那么即应认定为债的更新。若当事人认为以物抵债协议并未在签订后即生效，且旧债是在债权人受领新债给付的时候消灭的，那么应认定为代物清偿。

（三）债的更新与新债清偿

新债清偿，又称“新债抵旧”或“间接给付”，是指通过负担新债务来偿还旧债务，旧债务将在新债务实际履行之后消灭。[1] 新债清偿的成立要件主要包括两项：一是存在合法有效的旧债权债务关系，二是合同当事人达成以新债务偿还旧债务的合意。新债清偿制度的最大特点就是旧债权债务关系并不会在成立新债清偿之后归于消灭，而是新债与旧债并存。在新债清偿的法律关系下，新旧债同时存在，有关协议的履行问题，债权人的选择权应受到必要限制，一般应先行使新债务履行请求权，但在新债务履行期内未履行，致使以物抵债协议的目的不能实现时，债权人有权请求债

---

〔1〕 参见郑玉波：《民法债编总论》（修订二版），中国政法大学出版社 2004 年版，第 486 页。

务人履行旧债。[1]

在新债清偿中，债务人负担新债务实为旧债务之履行方法，新旧两债务同时并存，须债权人就新债务受领满足后，旧债务始同步消灭，此点与债的更新因其合同成立而导致旧债务即行消灭有所不同。由此可见，新债清偿与债的更新之区别主要在于当事人是否有更新意思。当事人若于订立合同时约定新债务成立时而旧债务即归消灭，则非新债清偿，而为更新。反之，因清偿而负担新债务，如新债关系中当事人并未同时约定旧债务因而消灭，且新债务不履行，旧债务不消灭，此种情形，则为新债清偿，而非债的更新。

三、更新意思的司法认定

由上述与相关制度的辨析可知，认定是否构成债的更新，关键在于是否有债的更新意思表示，即是否有以新债消灭旧债的更新合意。

（一）更新意思的效力认定

正如弗卢梅所言："意思表示或者等同于法律行为，或者属于法律行为的组成部分。"[2] 意思表示作为私法上自治的工具，与法律行为属于同义词。私法自治的要求是，行为人一经作出意思表示，法律行为即已成立，如果不存在效力阻却因素，法律效力随之发生。[3] 债的更新中的更新意思作为对私法自治原则的概括，体现得尤为明显，即双方通过新债更新旧债的意思表示，而达到以新债消灭旧债的目的。从法律行为成立要件来看，通常只要双方意思表示真实且达成一致，法律行为即宣告成立，在法律无特别规定或当事人之间无特别约定情形下，该法律行为即生效，债的更新行为亦是如此。司法实践中，债的更新案件中经常出现债权人与债务人虚构债务，以抵债为名转移财产或者通过买卖合同的方式设定物权，从而侵害其他债权人的合法权益；也有不少以房抵债协议是为了规避法律对高利息、非法利息的限制。因此，在处理债的更新案件时，必须明确认可

---

〔1〕参见司伟：《债务清偿期届满后以物抵债协议的性质与履行》，载《人民司法（案例）》2018年第2期。

〔2〕［德］维尔纳·弗卢梅：《法律行为论》，迟颖译，法律出版社2013年版，第57页。

〔3〕参见朱庆育：《民法总论》，北京大学出版社2013年版，第118页。

当事人变更原借款合同关系为买卖合同关系，并不代表放弃对原有借款合同关系的审查。原借款合同关系是否存在、是否合法、利息标准是否受法律保护，即使当事人双方都认可，也要依法进行审查。

（二）更新意思的表现形式

我国通说认为，意思表示的构成分为外部要素和内部要素，包括对外可知的表示行为与内心意思。表示行为依其表达方式之不同，有明示与默示之别。学界普遍认为，沉默属于内心意思，因缺乏表示行为而不为相对人所知，难以被受领，故而一般不可解释为意思表示的外部表达，仅在例外情况下才可视为意思表示。为此，《民法典》第 140 条规定："行为人可以明示或者默示作出意思表示。沉默只有在有法律规定、当事人约定或者符合当事人之间的交易习惯时，才可以视为意思表示。"这既肯定了沉默可以作为意思表示的一种，同时又将沉默限定在有法律规定、当事人约定或者符合当事人之间的交易习惯三种情形下。更新意思作为意思表示的一种，同样有明示与默示之分。关于更新之意思是否须明示为之，从域外各国的规定来看，要求也各有不同。从《日本民法典》相关规定来看，日本民法并未对更新意思是否必须明示作出规定。〔1〕这意味着更新意思得以默示的方式为之甚或裁判机关可以根据具体案件进行推定。《法国民法典》第 1273 条则明确规定："债的更新不得推定；进行债的更新的意思，应在文书有明白表示。"〔2〕英美法上，更新的意愿可以是明示的，〔3〕也可以是默示的，甚至可以由法官来推断其有无。〔4〕笔者认为，债的更新目的，是通过新债替代旧债，进而实现旧债的消灭，此过程是当事人意思自治的集中表现。为更好地贯彻当事人意思自治原则，只要根据现有证据可以证明双方

〔1〕参见《日本民法典》，刘士国、牟宪魁、杨瑞贺译，中国法制出版社 2018 年版，第 112-115 页。

〔2〕《法国民法典》，罗结珍译，中国法制出版社 1999 年版，第 311 页。

〔3〕在唐宁诉戴尔案（印第安纳州上诉法院，1981）中，上诉法院在认定合同更新是否存在时，要求同意更新的意思表示必须十分明确。参见王军编著：《美国合同法》，中国政法大学出版社 1996 年版，第 401-402 页。

〔4〕在 *Re European Assurance Societv*（1876）案中，法院即以 A 保险公司与 B 保险公司合并后，B 公司继续收取投保人支付的保险费为由，认定双方之间构成合同更新。参见何宝玉：《英国合同法》，中国政法大学出版社 1999 年版，第 279 页。

已经达成更新意思合意，则不论是明示还是默示均可，其中默示可以根据《民法典》第140条规定进行认定。

（三）更新意思遵循“谁主张，谁举证”原则

债的更新意味着旧债的消灭，附着在旧债上担保以及履行瑕疵责任、违约责任等均归于消灭，也意味着债务人应当履行新债，并重新计算诉讼时效。就此角度而言，债的更新对于双方当事人权利义务的影响来说，不可谓不大，一旦发生纠纷，由谁负有举证证明责任，对于双方当事人之间利益影响甚剧。根据《民事诉讼法司法解释》第91条第2项的规定，主张法律关系变更、消灭或者权利受到妨害的当事人，应当对该法律关系变更、消灭或者权利受到妨害的基本事实承担举证证明责任。在债的更新中，因存在新债消灭旧债的法律关系变动情形，故根据该司法解释规定，应当由主张存在更新合意一方进行举证。如在借款合同之债转为房屋买卖合同之债的情形下，债权人认为双方借款合同之债已经更新为房屋买卖合同之债，并要求债务人履行房屋买卖合同，则其首先应当举证证明双方已经就借款合同之债达成更新合意，并已更新为房屋买卖合同之债。同理，若在债权人仍然以借款合同主张权利时，债务人抗辩双方已达成更新合意，双方债务已更新为房屋买卖合同之债，旧有的借款合同之债已消灭，则应由债务人进行举证。本案中，宏信房地产开发公司与山河建设集团之间系建设工程施工合同关系，山河建设集团基于对涉案工程的施工而享有请求宏信房地产开发公司支付工程款的债权。宏信房地产开发公司主张双方之间的建设工程债权债务关系已被承兑汇票的票据关系所更新，其应当举证证明双方之间有债的更新合意。但根据本案查明事实，虽然山河建设集团接受宏信房地产开发公司向其支付的9500万元承兑汇票，山河建设集团获得相应的票据权利，但是从双方约定内容来看，并未有消灭旧债的意思表示，而且从后续山河建设集团因承兑汇票无法贴现后，宏信房地产开发公司出具情况说明认可该9500万元承兑汇票不予抵减工程款的事实来看，双方因缺乏消灭旧债的意思表示而不构成债的更新。二审判决根据已查明事实，最终认定双方之间并未形成债的更新合意，宏信房地产公司向山河建设集团支付承兑汇票属于支付工程款方式的一种，目的在于消灭旧债，在

宏信房地产公司未实现票据权利前，旧债并未消灭，新债亦未实现，并不能产生消灭建设工程合同之债的法律效果。

四、结语

债的更新作为债务消灭的一项重要制度，在实现债务转移、简化债务关系、维护债之关系当事人的合法权益方面具有独特的制度价值。[1] 司法实践中，应当正视债的更新的存在，尊重当事人之间的意思自治，充分发挥债的更新在债务转移和债的消灭上的积极作用，同时，也应当对双方的更新意思进行必要而审慎的审查，防止债权人与债务人通过虚构债务，利用债的更新而损害其他债权人利益，强化对双方意思表示的审查。

本案通过对双方意思的审查，查明双方并未有通过承兑汇票关系而更新双方建设工程合同之债的意思表示，承兑汇票的支付仅是到期工程款的履行方式，故而本案并不符合债的更新要件，而是属于新债清偿，在新债承兑汇票不能得到清偿的情况下，债权人转而依据双方之间原有的建设工程施工合同关系主张债权，依法应当得到支持。

最高人民法院二审合议庭成员：包剑平　杜军　朱燕

（编写人：朱燕* 陈其庆** 审稿人：李明）

〔1〕 参见蒋学跃：《债的更新若干问题探讨》，载《云南大学学报（法学版）》2004 年第 5 期。

* 朱燕，法学硕士，中华人民共和国最高人民法院第四巡回法庭，三级高级法官。

** 陈其庆，法律硕士，中华人民共和国最高人民法院第四巡回法庭，法官助理。

青岛拜登置业发展有限公司
与
嘉善县西塘洲际商业经营管理有限公司
合同纠纷仲裁执行案

——善意执行理念的贯彻和适用

【裁判摘要】

在保护债权人利益的同时，相应的强制措施也应符合“谦抑”原则。法定代表人发生变更，是否可以对变更前的法定代表人采取限制消费措施，应当具体分析变更的时间节点，并结合案件证据综合判断变更前的法定代表人是否构成实际控制人或者影响本案债务履行的直接责任人。在依法保障胜诉当事人合法权益同时，应最大限度减少对被执行人权益的影响，贯彻善意执行理念。

【案件基本信息】

1. 诉讼当事人

申诉人（复议申请人、申请执行人）：青岛拜登置业发展有限公司（以下简称拜登置业发展公司）

被执行人：嘉善县西塘洲际商业经营管理有限公司（以下简称西塘洲际商业经营管理公司）

2. 案件索引与裁判日期

执行异议：浙江省嘉兴市中级人民法院（2019）浙04执异24号裁定（2019年11月27日）

执行复议：浙江省高级人民法院（2020）浙执复2号裁定（2020年3月16日）

执行监督：最高人民法院（2020）最高法执监420号裁定（2021年3月29日）

3. 案由

合同纠纷仲裁执行

【简要案情】

西塘洲际商业经营管理公司于2014年9月26日注册成立，姚某某、沈某某为股东，分别持有90%与10%股权。2017年5月12日，姚某某、沈某某分别将股权转让给肖某某，由肖某某在公司章程规定的出资时间出资到公司。同年6月5日，有关部门核准西塘洲际商业经营管理公司变更为一人有限责任公司，股东由沈某某、姚某某变更为肖某某，肖某某持有公司100%股权，并担任法定代表人。2018年10月25日，肖某某分别与上海益街商业经营管理有限公司（以下简称益街商业经营管理公司）、赵某某签订股权转让协议，将西塘洲际商业经营管理公司99%股权转让给益街商业经营管理公司，1%股权转让给赵某某。同年11月7日，有关部门核准西塘洲际商业经营管理公司变更为自然人有限责任公司，公司的股东由肖某某变更为益街商业经营管理公司与赵某某，法定代表人由肖某某变更为赵某某，何某某任公司监事。益街商业经营管理公司于2014年4月25日注册成立，2017年5月3日，赵某某、何某某任该公司股东，分别持有该公司90%与10%股权，赵某某任公司法定代表人。

2017年9月30日，西塘洲际商业经营管理公司与拜登置业发展公司签订一份酒店合作经营协议。双方在履行该协议时发生纠纷，2018年10月10日，拜登置业发展公司向中国国际经济贸易仲裁委员会申请仲裁。2019年7月8日，该仲裁委员会作出〔2019〕中国贸仲京（沪）裁字第0235号裁决，裁决西塘洲际商业经营管理公司向拜登置业发展公司返还保证金50万元并支付违约金50万元。同年8月5日，拜登置业发展公司向嘉兴市中级人民法院申请执行。因西塘洲际商业经营管理公司未履行生效法律文书确定的还款义务，8月12日，嘉兴市中级人民法院对西塘洲际商业经营管理公司作出限制消费令。8月29日，嘉兴市中级人民法院将西塘洲际商业经营管理公司纳入失信被执行人名单。10月8日，拜登置业发展公司向嘉兴市中级人民法院提出对肖某某、何某某采取限制消费、拘留措施的申请。10月25日，嘉兴市中级人民法院函复拜登置业发展公司，对其申请不予支持。为此，拜登置业发展公司向嘉兴市中级人民法院提出书面执行异议，请求批准拜登置业发展公司提出的对肖某某、何某某采取拘留、限制消费措施的申请。

嘉兴市中级人民法院于2019年11月27日作出（2019）浙04执异24号裁定，驳回拜登置业发展公司提出的异议请求。拜登置业发展公司不服，向浙江省高级人民法院申请复议，浙江省高级人民法院于2020年3月16日作出（2020）浙执复2号裁定，驳回拜登置业发展公司的复议申请，维持嘉兴市中级人民法院（2019）浙04执异24号裁定。

裁定生效后，拜登置业发展公司向最高人民法院申诉，请求撤销上述执行裁定，裁定对肖某某、何某某采取拘留、限制消费措施。

【案件焦点】

对肖某某、何某某采取拘留、限制消费措施是否有事实和法律依据。

【裁判结果】

最高人民法院经审理认为，本案债权虽然是在肖某某担任西塘洲际商业经营管理公司法定代表人期间发生的，但肖某某于2018年10月25日将其持有的西塘洲际商业经营管理公司全部股权转让给益街商业经营管理公司和赵某某，并经市场监督管理部门核准登记，在案件于2019年8月5日进入执行程序时，肖某某已不是西塘洲际商业经营管理公司的法定代表人或主要负责人，何某某仅为西塘洲际商业经营管理公司的监事，即肖某某、何某某在本案进入执行后均不是被执行人西塘洲际商业经营管理公司的法定代表人及主要负责人。因此，需要根据肖某某、何某某所持股权份额、变更后的身份及对公司实际控制等综合情况，来判断二者是否属于公司的实际控制人或者影响债务履行的直接责任人。

本案纠纷发生时，债权债务尚处于审查确定期间，肖某某在仲裁过程中向益街商业经营管理公司、赵某某转让股权、变更法定代表人的行为并非法律禁止的行为，在无其他相应证据证实的情况下，不能被视为执行中逃避债务的行为。又根据《公司法》第216条第3项关于“实际控制人，是指虽不是公司的股东，但通过投资关系、协议或者其他安排，能够实际支配公司行为的人”的规定，如果认为肖某某在转让股权后，仍能够通过投资关系、协议或者其他安排，实际支配公司行为，需要举证证明。现申诉人仅以肖某某作为酒店合作经营协议签订、履行及发生争议时的被执行人法定代表人便认为其为实际控制人或者影响本案债务履行的直接责任人，依据不足。

根据本案查明的事实，何某某系西塘洲际商业经营管理公司监事，并未直接持有西塘洲际商业经营管理公司的股权，在益街商业经营管理公司的持股比例为10%，即便如申诉人所述，何某某通过益街商业经营管理公司间接持有被执行人9.9%的股份，也不能仅仅由此视其为西塘洲际商业经营管理公司的实际控制人，或者是影响债务履行的直接责任人员。因此，裁定驳回申诉人拜登置业发展公司的申诉请求。

【裁判摘要评析】

一、法定代表人发生变更后前法定代表人的责任承担

根据《限制被执行人高消费及有关消费的规定》第3条第2款，当被执行人不履行生效法律文书确定的义务，人民法院可对被执行人及其法定代表人、主要负责人、影响债务履行的直接责任人员、实际控制人采取限制消费措施。该条规定的目的是通过对单位主要责任人员施压，促使单位积极履行清偿债务的义务。当法定代表人发生变更，是否可以对变更前的法定代表人采取限制消费措施？

首先，需要具体分析变更的时间节点。强制执行程序以实现已确定之私权为目的，私权之内容未确定或已实现，均无强制执行可言。[1] 本案中，肖某某在仲裁过程中向益街商业经营管理公司、赵某某转让股权，益街商业经营管理公司变更法定代表人，此时债权债务尚处于审查确定期间，还未出现不履行生效法律文书所确定义务的情形。当事人在无其他相应证据证实的情况下，不能将其视为执行中逃避债务的行为。

其次，判断变更前的法定代表人是否构成实际控制人或者影响本案债

---

〔1〕 参见杨与龄编著：《强制执行法论》，中国政法大学出版社2002年版，第4页。

务履行的直接责任人。根据《公司法》第 216 条第 3 款的规定：实际控制人，是指虽不是公司的股东，但通过投资关系、协议或其他安排，能够实际支配公司行为的人。影响债务履行的直接责任人员，是指虽不具有法定代表人、主要负责人等特定身份，但能够通过其行为（包括作为和不作为）直接对单位的实际经营活动产生重要影响的人。本案的证据无法证明肖某某能够实际支配公司行为或者是影响债务履行的直接责任人员。

最后，根据《公司法》，变更法定代表人是法人内部管理行为，由法人自由决定，工商部门核准登记即可。强制执行必须依据有执行力的法律文书，执行机构才能够正当地行使强制执行权。执行力是一个“授权”或赋予正当性的关键概念或核心范畴，不仅为执行权的行使提供了据以立足的基础或出发点，也划定了行使这种国家强制力的正当范围或者合理的边界。[1] 在无执行力的“授权”下，应当尊重法人内部的管理行为，保证私人自治的空间与张力。因此，本案对《限制被执行人高消费及有关消费的规定》第 3 条第 2 款规定中的法定代表人不应当作扩大解释。

二、善意执行理念的平衡作用

2016 全国执行工作会议上明确提出，要树立善意执行理念，在不损害债权人利益前提下，尽量优先采取方便执行且对当事人生产经营影响较小的执行措施，尽可能保全资产的市场价值，努力实现多分共赢。[2]

强制执行程序中，对于执行法院与执行当事人之间，以及执行当事人彼此间的法律关系，存在三种学说：一面关系说认为强制执行乃执行当事人之间关于私权之实行。二面关系说认为债权人请求执行法院保护私权，在债权人与执行法院之间，即发生一种强制执行之法律关系，而执行法院对于债权人之声请，则负有强制执行之义务。三面关系说认为，强制执行乃债权人及债务人与执行法院分别发生关系，债权人与债务人之间亦生强制执行之直接法律关系。[3] 三面关系说是通说，强制执行关系的主体

---

〔1〕 参见王亚新：《通过强制执行的权利实现——执行程序的实际操作及其功能》，载《当代法学》2018 年第 1 期。

〔2〕 参见李阳：《孟建柱在全国法院执行工作会议上强调主动作为综合治理全力解决执行难　切实维护人民群众合法权益维护法执尊严》，载《人民法院报》2016 年 9 月 30 日。

〔3〕 参见杨与龄编著：《强制执行法论》，中国政法大学出版社 2002 年版，第 11 页。

为执行机关、债权人、债务人，各主体之间都发生一定的法律关系。借助国家公权力实现债权人已确定的私权，会对债务人施加强制力，但是这一过程也应当协调好申请执行人、被执行人、利害关系人等之间的利益关系，运用善意执行这一理念实现执行主体之间的利益平衡。在保护债权人利益的同时，相应的强制措施也应符合“谦抑”原则，在举措与价值目标两者间维持相应平衡与比例。〔1〕

善意执行理念，同时也是比例原则在执行工作中的体现，《关于进一步强化善意文明执行理念的意见》第2条规定，“善意文明执行”就是“要坚持比例原则，找准双方利益平衡点，避免过度执行”；第21条第1款规定，各地法院积极探索根据案件具体情况对被执行人分级分类采取失信惩戒、限制消费措施，“让失信惩戒、限制消费措施更具有精确性，更符合比例原则”。比例原则主要有以下三个子原则：适当性原则，要求国家机关采取的手段应当有助于目的的实现；必要性原则，要求国家机关选取对当事人利益侵害最小的手段；均衡性原则，要求国家机关采取的手段给当事人利益造成的损失应与手段所追求的目的合乎比例。〔2〕有学者认为，比例原则具有发展成为整个“法律帝国”之基本原则的趋势。〔3〕也有学者认为，比例原则正在经历某种范式的转型，在辐射范围上，完成从公法、私法到其他部门法的渗透。〔4〕关于比例原则能否应用于强制执行程序存在争议。〔5〕

那在比例原则下，为什么还需要提出善意执行理念？由于比例原则规范的是国家机关与公民之间的纵向关系，可以限制法院不适当、不必要、不均衡的执行行为，但是对平等主体之间的横向关系难有适用的余地，在

---

〔1〕参见陈明灿：《从博弈到共存：执行程序中租赁权的保护范围及限度——以善意执行视角下利益衡量论为视角》，载《法律适用》2020年第21期。

〔2〕参见梅扬：《比例原则的适用范围与限度》，载《法学研究》2020年第2期。

〔3〕参见陈璇：《正当防卫与比例原则——刑法条文合宪性解释的尝试》，载《环球法律评论》2016年第6期。

〔4〕参见蒋红珍：《比例原则适用的范式转型》，载《中国社会科学》2021年第4期。

〔5〕参见姜世明：《强制执行法之基本原则与理念》，载我国台湾地区《月旦法学杂志》2014年第2期；邵明：《民事诉讼法学》（第2版），中国人民大学出版社2016年版，第28页。

执行领域难以作为平衡当事人、利害关系人利益的装置的体现。[1] 而善意执行是执行工作现代化的一种理想状态，是善治理念在执行工作中的具体体现和要求。[2] 从微观层面，需要平衡个案执行当事人的利益；从宏观层面，需要服务党和国家发展战略大局。

三、结语

善意执行理念的提出有其深层原因，也有其阶段理由。贯彻这一理念不是要削弱执行力度，也不是要放松工作标准，降低工作要求，而是为了进一步规范执行工作，尊重当事人的主体性，强化当事人的程序保障。在民事强制执行法起草过程中，需要对善意执行理念进行深入研究，明确善意执行理念的适用范围，以及基于怎样的认识论基础进行规范主义立场的超越，在错综复杂的利益关系之间进行平衡，实现执行的法律效果和社会效果的有机统一。

最高人民法院执行监督合议庭成员：刘慧卓　薛贵忠　熊劲松

（编写人：刘慧卓*　审稿人：杨奕）

---

〔1〕 参见陈杭平：《“善意执行”辨》，载《华东政法大学学报》2021 年第 2 期。

〔2〕 参见江必新：《国家治理现代化背景下的善意执行》，载《中国应用法学》2017 年第 1 期。

* 刘慧卓，法学博士，中华人民共和国最高人民法院执行局，二级高级法官。

杨某某、雷某某等
与
陈某、张某某
申请参与分配执行监督案

——执行程序中参与分配的申请截止时间

【裁判摘要】

根据《民事诉讼法司法解释》第509条，参与分配申请应当在被执行人的财产执行终结前提出。被执行人财产为不动产的，虽然已经裁定过户，但拍卖款项尚未发放，在法院账户内，仍属于被执行人的财产，执行法院下一步对案款的分配仍是执行的一个阶段，执行程序尚未终结，因此，债权人申请参与分配的截止时间，应为案款分配发放的前一日。

【案件基本信息】

1. 诉讼当事人

申诉人（利害关系人）：杨某某

申请执行人：雷某某

申请执行人：陈某某

被执行人：陈某

被执行人：张某某

2. 案件索引与裁判日期

执行异议：重庆市第五中级人民法院（2019）渝05执异62号裁定（2019年5月23日）

执行复议：重庆市高级人民法院（2019）渝执复38号裁定（2019年12月9日）

执行监督：最高人民法院（2020）最高法执监105号裁定（2020年7月30日）

3. 案由

申请参与分配执行监督

【简要案情】

雷某某、陈某某与陈某、张某某股权转让纠纷一案，重庆市第五中级人民法院作出（2015）渝五中法民初字第1241号判决，由陈某、张某某向雷某某、陈某某支付股权转让款3008万元及逾期付款违约金。该判决发生法律效力后，雷某某、陈某某申请执行。执行中，重庆市第五中级人民法院对被执行人陈某在重庆市荣昌区“琳昌·上上城”房地产开发项目中分得的位于重庆市荣昌区×××××××××的14套商业用房进行公开拍卖，第一次拍卖因无人竞买而流标，第二次拍卖，郑某某等五人共同以最高价1222.284万元竞买获得上述14套商业用房并交清全部价款。该院于2018年7月3日作出（2017）渝05执1350号之一裁定，解除对上述房屋的查封并将上述房屋过户给五位买受人共同所有，买受人应持该裁定书到上述房屋管理、登记机构办理过户手续。该院并于2018年7月3日向重庆市荣昌区不动产登记中心送达了（2017）渝05执1350号之一裁定和协助执行通知书，该中心于次日签收。

杨某某于2018年11月23日持重庆仲裁委员会于2018年3月26日作出的（2018）渝仲字第432号调解书（陈某、张某某应向杨某某付清借款本金2550万元及利息）向重庆市第五中级人民法院提交参与分配申请书。该院执行人员口头告知其不符合参与分配的条件。杨某某对此不服，提出执行异议，请求参与雷某某、陈某某申请执行陈某、张某某股权转让纠纷（2017）渝05执1350号案已冻结的拍卖案款12,222,840元的分配。

重庆市第五中级人民法院于2019年5月23日作出（2019）渝05执异62号裁定：（一）杨某某的异议理由部分成立，杨某某在550万元借款本金及利息范围内有权申请参与分配，（二）驳回杨某某的其他异议请求。

杨某某不服，向重庆高级人民法院提起执行复议。重庆高级人民法院于2019年12月9日作出（2019）渝执复38号裁定：（一）撤销重庆市第五中级人民法院（2019）渝 05 执异 62 号裁定，（二）驳回杨某某的异议请求。

杨某某不服，向最高人民法院申诉，请求执行监督。

【案件焦点】

债权人杨某某在执行程序中申请参与分配的截止时间如何确定。

【裁判结果】

最高人民法院经审理认为，根据《民事诉讼法司法解释》第 508 条、第 509 条关于参与分配的规定，在被执行人没有其他财产的情况下，同意按比例受偿的制度设计，实际上是具有破产的功能。涉案不动产裁定过户发生所有权的转移，但并不意味着执行程序终结，变成价款后下一步清偿分配，也是执行的一个阶段；分配的目的就是从价款中受偿，不能说不动产所有权转移，执行就终结了，只要执行价款还在，执行程序就不能终结，即在被执行人财产未分配处置完毕之前，债权人可以申请参与分配。本案而言，虽然涉案 14 套商业用房拍卖成交，于 2018 年 7 月 3 日裁定过户，但此种情形属于将不动产变为金钱，仍属于被执行人财产，只是财产形式发生了转化，并非财产处理完毕。杨某某于 2018 年 11 月 23 日提出参与分配申请时，不动产变现的金钱仍在执行法院账户，仍未执行终结，其提出的参与分配申请应当得到支持。参与分配的具体数额由执行法院根据生效法律文书的内容依法确定，当事人对分配方案确定的具体数额不服，可以通过分配方案异议及分配方案异议之诉解决。最高人民法院于 2020 年 7 月 30 日作出（2020）最高法执监 105 号裁定：（一）撤销重庆高级人民法院（2019）渝执复 38 号裁定，（二）维持重庆市第五中级人民法院（2019）渝 05 执异 62 号裁定第二项，变更第一项为杨某某有权申请参与分配。

【裁判摘要评析】

参与分配制度是我国执行程序中的重要一环，一定程度上弥补了我国有限破产主义的不足，替代个人破产程序发挥平等清偿的功能，使债权人能够依靠参与分配保障自己的权益。在被执行人财产不足以清偿所有债务的情况下，债权人能否及时参加被执行人有限财产的分配程序以尽可能降低损失，对债权人的权益保护极为重要。因此，参与分配的申请截止时间成为各债权人利益冲突的关键点。

一、关于参与分配的申请截止时间的相关规定

关于参与分配的申请截止时间，最高人民法院司法解释有过三种表述。1992 年《关于适用〈民事诉讼法〉若干问题的意见》（法发〔1992〕22 号）[1] 第 298 条第 2 款规定："参与分配申请应当在执行程序开始后，被执行人的财产被清偿前提出。" 1998 年《执行工作规定（试行）》第 90 条规定："在被执行人的财产被执行完毕前……其他债权人可以申请对该被执行人的财产参与分配。"[2]《民事诉讼法司法解释》第 509 条第 2 款规定："参与分配申请应当在执行程序开始后，被执行人的财产执行终结前提出。"综上所述，参与分配申请截止时间分别为财产清偿前、执行完毕前和执行终结前。

二、各地对申请参与分配截止时间的理解不一

对于法律规定的上述时间节点具体如何确定，各地理解并不一致。[3] 有些地区将拍卖、变卖成交裁定送达买受人之日作为申请参与分配的截止日，有些地区将过户裁定送达权属登记机关前一日作为截止日，有些地区将分配方案首次送达日作为截止日，也有地区将执行财产实际支付日作为截止日。这些规定背后体现出各地的不同考虑：例如实际操作的需要，避免制作分配方案的过程中不断有新的债权人申请参与分配，导致分配方案需要反复制作；避免截止时间过于主观，出现人为控制参与分配截止时间的现象等。

应该说，对截止日期的确定体现了立法者的价值取向，申请参与分配的截止时间越靠后，越多的债权人可以参与到分配程序中来，程序立法更倾向于公平价值；申请参与分配的截止时间越靠前，越少的适格债权人能

---

〔1〕 根据《民事诉讼法司法解释》，《关于适用〈民事诉讼法〉若干问题的意见》自 2015 年 2 月 4 日起废止。

〔2〕 2020 年《执行工作规定（试行）》修改后，该条被删除。

〔3〕 受篇幅限制且便于本案讨论，此处仅选取各地法院关于执行标的为非货币类财产但通过拍卖、变卖已经处置变现情况的规定。

够参与到分配程序中来，程序立法反映的更倾向于效率价值。[1] 如何平衡公平和效率价值是未来立法需要反复研究和论证的问题。

三、关于本案申请参与分配的截止时间分析

就本案而言，法官会议形成的多数意见认为，应在现行法律规定框架下进行讨论。从现行法律规定来看，《民事诉讼法司法解释》第509条第2款规定，参与分配申请应当在执行程序开始后，被执行人的财产执行终结前提出。财产执行终结不同于特定财产的所有权移转，财产经拍卖处置后变现，形态上由特定财产转变为拍卖价款，下一步执行法院须对价款予以分配，执行程序并未终结。

案外人依照《民事诉讼法》第227条[2]规定提出异议的，应当在异议指向的执行标的执行终结之前提出。财产经拍卖，成交裁定送达当事人或者过户裁定送达登记机关的，所有权已经发生变动，财产执行终结。笔者认为，简单比照案外人异议制度的截止时间得出以上结论并不准确，两种制度试图实现的目的不同：案外人异议制度的目的是排除特定财产的拍卖。一旦拍卖成交，裁定送达，阻止拍卖的目的便无法实现了，因此其时间点应设在特定财产的执行终结前。而我国目前的狭义参与分配制度，是在执行程序开始后，被执行人（自然人或非法人组织）的其他已经取得执行依据的债权人发现被执行人的财产不能清偿所有债权的，可以申请参加到该执行程序中，按照债权比例受偿。该种制度设计弥补了被执行人为自然人或非法人组织发生破产原因时，无法适用《企业破产法》规定的不足，实际上具有破产的功能，为各债权人提供一条平等受偿的路径。债权人参与分配的目的是分得一部分价款，而非争取特定财产所有权的归属。因此，尽管该财产所有权发生了变化，但只要财产的最终形态——价款依然在法院账户，执行程序便未终结。

此外，《企业破产法》相关规定和《最高人民法院关于对重庆高院〈关于破产申请受理前已经划扣到执行法院账户尚未支付给申请执行人的款项

[1] 参见尚彦卿：《民事执行中参与分配制度研究》，西南政法大学2018年博士学位论文，第108页。

[2] 2021年《民事诉讼法》修改后，本条变更为第234条。以下同。

是否属于债务人财产及执行法院收到破产管理人中止执行告知函后应否中止执行问题的请示〉的答复函》（〔2017〕最高法民他 72 号）明确，人民法院裁定受理破产申请时已经扣划到执行法院账户但尚未支付给申请人执行的款项，仍属于债务人财产，人民法院裁定受理破产申请后，执行法院应当中止对该财产的执行。既然狭义参与分配制度在一定程度上正替代个人破产程序发挥平等清偿的功能，在确定特定财产归属时，可参照上述破产法规定理解。无论之前财产所有权是否发生变化，只要财产的最终形态——价款仍在法院账户，尚未支付给申请执行人，该价款仍属于债务人的财产，债权人的债权并未获得清偿，自然可以向法院申请参与分配。

综上所述，在现行法律规定下，只要被执行财产的最终形态——价款尚未分配发放给任一债权人，执行程序便未终结，债权人仍然可以申请参与分配。本案中，被执行人的房产虽已拍卖且过户，但拍卖案款尚未发放给申请执行人。此时，其他债权人提出参与分配的申请，并不逾期。本案中，复议法院为防止参与分配方案反反复复被推翻，而将截止时间提前的做法与目前法律规定相悖，牺牲了债权人的权益，应予撤销。

最高人民法院执行监督合议庭成员：薛贵忠　于明　毛宜全

（编写人：薛贵忠*　邵夏虹**　审稿人：杨奕）

---

* 薛贵忠，中华人民共和国最高人民法院执行局，二级高级法官。

** 邵夏虹，法学硕士，中华人民共和国最高人民法院执行局，二级高级法官助理。

上海汉中皇国际物业管理有限公司
与
平安银行股份有限公司上海分行、
宁夏盛世荣华投资管理有限公司等
财产保全执行复议案

——抵押权是否及于抵押财产被保全查封后租金的认定

【裁判摘要】

抵押权人因债务人不履行到期债务而提起诉讼，在诉讼阶段申请保全并查封了抵押财产，之后又申请保全抵押财产自查封之日起的租金的，人民法院应予支持。

【案件基本信息】

1. 诉讼当事人

复议申请人（被保全人）：上海汉中皇国际物业管理有限公司（以下简称汉中皇国际物业管理公司）

申请保全人：平安银行股份有限公司上海分行（以下简称平安银行上海分行）

被保全人：宁夏盛世荣华投资管理有限公司（以下简称盛世荣华投资管理公司）

被保全人：上海阜兴实业集团有限公司（以下简称阜兴实业集团）

被保全人：何某某

被保全人：朱某某

被保全人：浦江国际大酒店有限公司

被保全人：宁夏恒福川贸易有限公司

被保全人：陈某甲

被保全人：叶某某

被保全人：陈某乙

2. 案件索引与裁判日期

执行异议：上海市高级人民法院（2020）沪执异1号裁定（2020年9月7日）

执行复议：最高人民法院（2020）最高法执复169号裁定（2021年3月31日）

3. 案由

财产保全执行复议

【简要案情】

2018年7月2日，在上海市高级人民法院（2018）沪民初38号案（以下简称38号案）审理过程中，依据平安银行上海分行申请，该院作出民事裁定，冻结盛世荣华投资管理公司、阜兴实业集团、何某某、朱某某、汉中皇国际物业管理公司等名下共计634,560,788.63元的银行存款，或查封、扣押其他等值财产。同年7月6日，该院向上海市长宁区不动产登记事务中心发出协助执行通知书，查封江苏路40号房产（以下简称系争房产），并标明“已抵押平安银行上海分行”。

2018年11月11日，平安银行上海分行向上海市高级人民法院提交财产保全申请书，要求冻结汉中皇国际物业管理公司对系争房产的租金债权。11月24日，汉中皇国际物业管理公司向该院提出租金保全异议，以过度保全、汉中皇国际物业管理公司系被骗才提供担保、上海韩匠摄影有限公司（以下简称韩匠摄影公司）借机不付租金等为由，要求不允许平安银行上海分行的保全申请。

2019年1月4日，就汉中皇国际物业管理公司起诉韩匠摄影公司房屋租赁合同纠纷，要求解除租赁合同、韩匠摄影公司返还系争房产并支付违约金、租金、使用费等一案，上海市长宁区人民法院所立案号为（2019）沪0105民初498号（以下简称498号案）。

498号案审理中，平安银行上海分行以自己对该案诉讼标的有独立请求权，起诉要求参加诉讼。长宁区人民法院认为该案系出租人主张租金与违约责任的房屋租赁合同，平安银行上海分行与汉中皇国际物业管理公司借贷纠纷尚在处理中，汉中皇国际物业管理公司能否以系争房产向平安银行上海分行承担抵押担保责任待定，作出（2019）沪0105民初498号之二裁定，不予受理平安银行上海分行的起诉。上海市第一中级人民法院作出（2019）沪01民终6204号裁定，维持原裁定。之后，韩匠摄影公司将2018年11月至2019年12月的租金约1118万元汇至长宁区人民法院代管款账户。2019年12月16日，上海市高级人民法院向长宁区人民法院发出（2018）沪民初38号-2协助执行通知书，明确依据38号案民事裁定书，已经查封了系争房产。鉴于该房产抵押权人为平安银行上海分行，租赁人韩匠摄影公司将查封期间租金支付至长宁区人民法院，依据《物权法》第197条〔1〕、《民事诉讼法》第242条〔2〕，要求长宁区人民法院暂缓向汉中皇国际物业管理公司发还租金。同年12月30日，该院以韩匠摄影公司租金已付，上海市高级人民法院协助执行通知书要求暂缓向汉中皇国际物业管理公司发还等理由，判决驳回汉中皇国际物业管理公司全部诉讼请求。汉中皇国际物业管理公司向上海市第一中级人民法院提起上诉。2020年8月3日，上海市第一中级人民法院作出（2020）沪01民终2516号判决（以下简称2516号案），驳回上诉，维持原判。并强调在抵押权确认之前，“韩匠摄影公司向汉中皇国际物业管理公司支付租金，将构成侵害平安银行上海分行的权利，并承担相应责任，为了避免新的纠纷产生，韩匠摄影公司已将2018年11月至2019年12月的租金付至一审法院代管款账户”。

另外，主债权和抵押权纠纷即38号案截至复议裁定作出之日还在审理中。

上海市高级人民法院于2020年9月7日作出（2020）沪执异1号裁定（以下简称第1号裁定），驳回汉中皇国际物业管理公司的异议请求。

---

〔1〕 本条现为《民法典》第412条：“债务人不履行到期债务或者发生当事人约定的实现抵押权的情形，致使抵押财产被人民法院依法扣押的，自扣押之日起，抵押权人有权收取该抵押财产的天然孳息或者法定孳息，但是抵押权人未通知应当清偿法定孳息义务人的除外。前款规定的孳息应当先充抵收取孳息的费用。”以下同。

〔2〕 2021年《民事诉讼法》修改后，本条变更为第249条。

裁定作出后，汉中皇国际物业管理公司向最高人民法院申请复议，请求：（1）撤销上海市高级人民法院第1号裁定；（2）撤销上海市高级人民法院（2018）沪民初38号-2协助执行通知书；（3）确认被查封的抵押担保房产租金属汉中皇国际物业管理公司所有财产，不是平安银行上海分行可得或应得财产；平安银行上海分行无权根据《物权法》第197条收取被查封房产租金，既不能作为抵押担保财产申请查封，更不能作为平安银行上海分行可得或应得财产申请查封。

【案件焦点】

平安银行上海分行享有的抵押权是否及于涉案租金。

【裁判结果】

最高人民法院经审理认为，《民事诉讼法》第225条[1]规定，当事人、利害关系人认为执行行为违反法律规定的，可以向负责执行的人民法院提出书面异议。本案争议的执行行为系上海市高级人民法院（2018）沪民初38号-2协助执行通知书，该行为发生于2019年12月，效果持续至今。该行为合法与否，需要依据当时施行的法律和现行法律进行审查判断。争议执行行为作出时仍在施行的《物权法》第197条第1款规定："债务人不履行到期债务或者发生当事人约定的实现抵押权的情形，致使抵押财产被人民法院依法扣押的，自扣押之日起抵押权人有权收取该抵押财产的天然孳息或者法定孳息，但抵押权人未通知应当清偿法定孳息的义务人的除外。"2021年1月1日起，《民法典》施行，《物权法》同时废止。《民法典》第412条第1款规定："债务人不履行到期债务或者发生当事人约定的实现抵押权的情形，致使抵押财产被人民法院依法扣押的，自扣押之日起，抵押权人有权收取该抵押财产的天然孳息或者法定孳息，但是抵押权人未通知应当清偿法定孳息义务人的除外。"该条规定与《物权法》第197条确定的规则完全一致。本案中，平安银行上海分行已经在上海市高级人民法院提起诉讼，要求主债务人清偿主债务，要求担保人承担担保责任，包括要求汉中皇国际物业管理公司就其抵押财产承担抵押担保责任。虽然汉中皇国

---

[1] 2021年《民事诉讼法》修改后，本条变更为第232条。以下同。

际物业管理公司对平安银行上海分行的主债权和抵押权是否有效均提出了质疑，平安银行上海分行的相关诉讼请求亦未经人民法院生效判决确认，但至少证明债权人认为债务人不履行到期债务、抵押权已经到期，存在实现抵押权以担保主债权实现的现实必要，汉中皇国际物业管理公司亦未提交证明债务尚未到期或者债务人已经履行到期债务的证据。同时，基于债权人平安银行上海分行的申请，上海市高级人民法院已于 2018 年 7 月保全查封了系争房产。租金属于系争房产的法定孳息。韩匠摄影公司向长宁区人民法院代管款账户汇入的租金系 2018 年 11 月至 2019 年 12 月的租金，该租金的形成时间晚于上海市高级人民法院对系争房产的查封日期。因此，本案中，平安银行上海分行作为抵押权人，一旦其权利经过生效判决确认，其享有的抵押权将及于抵押财产自 2018 年 7 月之后产生的法定孳息，包括韩匠摄影公司向长宁区人民法院代管款账户汇入的租金。在平安银行上海分行的相关权利未经生效裁判确认之前，法院根据平安银行上海分行的诉讼保全申请，依据保全汉中皇国际物业管理公司名下财产的保全裁定，向长宁区人民法院发出协助执行通知书，对韩匠摄影公司汇入的 2018 年 7 月之后的涉案租金予以保全，避免将来租金流失影响生效判决执行，符合诉讼保全的立法本意，也符合《物权法》第 197 条和《民法典》第 412 条的规定。复议申请人汉中皇国际物业管理公司的复议申请，缺乏事实和法律依据，法院不予支持。因此，驳回了汉中皇国际物业管理公司的复议申请，维持上海市高级人民法院第 1 号裁定。

【裁判摘要评析】

本案核心争议是平安银行上海分行享有的抵押权是否及于涉案租金，涉及两个关键问题：一是《民法典》第 412 条的“扣押”是否包括对不动产的“查封”，二是《民法典》第 412 条的“扣押”是否包括诉讼保全阶段的“扣押”。下面，从这两个层面对裁判理由作进一步说明。

一、《民法典》第 412 条的“扣押”是否包括对不动产的“查封”

一方面，从概念的演绎角度分析，《民法典》第 412 条的“扣押”应当包括对不动产的“查封”。《民法典》共有 5 个条文用到了“扣押”，分别是第 399 条、第 412 条、第 423 条、第 724 条和第 896 条，其中第 412 条和

第 896 条单独使用了“扣押”，其余 3 个条文均使用了“查封、扣押”。从字面理解，似乎《民法典》第 412 条单独使用“扣押”，有区别于“查封、扣押”的特殊含义，但实则不然。“查封”和“扣押”，主要源于《民事诉讼法》及其相关司法解释有关执行措施的规定。《民法典》有关查封和扣押的概念内涵，应该遵从民事执行的相关法律及司法解释的规定。1998 年开始施行的《执行工作规定（试行）》对“查封”和“扣押”作了区别，该规定第 41 条规定，“对动产的查封，应当采取加贴封条的方式。不便加贴封条的，应当张贴公告。”第 42 条规定：“被查封的财产，可以指令由被执行人负责保管。如继续使用被查封的财产对其价值无重大影响，可以允许被执行人继续使用。因被执行人保管或使用的过错造成的损失，由被执行人承担。”第 43 条规定：“被扣押的财产，人民法院可以自行保管，也可以委托其他单位或个人保管。对扣押的财产，保管人不得使用。”根据上述规定，“扣押”一般适用于剥夺被执行人对扣押物占有的情形，而“查封”一般适用于不剥夺被执行人对查封物占有的情形。2005 年施行的《查封、扣押、冻结规定》，规定了财产的查封、扣押和保管方法，不再强调“扣押”和“查封”的上述区别。2021 年 1 月施行的《关于修改执行类司法解释的决定》，根据《查封、扣押、冻结规定》的相关条文，删除了 1998 年《执行工作规定（试行）》的上述三个条文，亦不再强调“扣押”和“查封”的区别。因此，虽然《民法典》第 412 条仅规定了“扣押”，没有使用“查封、扣押”的表述，但亦不必再强调其仅适用于剥夺被执行人对扣押物占有的情形，该规定可以适用于不剥夺被执行人对扣押物占有的情形，包括查封不动产并允许被执行人继续使用的情形。

另一方面，从实践适用角度分析，《民法典》第 412 条的“扣押”应当包括对不动产的“查封”。实践中，不动产抵押普遍存在。根据 2020 年《查封、扣押、冻结规定》第 7 条“查封不动产的，人民法院应当张贴封条或者公告，并可以提取保存有关财产权证照”，对于不动产的查封，原则上不剥夺被执行人对查封财产的占有。因此，如果将《民法典》第 412 条的“扣押”限定为仅适用于剥夺被执行人占有的情形，可能会将实践中普遍存在的不动产抵押排除在该条的适用范围之外，有违立法本意。此外，《查封、扣押、冻结规定》第10条第2款规定，“由人民法院指定被执行人保管的财产，如果继续使用对该财产的价值无重大影响，可以允许被执行人继续使用；由人民法院保管或者委托第三人、申请执行人保管的，保管人不得使用”。根据该规定，剥夺被执行人占有的查封、扣押财产，保管人不得使用，包括不得出租。因此，如果将《民法典》第412条的“扣押”限定于剥夺被执行人占有的情形，在“扣押”之后，基本上不会存在租金这种法定孳息，该条文几乎没有实际适用的可能，显然也违背了该条文的立法本意。

二、《民法典》第412条的“扣押”是否包括诉讼保全阶段的“扣押”

一方面，从文义解释角度分析，应该包括诉讼保全阶段的“扣押”措施。人民法院在终局执行和保全执行中，都会采取查封、扣押、冻结措施。《民法典》对这两种措施在概念上作了区别。《民法典》第537条规定：“人民法院认定代位权成立的，由债务人的相对人向债权人履行义务，债权人接受履行后，债权人与债务人、债务人与相对人之间相应的权利义务终止。债务人对相对人的债权或者与该债权有关的从权利被采取保全、执行措施，或者债务人破产的，依照相关法律的规定处理。”第896条规定：“第三人对保管物主张权利的，除依法对保管物采取保全或者执行措施外，保管人应当履行向寄存人返还保管物的义务。”根据上述条文的概念划分，人民法院在终局执行中采取的查封、扣押措施属于执行措施，人民法院在保全执行中采取的查封、扣押措施属于保全措施。但《民法典》第412条规定并未将“被人民法院依法扣押”限定为执行措施，并没有明确排除保全措施。因此，在适用中，应该将该条规定的“扣押”理解为既包括执行措施，也包括保全措施。

另一方面，从对立法目的解释角度分析，应该包括诉讼保全阶段的“扣押”措施。《民法典》第412条源自原《物权法》第197条。本条规定的立法目的之一是避免抵押人为收取孳息而拖延处理抵押财产，避免抵押财产在被扣押后价值减损，为了充分发挥抵押财产担保债权受偿的功能，进一步保护抵押权人的利益。抵押权是一种非占有的担保，法定孳息的归属，应该在保护抵押权人和保护所有权人、占有人之间实现平衡。当抵押权人因为债务人不履行到期债务或者发生当事人约定的实现抵押权情形，通过提起诉讼的方式积极维护自身合法权益的时候，有必要尽快实现抵押权以保护抵押权人的利益。《民事诉讼法》第100条规定："人民法院对于可能因当事人一方的行为或者其他原因，使判决难以执行或者造成当事人其他损害的案件，根据对方当事人的申请，可以裁定对其财产进行保全、责令其作出一定行为或者禁止其作出一定行为。"〔1〕根据该条规定，当抵押权人认为可能因抵押人的行为使判决难以执行或者造成抵押权人其他损害而申请对抵押财产采取保全措施，并得到人民法院准许进而实际采取保全措施的时候，尽快实现抵押权以保护抵押权人的利益存在紧迫性。而且，抵押人将抵押财产出租并获得租金，这些租金本身属于抵押财产价值的一部分，允许抵押人获得租金并将租金排除在抵押权效力之外，必然会导致抵押财产价值的减少，损害抵押权人的合法权益。当实现抵押权的条件成就时，作为诚实守信的抵押人，应当尽快变现抵押财产以清偿债务；如果抵押财产已经出租，应当终止租赁或者将租赁权移交给抵押财产的买受人，总之不宜继续收取租金，降低抵押财产的价值。因此，在人民法院应抵押权人的保全申请，扣押抵押财产后，将抵押财产的租金等法定孳息收归抵押权人所有，有利于平衡保护抵押权人和抵押人的合法权益，有利于抵押财产担保功能的充分发挥，与《民法典》第412条的立法目的相契合。

最高人民法院执行复议合议庭成员：邵长茂　熊劲松　徐霖

（编写人：邵长茂*　薛圣海**　审稿人：杨奕）

〔1〕此处援引的是2017年《民事诉讼法》第100条，2021年《民事诉讼法》修改后，本条变更为第103条。以下同。

* 邵长茂，法学博士，中华人民共和国最高人民法院执行局，三级高级法官。

** 薛圣海，法学硕士，中华人民共和国最高人民法院执行局，三级高级法官助理。

山东鸿兴水产有限公司
与
齐鲁银行股份有限公司济南舜华北路支行、
魏某某等
借款合同纠纷执行监督案

——网络司法拍卖中拍卖公告发布途径的认定

【裁判摘要】

《网拍规定》第12条第1款规定“通过法定途径”发布，主要考虑股权等特殊财产的拍卖。对此类财产拍卖前，人民法院除通过网络司法拍卖平台发布拍卖公告外，还应通过报纸等“法定途径”发布。如拍卖标的并非股权等特殊财产，则人民法院除通过网络司法拍卖平台发布拍卖公告外，无须同时另行通过报纸等“法定途径”发布。

【案件基本信息】

1. 诉讼当事人

申诉人（被执行人）：山东鸿兴水产有限公司（以下简称鸿兴水产公司）

申请执行人：齐鲁银行股份有限公司济南舜华北路支行（以下简称齐鲁银行）

被执行人：魏某某

被执行人：于某某

2. 案件索引与裁判日期

执行异议：山东省济南市市中区人民法院（2018）鲁0103执异371号裁定（2018年12月17日）

执行复议：山东省济南市中级人民法院（2019）鲁01执复27号裁定

（2019 年 3 月 22 日）

执行监督：山东省高级人民法院（2019）鲁执监 43 号裁定（2019 年 7 月 31 日）

执行监督：最高人民法院（2019）最高法执监 656 号函（2020 年 5 月 11 日）

3. 案由

借款合同纠纷执行监督

【简要案情】

市中区人民法院根据该院作出的（2009）市商初字第 1379 号民事调解书，执行申请执行人齐鲁银行与被执行人鸿兴水产公司、魏某某、于某某借款合同纠纷案过程中，委托评估机构对鸿兴水产公司名下土地及房产（以下称涉案土地及房产）进行了评估，确定评估对象在 2018 年 3 月 23 日总价值为 11,305,068 元（其中房产价值 3,075,748 元，土地价值 8,229,320 元）。鸿兴水产公司对评估报告提出异议，认为评估价格偏低，评估机构对鸿兴水产公司的异议进行了答复。齐鲁银行申请以评估价为保留价进行拍卖，第一次网拍因无人竞买而流拍。2018 年 9 月 19 日，市中区人民法院在司法拍卖平台发布拍卖公告，第二次拍卖涉案土地及房产。2018 年 10 月 5 日至 10 月 6 日，市中区人民法院在司法拍卖平台组织拍卖涉案土地及房产，竞买人高某某以最高价 9,044,054.40 元竞得。2018 年 11 月 5 日，市中区人民法院作出（2018）鲁 0103 执恢 308 号裁定，裁定涉案土地及房产权利归属竞买人高某某所有。

鸿兴水产公司不服，以拍卖价格的确定明显错误、评估报告已失效，拍卖违反拍卖公告（竞买人未按期缴清余款）为由，向市中区人民法院提出执行异议。市中区人民法院经审查，驳回了鸿兴水产公司的异议请求。鸿兴水产公司不服，以评估报告已失效，拍卖未依法公告，竞买人未按期缴纳保证金、未取得竞买资格为由，向济南市中级人民法院申请复议。济南市中级人民法院经审查认为，市中区人民法院仅通过司法拍卖平台发布拍卖公告，未按照法律及司法解释规定的途径对标的物进行公告，违反法律规定，裁定撤销市中区人民法院的异议裁定和拍卖裁定。齐鲁银行和高某某不服，向山东省高级人民法院申请执行监督。山东省高级人民法院经审查认为，市中区人民法院网拍公告程序不违反法律规定，拍卖期间仅有高某某一人参与竞买并成交亦不违反法律规定，裁定撤销济南市中级人民法院复议裁定，维持市中区人民法院异议裁定和拍卖裁定。鸿兴水产公司不服山东省高级人民法院监督裁定，向最高人民法院申请执行监督。

【案件焦点】

市中区人民法院网拍公告发布途径是否违反法律规定。

【裁判结果】

《网拍规定》第12条第1款规定的“网络司法拍卖应当先期公告，拍卖公告除通过法定途径发布外，还应同时在网络司法拍卖平台发布”，目的是使更多的人知晓此信息，尽可能吸引更多潜在竞买人参与竞买，最大限度保障拍卖成交。目前网络司法拍卖实践中，在技术上已实现人民法院通过某一个指定的司法网络拍卖平台发布拍卖公告的同时，人民法院诉讼资产网等7个司法网络拍卖平台以及执行公开网上均会同时发布拍卖公告，由此能够实现发布拍卖公告使更多人知晓拍卖信息，尽可能吸引更多潜在竞买人参与竞买的目的。因此，该规定关于“通过法定途径发布”的规定，目前主要适用于股权等具有专业属性的财产的拍卖。市中区人民法院在通过网络司法拍卖方式拍卖涉案土地及房产前，通过网络司法拍卖平台发布拍卖公告，未另行通过报纸等其他途径发布，并无不当，不宜将其认定为适用法律错误。

【裁判摘要评析】

一、司法拍卖公告发布途径的相关法律规定

司法拍卖是一种强制拍卖，是指法院作为执行机关，就查封的执行标的物以拍卖的方式出卖给最高应价者，以取得价金的执行措施。[1] 目的在于通过公开竞价的方式，最大限度实现拍卖标的的价值，同时防止司法任意和权力“寻租”，以维护各方当事人合法权益，特别是依法保障胜诉当事人及时实现权益，维护司法权威和司法公信力。不同于一般拍卖即平等主

---

〔1〕 参见范向阳、范欣珂：《试论强制拍卖无效》，载《人民司法》2009年第7期。

体之间的拍卖，司法拍卖发生于非平等主体之间，具有公法性质，启动权在人民法院，人民法院决定司法拍卖的开展，主导司法拍卖的进程，承担司法拍卖的相关法律责任。即便人民法院将司法拍卖交由有资质的拍卖机构进行，人民法院亦享有对拍卖活动的监督权。对此，《民事诉讼法》第247条规定："财产被查封、扣押后，执行员应当责令被执行人在指定期间履行法律文书确定的义务。被执行人逾期不履行的，人民法院应当拍卖被查封、扣押的财产；不适于拍卖或者当事人双方同意不进行拍卖的，人民法院可以委托有关单位变卖或者自行变卖。国家禁止自由买卖的物品，交有关单位按照国家规定的价格收购。"〔1〕《民事诉讼法司法解释》第488条规定："依照民事诉讼法第二百四十七条规定，人民法院在执行中需要拍卖被执行人财产的，可以由人民法院自行组织拍卖，也可以交由具备相应资质的拍卖机构拍卖。交拍卖机构拍卖的，人民法院应当对拍卖活动进行监督。"《民事诉讼法》第247条关于人民法院拍卖财产方式的规定，改变了过去我国一直坚持的委托拍卖机构实施具体拍卖行为的做法，为人民法院推进自主拍卖、网络司法拍卖提供了法律依据。

平等主体之间私法性质的一般拍卖与非平等主体之间公法性质的司法拍卖，同属拍卖的范畴，均具有公开性特点。于拍卖行为而言，其本身即是以公开竞价方式开展的，因此，为了使更多人知悉拍卖信息，尽可能吸引更多潜在意向竞买人参与竞买，最大限度保障既定拍卖活动的如期开展和拍卖得以成交，有必要于拍卖日前先期发布拍卖公告，向社会不特定群体公告拍卖相关信息，明确拍卖的时间和地点、拍卖标的基本情况、拍卖标的的展示时间和地点、拍卖方式、参与竞买应当办理的手续及其他需要公告的事项等内容。

于一般拍卖而言，《拍卖法》设定了一般拍卖的拍卖公告内容及发布途径和程序。如该法第45条明确了拍卖公告的发布时间，规定"拍卖人应当于拍卖日七日前发布拍卖公告"。第46条明确了拍卖公告应当载明的内容，规定"拍卖公告应当载明下列事项：（一）拍卖的时间、地点；（二）拍

---

〔1〕 2021年《民事诉讼法》修改后，本条变更为第254条。以下同。

卖标的；（三）拍卖标的展示时间、地点；（四）参与竞买应当办理的手续；（五）需要公告的其他事项”。第 47 条明确了拍卖公告的发布途径，规定“拍卖公告应当通过报纸或者其他新闻媒介发布”。第 48 条明确了拍卖标的的展示要求，规定“拍卖人应当在拍卖前展示拍卖标的，并提供查看拍卖标的的条件及有关资料。拍卖标的的展示时间不得少于两日”。

因司法拍卖不同于一般拍卖，故法律和司法解释对司法拍卖公告的发布途径等作了有别于一般拍卖的程序设计，使其既遵循一般拍卖的基本程序设计，又体现司法拍卖自身特点。对此，2001 年 9 月 30 日起施行的《冻结、拍卖上市公司国有股和社会法人股的规定》第 14 条规定，“拍卖股权，人民法院应当委托拍卖机构于拍卖日前 10 天，在《中国证券报》、《证券时报》或者《上海证券报》上进行公告”。2005 年 1 月 1 日起施行的《拍卖、变卖规定》第 11 条规定：“拍卖应当先期公告。拍卖动产的，应当在拍卖七日前公告；拍卖不动产或者其他财产权的，应当在拍卖十五日前公告。”第 12 条规定：“拍卖公告的范围及媒体由当事人双方协商确定；协商不成的，由人民法院确定。拍卖财产具有专业属性的，应当同时在专业性报纸上进行公告。当事人申请在其他新闻媒体上公告或者要求扩大公告范围的，应当准许，但该部分的公告费用由其自行承担。”2017 年 1 月 1 日起施行的《网拍规定》第 12 条规定：“网络司法拍卖应当先期公告，拍卖公告除通过法定途径发布外，还应同时在网络司法拍卖平台发布。拍卖动产的，应当在拍卖十五日前公告；拍卖不动产或者其他财产权的，应当在拍卖三十日前公告。拍卖公告应当包括拍卖财产、价格、保证金、竞买人条件、拍卖财产已知瑕疵、相关权利义务、法律责任、拍卖时间、网络平台和拍卖法院等信息。”前述规定明确了司法拍卖公告的发布途径问题。

二、网络司法拍卖中拍卖公告的发布途径

网络司法拍卖属于司法拍卖的一种，始于 2010 年，浙江、重庆等地最早尝试和探索在互联网上进行司法拍卖。随后各地纷纷效仿，形成了“浙江淘宝网拍卖模式”“重庆联交所与拍卖公司合作拍卖模式”“上海现场拍卖+公拍网拍卖模式”等多种网络司法拍卖的代表性模式。网络司法拍卖一经出现，便以其市场超地域化、拍卖便捷化、拍卖虚拟化、交易成本低廉化、拍卖信息透明化等诸多特点和优势，迅速为各级法院和社会接受，既在很大程度上解决了传统司法拍卖佣金过高、受众有限、地域过窄、操作烦琐等问题，又为人民法院自行组织拍卖提供了契机和可能。

拍卖公告是传统司法拍卖和网络司法拍卖均不可或缺的重要环节，如《网拍规定》第 6 条第 1 项就明确规定，实施网络司法拍卖的，人民法院应当履行“制作、发布拍卖公告”的职责；《人民法院委托评估、拍卖工作若干规定的通知》（法〔2012〕30 号），要求“各级人民法院对外委托拍卖案件，均须在‘人民法院诉讼资产网’上发布拍卖公告，公示评估、拍卖相关信息和结果，法律法规另有规定不需向社会公开的除外”。《加强和规范人民法院网络司法拍卖工作意见的通知》（法〔2015〕384 号），要求“各级人民法院必须在人民法院诉讼资产网以及各地法院选择的网络交易平台上发布拍卖公告、随机选择机构结果和成交结果等信息，公开司法拍卖信息。”上述文件无一不对制作、发布拍卖公告作出明确规定和要求。拍卖公告如何发布、在何种载体上发布，关系到潜在意向竞买人能否知悉拍卖信息，关系到既定拍卖活动能否如期开展，关系到拍卖标的能否顺利成交，意义重大，影响深远。

承前所述，《拍卖、变卖规定》施行于 2005 年 1 月 1 日，当时由于网络司法拍卖模式在我国尚未出现，该规定中未有关于网络司法拍卖公告发布途径的相关规定，仅有传统司法拍卖公告发布途径的一般规定。随着网络司法拍卖的逐渐普及，2016 年，最高人民法院审判委员会审议通过了《网拍规定》，该规定于 2017 年 1 月 1 日起施行，从而正式确立了我国的网络司法拍卖制度，网络司法拍卖得以制度化、规范化和机制化。此后，人民法院进行网络司法拍卖的，拍卖公告发布途径应以《网拍规定》第 12 条第 1 款规定为准，即“网络司法拍卖应当先期公告，拍卖公告除通过法定途径发布外，还应同时在网络司法拍卖平台发布”。进行传统司法拍卖的，拍卖公告发布途径仍以《拍卖、变卖规定》第 12 条规定为准，即“拍卖公告的范围及媒体由当事人双方协商确定；协商不成的，由人民法院确定。拍卖财产具有专业属性的，应当同时在专业性报纸上进行公告。当事人申请在其他新闻媒体上公告或者要求扩大公告范围的，应当准许，但该部分的公告费用由其自行承担”。

根据《网拍规定》第 12 条第 1 款的规定，“网络司法拍卖应当先期公告，拍卖公告除通过法定途径发布外，还应同时在网络司法拍卖平台发布……”“网络司法拍卖平台”较好理解，系指根据《关于建立和管理网络服务提供者名单库的办法》的规定，依据网络服务提供者提出的申请，经最高人民法院司法拍卖网络服务提供者名单库评审委员会通过委托第三方评估机构评估方式评审，结合评审和投票结果，纳入名单库的网络服务提供者提供的网络司法拍卖平台。目前，主要包括淘宝网、京东网、人民法院诉讼资产网、公拍网、中国拍卖行业协会网、北京产权交易所和工行融 e 购等 7 家网络司法拍卖平台。“法定途径”也不难理解，结合《拍卖法》第 47 条和《拍卖、变卖规定》第 12 条等相关规定，“法定途径”一般是指报纸等新闻媒介。

实践中存有争议的是，在网络司法拍卖中，人民法院通过网络司法拍卖平台发布拍卖公告后，是否仍须同时通过“法定途径”发布拍卖公告。从《网拍规定》第 12 条第 1 款字面规定上看，二者是并存关系，即在网络司法拍卖中，人民法院通过网络司法拍卖平台发布拍卖公告后，仍须同时另行通过“法定途径”发布拍卖公告。但从立法原意看，《网拍规定》第 12 条第 1 款之所以在网络司法拍卖中对“法定途径”发布作出规定，主要考虑股权等特殊财产的拍卖，亦即对股权等特殊财产的拍卖，人民法院除通过网络司法拍卖平台发布拍卖公告外，还须通过报纸等“法定途径”发布拍卖公告。如拍卖标的并非股权等特殊财产，则拍卖公告除通过网络司法拍卖平台发布外，人民法院无须同时另行通过报纸等“法定途径”发布。而且，随着现代信息技术在执行各环节的深度运用、充分运用，包括网络司法拍卖在内的执行机制和模式发生深刻变革，以现代信息技术为支撑的执行工作模式基本实现常态化。目前，人民法院通过某一纳入网络服务提供者名单库的司法拍卖平台发布拍卖公告的同时，人民法院诉讼资产网等其他入库司法拍卖平台及中国执行信息公开网亦会同时发布拍卖公告。且入库网络司法拍卖平台一般具有较高社会知名度和广泛社会参与度，可以实现使更多人知悉拍卖信息，尽可能吸引更多潜在竞买人参与竞买的目的，保障既定拍卖活动的如期开展和拍卖成交，从而维护各方当事人合法权益。简言之，在不涉及股权等特殊财产的网络司法拍卖中，人民法院通过网络司法拍卖平台发布拍卖公告，可尽到拍卖前的信息披露义务。

最高人民法院执行监督合议庭成员：薛贵忠　邵长茂　熊劲松

（编写人：薛贵忠*　盛强**　审稿人：杨奕）

---

* 薛贵忠，中华人民共和国最高人民法院执行局，二级高级法官。

** 盛强，法学硕士，中华人民共和国最高人民法院执行局，一级法官助理。

北京倍爱康生物技术有限公司
与
东峰企业有限公司
股东知情权执行争议案

——股东查阅权的权利分析

【裁判摘要】

查阅公司会计账簿是股东行使知情权的重要手段。股东在按照生效判决查阅公司会计账簿过程中，对其中相关内容进行摘抄，是实现判决确定的查阅会计账簿权利的必要、合理的辅助手段。一般情况下，摘抄与复制的含义、方式和效果不同，摘抄不等同于复制，因此不能以法律未允许复制会计账簿为由限制查阅会计账簿时的摘抄。因股东行使股东知情权而泄露公司商业秘密导致公司权益受损的，公司可以另寻法定途径救济。

【案件基本信息】

1. 诉讼当事人

申诉人（被执行人）：北京倍爱康生物技术有限公司（以下简称倍爱康生物技术公司）

申请执行人：东峰企业有限公司（EAST CREST ENTERPRISES LIMITED，以下简称东峰公司）

2. 案件索引与裁判日期

执行异议：北京市第二中级人民法院（2019）京 02 执异 929 号裁定（2019 年 8 月 15 日）

执行复议：北京市高级人民法院（2019）京执复 239 号裁定（2019 年 11 月 28 日）

执行监督：最高人民法院（2020）最高法执监97号裁定（2020年9月24日）

3. 案由

股东知情权执行争议

【简要案情】

东峰公司与倍爱康生物技术公司股东知情权纠纷一案，北京市第二中级人民法院于2014年12月18日作出（2012）二中民初字第17452号判决。东峰公司与倍爱康生物技术公司不服，提出上诉。北京市高级人民法院于2018年12月29日作出（2015）高民（商）终字第1169号判决，判令：（一）撤销北京市第二中级人民法院（2012）二中民初字第17452号判决；（二）倍爱康生物技术公司于本判决生效之日起10日内提供该公司自1999年6月起至本判决生效之日止的公司章程、股东会会议记录、董事会会议决议、监事会会议决议和财务会计报告供东峰公司查阅、复制，上述材料由东峰公司在倍爱康生物技术公司正常工作时间内至倍爱康生物技术公司办公场所查阅、复制；（三）倍爱康生物技术公司于本判决生效之日起10日内提供该公司自1999年6月起至本判决生效之日止的公司会计账簿供东峰公司查阅，上述材料由东峰公司在倍爱康生物技术公司正常工作时间内至倍爱康生物技术公司办公场所查阅。

执行过程中，东峰公司请求摘抄倍爱康生物技术公司会计账簿，执行法院准予。倍爱康生物技术公司遂提出执行异议。

北京市第二中级人民法院认为该院执行实施过程中按照查阅权中包括摘抄来执行，显属无据，并于2019年8月15日作出（2019）京02执异929号裁定，支持倍爱康生物技术公司的异议请求。东峰公司向北京市高级人民法院申请复议，北京市高级人民法院于2019年11月28日作出（2019）京执复239号裁定，撤销北京市第二中级人民法院（2019）京02执异929号裁定，支持东峰公司复议请求。

倍爱康生物技术公司不服，向最高人民法院申诉，请求撤销北京市高级人民法院复议裁定。

【案件焦点】

股东在行使知情权过程中，查阅公司会计账簿方式是否包含摘抄。

【裁判结果】

最高人民法院经审查认为，《公司法》第33条规定“股东有权查阅、复制公司章程、股东会会议记录、董事会会议决议、监事会会议决议和财务会计报告。股东可以要求查阅公司会计账簿”，因此查阅会计账簿是股东行使知情权的具体方式。因公司会计账簿一般包括大量、专业的数据信息，在股东不能充分理解专业数据信息的情况下，不能认为仅股东自行查阅会计账簿就实现了知情权，摘抄是股东行使知情权、查阅会计账簿的辅助手段。并且，一般情况下，摘抄与复制的含义、方式和效果不同，摘抄不等同于复制，因此不能以法律未允许复制会计账簿为由限制查阅会计账簿时的摘抄。如倍爱康生物技术公司认为东峰公司在行使股东知情权过程中泄露了公司商业秘密导致公司合法利益受到损害，可根据《公司法》及相关司法解释进行救济。因此，裁定维持北京市高级人民法院复议裁定，驳回倍爱康生物技术公司的申诉请求。

【裁判摘要评析】

股东知情权是公司股东了解公司信息、知晓公司事务的权利，是股东的法定权利、固有权利。对于股东行使知情权的范围和方式，《公司法》明确规定了股东有权查阅、复制公司章程、股东会会议记录、董事会会议决议、监事会会议决议和财务会计报告，而对于公司会计账簿仅表述为“股东可以要求查阅公司会计账簿”，但是，不应对该条款机械理解。立法的目的是保护股东以查阅方式行使对公司会计账簿的知情权，同时也要避免股东知情权滥用，力求在保障股东知情权与保障公司合法权利之间作出合理安排，维持股东和公司的利益平衡。通常情况下，公司会计账簿包括大量、专业的数据信息，面对繁多的数字记录，如果不允许股东摘抄会计账簿，则其查阅没有意义。即便严格依照《公司法》第33条的规定，股东的查阅不包括复制，因摘抄与复制含义、效果均不同，也不能得出股东不能摘抄的结论。

一、股东知情权的核心内容

股东将资产投入公司，并期望通过公司经营获取经济利益，而公司作为具有拟制人格的主体，股东作为公司的基础与根本，公司经营发展与股东管理、决策紧密关联。而股东对公司事务的知悉与了解是股东行使其他所有股东权利的前提。因此，股东知情权是其法定权利、固有权利。我国《公司法》对有限责任公司股东知情权的规定为，股东有权查阅、复制公司章程、股东会会议记录、董事会会议决议、监事会会议决议和财务会计报告，股东可以要求查阅公司会计账簿。由于有限责任公司本身具有较强的人合性，可以说查阅有关公司经营、决策方面的信息为其应有权利。财务信息是公司的核心信息，是公司经营状况的真实反映，股东对公司财务信息的知悉程度决定了股东权利实现的程度。

二、对股东知情权的限制抑或保护

在现代企业实行股东所有权与公司自主经营权分离的制度背景下，股东行使权利客观上可能给公司自主经营造成阻碍，甚至出现股东滥用知情权，损害公司和其他股东利益的情形，因此，法律需要对股东行使知情权加以限制。

就查阅公司会计账簿而言，对股东知情权行使的限制主要是目的正当性限制。我国《公司法》第 33 条第 2 款规定，股东要求查阅公司会计账簿的，应当向公司提出书面请求，说明目的。公司有合理根据认为股东查阅会计账簿有不正当目的，可能损害公司合法利益的，可以拒绝提供查阅，并应当自股东提出书面请求之日起 15 日内书面答复股东并说明理由。《公司法》这一条款表明，法律在明确赋予股东查阅公司部分财务信息权利的同时，将股东行使权利的目的正当性设置为前提，即限制股东无条件以行使知情权为由任意查阅公司财务资料。

关于知情权行使方式是否有限制的问题。有一种观点认为，《公司法》对股东知情权行使方式予以了明确限制，即将公司会计账簿知情权的行使方式限制为查阅，而不包括复制等其他方式。主要理由是《公司法》对公司会计账簿仅规定了查阅这一种知情权行使方式，而对公司章程、股东会会议记录、董事会会议决议、监事会会议决议和财务会计报告等其他文件材料则允许查阅或者复制。另一种观点认为，不能将《公司法》第33条的规定理解为对公司会计账簿知情权行使方式的限制，而应理解为《公司法》赋予公司股东知情权行使时最低程度的权利和自由，即查阅公司会计账簿的权利得到强制保护。笔者倾向于赞同第二种观点，不宜将《公司法》规定的股东有权查阅公司会计账簿理解为股东只能查阅，不宜从限制权利行使角度理解。法律仅规定股东有权查阅公司会计账簿，意在表明法律强制保护的针对会计账簿知情权行使方式的最低限度为“查阅”。这是因为会计账簿不同于财务会计报告等其他资料，会计账簿通常涉及公司的核心商业秘密，如果通过法律强制保护以“复制”等方式行使对会计账簿的知情权，会加大商业秘密泄露风险，所以法律未将“复制”等知情权行使方式纳入强制保护范围，而是将“查阅”以外的其他知情权行使方式留给公司自治和当事人意思自治处理。基于此，当事人对于“查阅”这一公司会计账簿知情权行使方式本身存在不同理解时，应主要从股东最低程度权利保障角度探索立法意图，同时兼顾公司经营权保护。如果辅助手段有助于“查阅”权利实现，且不明显损害公司利益，则一般应当予以准许。

三、股东查阅会计账簿方式包含摘抄

本案是双方当事人在执行阶段对生效判决判令的股东有权查阅会计账簿但未明确是否可以对会计账簿进行摘抄的情况下，执行程序中能否允许股东摘抄的争议。《公司法》第33条在表述上明确区分了会计账簿和股东会记录、董事会会议决议等文件资料的知情权行使方式，以及“摘抄”与“复制”的含义之争，导致执行程序容易按照审执分离的惯性思维，作出查阅会计账簿不包含摘抄的判断。而结合前述分析，只要遵循既可以保障股东应有权利，又可以维护公司合法利益的原则，应当准予股东以适当的方式实现其权利。〔1〕

通常情况下，公司会计账簿包括大量、专业的数据信息，面对繁多的数字记录，如果股东不能摘抄会计账簿，则其查阅没有意义。《公司法规定（四）》第10条第2款规定，股东依据人民法院生效判决查阅公司文件材

〔1〕 参见宋从文：《股东知情权行使与限制之维》，载《法律适用》2009年第7期。

料的，在该股东在场的情况下，可以由会计师、律师等依法或者依据执业行为规范负有保密义务的中介机构执业人员辅助进行。因股东缺乏必要的会计、法律知识，一般不具备独立查阅文件材料的能力，在没有专业第三人辅助的情况下，股东知情权将难以行使，故上述司法解释明确了股东行使知情权可以由具有专业能力的人员进行辅助，其目的就是帮助股东了解公司信息。同理，进行摘抄也是辅助股东查阅公司文件材料、了解公司信息的方法。

从“复制”与“摘抄”的含义考虑，一般情况下，摘抄不等同于复制。《民事诉讼法》第70条〔1〕规定，书证应当提交原件，物证应当提交原物，提交原件或者原物确有困难的，可以提交复制品、照片、副本、节录本。《民事诉讼证据规定》第44条规定，摘录有关单位制作的与案件事实相关的文件、材料，应当注明出处，并加盖制作单位或保管单位的印章。参照法律和司法解释对证据的有关规定精神，节录、摘录和复制具有不同的法律含义。从《现代汉语词典》记载的词义理解，“摘抄”与“摘录”意思相近，均可理解为“选取一部分内容抄录下来”，而“复制”可理解为“依照原件制作成同样的”，显然，摘录、摘抄与复制的含义不同，不能产生“制作成同样的”效果，因此不能认为摘抄本质上属于复制。即便严格依照《公司法》第33条的规定，股东的查阅权利不包括复制的话，也不能当然得出股东不能摘抄的结论。

最高人民法院执行监督合议庭成员：向国慧　薛贵忠　熊劲松

（编写人：向国慧*　魏丹**　审稿人：杨奕）

---

〔1〕2021年《民事诉讼法》修改后，本条变更为第73条。

* 向国慧，法学博士，中华人民共和国最高人民法院执行局，三级高级法官。

** 魏丹，法学硕士，中华人民共和国最高人民法院执行局，三级高级法官助理。

甘肃创新商贸集团有限公司、王某某
与
甘肃平商联合投资股份有限公司
及第三人甘肃新大商贸有限公司
借款合同纠纷执行监督案

——强制执行中股东优先购买权的行使

【裁判摘要】

1. 申请执行人与其股东属于不同的民事主体，经申请执行人和被执行人同意，可以不经拍卖、变卖程序直接将被执行人的股权作价交申请执行人抵偿债务，但人民法院不能直接交申请执行人的股东抵偿债务。

2. 在执行程序中，人民法院对查封、冻结的财产进行变价处理时，应当首先采取拍卖的方式，以拍卖方式处置财产的，应当采取网络司法拍卖方式。放弃拍卖方式而选择变卖方式，对双方当事人和有关权利人利益影响较大的，应当经过其同意。

3. 股份有限公司不适用《公司法》第72条规定。虽然公司章程规定了股东优先购买权，但该章程系约束其股东自主转让股权行为，对人民法院强制执行活动没有当然约束力。即使股东行使优先购买权，也应当在依法开展的拍卖、变卖程序中行使。未经被执行人同意，股东行使优先购买权属于违法。

【案件基本信息】

1. 诉讼当事人

申诉人（被执行人）：甘肃创新商贸集团有限公司（以下简称创新商贸集团）

申诉人（被执行人）：王某某

申请执行人：甘肃平商联合投资股份有限公司（以下简称平商联合投资公司）

第三人：甘肃新大商贸有限公司（以下简称新大商贸公司）

2. 案件索引与裁判日期

执行依据：甘肃省兰州市中级人民法院（2017）甘 01 民初 24 号判决（2017 年 4 月 26 日）

执行异议：甘肃省兰州市中级人民法院（2018）甘 01 执异字第 768 号裁定（2018 年 12 月 4 日）

执行复议：甘肃省高级人民法院（2019）甘执复 66 号裁定（2019 年 6 月 7 日）

执行监督：最高人民法院（2020）最高法执监 18 号裁定（2020 年 12 月 29 日）

3. 案由

借款合同纠纷执行监督

【简要案情】

甘肃省兰州市中级人民法院作出（2017）甘 01 民初 24 号关于平商联合投资公司与创新商贸集团、王某某借款合同纠纷一案的民事判决书生效后，被执行人创新商贸集团、王某某未履行该判决书确定的义务，申请执行人平商联合投资公司向兰州市中级人民法院申请强制执行。该院于 2017 年 1 月 24 日作出（2016）甘 01 执保 32 号协助执行通知书，依法查封、冻结了创新商贸集团持有的平商联合投资公司 2010 万元的股权，并委托甘肃恒通资产评估有限公司对上述股权进行评估。甘肃恒通资产评估有限公司于 2018 年 4 月 23 日作出甘恒评报字〔2018〕第 003 号评估报告。2018 年 7 月 10 日，该院作出（2017）甘 01 执 811 号函，致函新大商贸公司、中国农发重点建设基金有限公司、赵某某，函告平商联合投资公司的股东主张行使王某某在该公司的股权优先购买权。平商联合投资公司于 2018 年 7 月 11 日复函该院，经公司股东大会决议，上述股权由新大商贸公司，以评估价值 19,086,785.75 元，全部优先购买。2018 年 9 月 26 日，该院作出

（2017）甘01执811号之一裁定，裁定“被执行人创新商贸集团所持有的平商联合投资公司30.7692%的股权的所有权归新大商贸公司，所有权自本裁定送达新大商贸公司起转移。”同年9月28日，依据申请执行人平商联合投资公司的申请，作出（2017）甘01执811号之二裁定，“终结甘肃省兰州市中级人民法院（2017）甘01执811号案件的执行。”

创新商贸集团对兰州市中级人民法院作出的处置其在平商联合投资公司所占股份和终结执行的裁定不服，向该院提出书面异议。兰州市中级人民法院于2018年12月4日作出（2018）甘01执异字第768号裁定：（一）撤销（2017）甘01执811号之一以物抵债执行裁定，（二）撤销（2017）甘01执811号之二终结执行裁定。

平商联合投资公司不服上述异议裁定，向甘肃省高级人民法院（以下简称甘肃高院）申请复议。甘肃高院另查明事实如下：（1）平商联合投资公司与创新商贸集团、王某某借款合同纠纷一案，兰州市中级人民法院于2017年4月26日作出（2017）甘01民初24号判决，判令被告创新商贸集团、王某某于该判决生效后10日内向原告平商联合投资公司偿还借款本金2000万元，承担利息88,767元（截至2016年12月12日）以及至本金清偿之日的利息，按年利率6%计算。案件受理费142,244元，保全费5000元，由被告创新商贸集团、王某某负担。2017年8月21日，甘肃高院作出（2017）甘民终355号判决，维持了兰州市中级人民法院（2017）甘01民初24号判决。上述判决确认创新商贸集团、王某某出具的借条载明：“今借到平商联合投资公司人民币贰仟万元整，借款期限2016年11月8日到2016年11月15日。此借款用创新商贸集团在平商联合投资公司及王某某在平凉万美房地产开发有限公司（以下简称万美房地产开发公司）的股份作为抵押担保，若到期还不上，创新商贸集团和王某某本人自愿放弃在平商联合投资公司和万美房地产开发公司的所有股份。以此为依据。”（2）该案在执行中，兰州市中级人民法院对查封的被执行人创新商贸集团所持平商联合投资公司30.7692%的股权，委托甘肃恒通资产评估有限公司进行价值评估，该公司于2018年4月23日作出甘恒评报字〔2018〕第003评估报告，评估价值为19,086,785.75元。创新商贸集团对兰州市中级人民法院执行其股权及评估程序提出异议。该院于2018年7月20日作出（2018）甘01执异470号裁定，驳回创新商贸集团的异议请求。创新商贸集团不服异议裁定，向甘肃高院申请复议。该院于2018年9月11日作出（2018）甘执复156号裁定，驳回创新商贸集团复议申请，维持兰州市中级人民法院（2018）甘01执异470号裁定。（3）2018年9月28日，甘肃省平凉市工商行政管理局内资公司变更通知书显示，平商联合投资公司于2014年4月21日获准登记，注册资本26,000万元，变更前的股东、投资信息：创新商贸集团8000万元，新大商贸公司8000万元，赵某某4000万元，中国农发重点建设基金有限公司6000万元。变更后的股东、投资信息：中国农发重点建设基金有限公司6000万元，新大商贸公司16,000万元，赵某某4000万元。2018年10月15日，新大商贸公司以银行转账方式向平商联合投资公司支付股权收购款19,086,785.75元。

甘肃高院于2019年6月7日作出（2019）甘执复66号裁定，撤销兰州市中级人民法院（2018）甘01执异768号裁定。

创新商贸集团、王某某不服，向最高人民法院申诉，请求撤销甘肃高院（2019）甘执复66号裁定，维持兰州市中级人民法院（2018）甘01执异768号裁定。

最高人民法院查明，平商联合投资公司的营业执照及公司章程第3条、第6条均载明，该公司为股份有限公司。

【案件焦点】

兰州市中级人民法院将涉案股权裁定转给平商联合投资公司股东的行为是否违反法律规定。

【裁判结果】

最高人民法院经审查认为，首先，申请执行人与其股东属于不同的民事主体，经申请执行人和被执行人同意，可以不经拍卖、变卖程序直接将被执行人的股权作价交申请执行人抵偿债务，但人民法院不能直接交申请执行人的股东抵偿债务。本案兰州市中级人民法院所作的（2018）甘01执811号之一裁定，其本质是将涉案股权未经拍卖程序直接变卖给新大商贸公司。

其次，在执行程序中，人民法院对查封、冻结的财产进行变价处理时，应当首先采取拍卖的方式，以拍卖方式处置财产的，应当采取网络司法拍卖方式。如果要放弃拍卖方式而选择变卖方式，对双方当事人和有关权利人利益影响较大，应当经过其同意。本案中，平商联合投资公司将进入执行程序前当事人在借条中所作意思表示“视为被执行人已明示同意”，不符合司法解释规定精神。

最后，《公司法》仅明确了有限责任公司的股东具有优先购买权，股份有限公司不适用《公司法》第 72 条规定。虽然公司章程规定了股东优先购买权，但该章程系约束其股东自主转让股权的行为，对人民法院强制执行活动没有当然约束力。即使股东行使优先购买权，也应当在依法开展的拍卖、变卖程序中行使。未经被执行人同意，股东优先购买权行使程序违法。

据此，最高人民法院于 2020 年 12 月 29 日作出（2020）最高法执监 18 号裁定，撤销甘肃高院（2019）甘执复 66 号裁定，维持兰州市中级人民法院（2018）甘 01 执异 768 号裁定。

【裁判摘要评析】

股权作为典型的财产权，具有请求权性质的同时，也具有支配性。股权的价值以及股权的拍卖关系到申请执行人、被执行人和其他股东的切身利益，执行能否到位不仅关系到案件裁判的公信力，在股权强制执行中还会对有限责任公司的人合性产生重要影响。本案就涉及对强制执行中股东优先购买权行使问题的确认。

关于兰州市中级人民法院所作的（2018）甘 01 执 811 号之一裁定的性质。本案中，兰州市中级人民法院在对股权进行评估后，未经拍卖程序，直接将被执行人持有的平商联合投资公司 30.7692%的股权裁定归平商联合投资公司股东之一——新大商贸公司所有。虽然平商联合投资公司是申请执行人，但其与股东新大商贸公司属于不同的民事主体。即使经申请执行人和被执行人同意不经拍卖、变卖程序直接将被执行人的财产作价交申请执行人抵偿债务，也是交申请执行人，而不是交申请执行人的股东。因此，本案兰州市中级人民法院所作的（2018）甘 01 执 811 号之一裁定，其性质不属于以物抵债裁定，其本质是将涉案股权未经拍卖程序直接变卖给新大商贸公司。

兰州市中级人民法院直接变卖行为是否违法，应视其是否违反了《拍卖、变卖规定》第 34 条规定。根据该规定，对查封、扣押、冻结的财产，当事人双方及有关权利人同意变卖的，可以变卖。可以直接变卖涉案查封、扣押、冻结的财产的前提是当事人双方及有关权利人明确向执行法院提出同意变卖的意见。在执行程序中，人民法院对查封、冻结的财产进行变价处理时，应当首先采取拍卖的方式，以拍卖方式处置财产的，应当采取网络司法拍卖方式。采取网络司法拍卖，可以使潜在竞买人及时、准确获得信息，从而参与到司法拍卖竞价中来，通过充分竞价，使财产变价价格充分反映其市场价值。变价所得价款越高，越有利于实现债权，同时也有利于兼顾债务人的合法权益。基于此，如果要放弃拍卖方式而选择变卖方式，对双方当事人和有关权利人利益影响较大，应当经过其同意。本案中，平商联合投资公司将进入执行程序前当事人在借条中所作意思表示“视为被执行人已明示同意”，不符合司法解释规定精神。

关于平商联合投资公司股东是否有优先购买权问题。《公司法》对股东优先购买权的规定是第 72 条，该条位置在第三章“有限责任公司的股权转让”。可见，法律仅明确了有限责任公司的股东具有优先购买权，而本案平商联合投资公司营业执照显示其公司类型为股份有限公司，不适用《公司法》第 72 条规定。平商联合投资公司章程虽规定了股东优先购买权，但该章程系约束其股东自主转让股权的行为，对人民法院强制执行活动没有当然约束力。即使股东行使优先购买权，也应当在依法开展的拍卖、变卖程序中行使。本案变卖程序未经被执行人同意，股东优先购买权行使程序违法。

最高人民法院执行监督合议庭成员：向国慧　邵长茂　邱鹏

（编写人：向国慧[*]　叶欣[**]　审稿人：杨奕）

---

* 向国慧，法学博士，中华人民共和国最高人民法院执行局，三级高级法官。

** 叶欣，法学硕士，中华人民共和国最高人民法院执行局，一级法官助理。

李某某
与
厦门国际信托有限公司、
唐山市人达房地产开发有限公司
公证债权文书执行复议案

——公证债权文书执行过程中的执行异议之诉

【裁判摘要】

公证债权文书执行过程中，在公证债权文书已经明确申请执行人就涉案执行标的享有抵押权的情况下，案外人主张对涉案执行标的享有实体权利并主张排除执行的，应适用《民事诉讼法》第 227 条规定的案外人异议和异议之诉的救济途径，而不应适用《公证债权文书执行规定》第 24 条规定的直接提起诉讼的救济途径。

【案件基本信息】

1. 诉讼当事人

复议申请人（案外人）：李某某

申请执行人：厦门国际信托有限公司（以下简称厦门国际信托公司）

被执行人：唐山市人达房地产开发有限公司（以下简称人达房地产开发公司）

2. 案件索引与裁判日期

执行异议：河北省高级人民法院（2020）冀执异 23 号裁定（2020 年 7 月 16 日）

执行复议：最高人民法院（2020）最高法执复 154 号裁定（2020 年 12 月 14 日）

3. 案由

公证债权文书执行复议

【简要案情】

福建省厦门市鹭江公证处于2016年4月5日作出（2016）厦鹭证执字第00053号执行证书，确定厦门国际信托公司可作为申请执行人持该执行证书及该公证处出具的（2013）厦鹭证金字第02256号等7份《具有强制执行效力的债权文书公证书》向人民法院申请强制执行：（1）被执行人为唐山市人达房地产开发有限公司等；（2）执行标的为特定物业转让基本价款5.05亿元及溢价款、迟延违约金等；（3）人达房地产开发公司对该执行标的向厦门国际信托公司承担还款义务；（4）如人达房地产开发公司不能履行还款义务，厦门国际信托公司可与抵押人人达房地产开发公司协议以东方家园建材超市的商业用房（房屋坐落于路南区南新东道×××号，土地坐落路南区南新东道北侧。房产总建筑面积47,016.5平方米，土地使用权面积27,117.8平方米，抵押物清单详见抵押合同附件1）折价，或者以拍卖、变卖抵押物后所得的价款优先受偿……

2016年4月12日，河北省高级人民法院受理执行上述案件。2016年4月21日，该院作出（2016）冀执18号裁定，冻结被执行人人达房地产开发公司、唐山市人达新天地经营管理有限公司（以下简称人达新天地经营管理公司）、唐山景扬现代物流发展公司（以下简称景扬现代物流发展公司）、唐山隆泰物贸有限公司（以下简称隆泰物贸公司）、韩某某、张某某银行存款5.5亿元或者查封等价值的其他财产；同日，该院又分别作出（2016）冀执18号协助执行通知书和（2016）冀执18号之一协助执行通知书，查封了被执行人人达房地产开发公司名下证号冀唐国用（2008）第3382号、坐落于唐山市路南区南新东道北侧、面积27,117.8平方米的土地使用权；查封了被执行人人达房地产开发公司名下证号唐山房权证路南（广）字第501001577号、坐落于唐山市路南区南新东道×××号、面积47,016.5平方米的房产。查封到期后对上述土地使用权、房产进行了续查封。

李某某向河北省高级人民法院提出书面异议，请求：（1）解除（2016）

冀执18号裁定中涉及唐山市路南区南新东道×××号冀唐国用（2018）第3382号，唐山房权证路南（广）字第5010015577号商业地产中涉及异议人部分产权（铺位号：B-1082至B-1111）的查封；（2）请求中止对（2016）冀执18号裁定中涉及异议人上述部分产权（铺位号：B-1082至B-1111）（以下简称涉案产权单位）作出的评估、拍卖及执行行为。事实与理由：2008年11月，李某某与被执行人人达房地产开发公司签订了产权单位购买合同，购买被执行人开发的位于唐山市路南区南新东道×××号商业地产的部分产权（铺位号：B-1082至B-1111），并分别于合同签订当日交纳了购房款合计30万元。同时李某某还与人达经营公司分别签订了出租及委托经营协议，委托人达经营公司负责异议人购买房产的对外出租及管理事宜，李某某收取租金至今。目前申请执行人依据其与被执行人之间的公证债权债务文书，申请对异议人购买的产权商铺采取执行措施。李某某认为，其与被执行人2008年11月签订产权单位购买合同，合同签订后其多次要求办理不动产权证书，但非李某某原因至今未能办理，责任不在李某某。异议人自签订产权单位购买合同后已经实际占有（铺位号：B-1082至B-1111）并取得相应收益。李某某的买卖行为明显早于2016年4月21日河北省高级人民法院（2016）冀执18号裁定的查封日期。因此申请执行人申请对该不动产评估拍卖已经侵犯了异议人的合法权益。为了维护自己的合法权益，李某某依据《执行异议复议规定》第28条之规定，申请法院依法解除对唐山市路南区南新东道×××号冀唐国用（2008）第3382号、唐山房权证路南（广）字第501001577号商业地产的部分产权（铺位号：B-1082至B-1111）的查封及中止对（2016）冀执18号执行裁定书中涉及异议人上述部分产权（铺位号：B-1082至B-1111）作出的评估、拍卖及执行行为。

厦门国际信托公司书面答辩称，李某某请求对法院已经依法查封的涉案产权单位解除查封，并依据《民事诉讼法》第225条，请求中止对涉案产权单位的评估拍卖等执行行为，从其请求事项和依据来看属于利害关系人提出的执行行为异议，但从其主张的内容看又是对涉案产权单位提出实体权利主张以对抗执行。厦门国际信托公司认为，李某某提交的证据不具有真实合法性，不能证明其是权利人，更不能排除执行，请依法驳回。

河北省高级人民法院认为，本案执行依据确定涉案房产由人达房地产开发公司作为抵押物向厦门国际信托公司提供抵押担保，厦门国际信托公司就涉案房产享有优先受偿权。故，本案中李某某以其已购买了涉案房产中的涉案产权单位为由，请求该院解除对涉案产权单位的查封并中止评估、拍卖等执行行为，其异议形式上针对河北省高级人民法院就涉案产权单位采取的查封、拍卖等执行行为，实质针对的是本案执行依据即福建省厦门市鹭江公证处（2016）厦鹭证执字第00053号执行证书及（2013）厦鹭证金字第02256号等7份《具有强制执行效力的债权文书公证书》，其异议主张直接与本案执行依据形成对抗。而对此等情形下案外人的救济途径，《公证债权文书执行规定》第24条第1款有明确规定："有下列情形之一的，债权人、利害关系人可以就公证债权文书涉及的民事权利义务争议直接向有管辖权的人民法院提起诉讼：（一）公证债权文书载明的民事权利义务关系与事实不符；（二）经公证的债权文书具有法律规定的无效、可撤销等情形"。据此，在本案执行依据已确定厦门国际信托公司就涉案房产享有优先受偿权，涉案房产已被执行依据明确为特定执行标的物的前提下，如该执行依据有损李某某的民事权益，其应向有管辖权的人民法院提起诉讼并主张权利，以通过诉讼程序解决执行依据错误问题，而不能向河北省高级人民法院提出执行异议。所以，李某某所提执行异议不属执行异议审查范围，不符合执行异议受理条件。对立案后发现不符合受理条件的，应裁定驳回申请。依照《执行异议复议规定》第2条第1款、第3款之规定，河北省高级人民法院于2020年7月16日作出（2020）冀执异23号裁定，驳回李某某的异议申请。

李某某不服河北省高级人民法院（2020）冀执异23号裁定，向最高人民法院申请复议，请求依法撤销河北省高级人民法院作出的（2020）冀执异23号裁定，指令河北省高级人民法院对李某的执行异议进行审查。主要理由是：其执行异议申请符合《民事诉讼法》第227条以及《执行异议复议规定》第2条规定的情形，应当依法受理。其申请已符合《执行异议复议规定》第28条规定的法定条件，李某某已依法对涉案房产取得物权期待权，即使厦门国际信托公司对涉案标的物享有抵押权，李某某对涉案房产的物权期待权足以对抗厦门国际信托公司的抵押权。因此，李某某有权在执行程序中对执行标的提出排除执行的实体权利异议。李某某针对执行标的提出的实体权利异议，依法属于案外人异议审查的范围，河北省高级人民法院错误认定复议申请人的异议系针对涉案执行依据从而认定不属于执行异议审查的范围，适用法律错误。李某某的异议符合《民事诉讼法》第227条的规定的法定情形，应当依法受理。

【案件焦点】

公证债权文书执行过程中，案外人主张对涉案房地产享有实体权利并主张排除执行的救济途径。

【裁判结果】

最高人民法院经审理认为，首先，本案中，从李某某提出的异议请求及理由来看，其主张对涉案房产享有的实体权利能够排除人民法院的强制执行，并非主张作为本案执行依据的公证债权文书确认的抵押权无效，或者主张撤销该抵押权。李某某的异议请求符合《民事诉讼法》第227条规定的案外人异议的要件，执行法院应当受理其以案外人身份提起的执行异议，并就其主张的实体权利能否排除人民法院的强制执行进行审查。李某某在异议中未曾提出撤销涉案抵押权的请求事项，而是以自己享有涉案房产的实体权利为由提出排除执行的请求，河北省高级人民法院认为应当按照《公证债权文书执行规定》第24条第1款规定向有管辖权的人民法院提起诉讼，改变了李某某的异议请求事项以及其请求通过执行异议程序解决争议的真实意思表示。其次，能否排除执行亦不以撤销或解除涉案抵押权为先决条件，而应以李某某主张的实体权利是否符合《执行异议复议规定》第28条规定的排除执行的法定条件为要件。河北省高级人民法院认为李某某应当另诉请求撤销公证债权文书确认的抵押权或者请求抵押合同无效，实际上并不能解决李某某提出的涉案房产实体权利的争议。如果李某某对涉案房产不享有实体权利，即便涉案抵押权被确认无效或撤销，也无权主张排除执行。故河北省高级人民法院作出的（2020）冀执异23号裁定适用法律错误，依法应当予以纠正。因此，最高人民法院裁定撤销河北省高级人民法院（2020）冀执异23号裁定，指令河北省高级人民法院对李某某提出的执行异议依法进行审查。

【裁判摘要评析】

一、公证债权文书执行过程中可以适用案外人执行异议之诉

《民事诉讼法》第227条规定："执行过程中，案外人对执行标的提出书面异议的，人民法院应当自收到书面异议之日起十五日内审查，理由成立的，裁定中止对该标的的执行；理由不成立的，裁定驳回。案外人、当事人对裁定不服，认为原判决、裁定错误的，依照审判监督程序办理；与原判决、裁定无关的，可以自裁定送达之日起十五日内向人民法院提起诉讼。"根据该条规定，案外人主张其对执行标的享有实体权益，认为人民法院的执行行为妨害了其所享有的实体权益，且与原判决、裁定无关的，可以向执行法院提出案外人异议。公证债权文书的执行程序中，如果案外人的主张并非针对作为执行依据的公证债权文书，而是主张对执行标的享有实体权利，从而排除人民法院强制执行的，则应当由执行法院根据《民事诉讼法》第227条规定，受理其以案外人身份提起的执行异议，并就其主张的实体权利能否够排除人民法院的强制执行进行审查，进而导入案外人异议之诉审查程序中。

二、当事人、利害关系人就公证债权文书直接提起诉讼的适用情形

关于当事人、利害关系人对具有强制执行效力的公证债权文书的内容有争议提起诉讼，人民法院是否受理的问题，即公证债权文书是否具有可诉性的问题，法律和司法解释规定存在变化发展的过程。此前，《关于当事人对具有强制执行效力的公证债权文书的内容有争议提起诉讼人民法院是否受理问题的批复》（法释〔2008〕17号）规定，根据《民事诉讼法》第214条[1]和《公证法》第37条的规定，经公证的以给付为内容并载明债务人愿意接受强制执行承诺的债权文书依法具有强制执行效力。债权人或者债务人对该债权文书的内容有争议直接向人民法院提起民事诉讼的，人民法院不予受理。但公证债权文书确有错误，人民法院裁定不予执行的，当事人、公证事项的利害关系人可以就争议内容向人民法院提起民事诉讼。即公证债权文书在人民法院裁定不予执行前，法院不受理有关对公证债权

〔1〕2021年《民事诉讼法》修改后，本条变更为第221条。

文书内容争议的诉讼。《公证债权文书执行规定》出台后，对当事人、利害关系人的救济途径进行了细化和修订，区分程序和实体问题，分别通过不予执行审查程序和诉讼程序审理，根据该规定第 24 条第 1 款规定的“公证债权文书载明的民事权利义务关系与事实不符”“经公证的债权文书具有法律规定的无效、可撤销等情形”等实体事由，债权人和利害关系人可以直接向有管辖权的人民法院提起诉讼，无须以人民法院裁定不予执行为前提条件。

三、关于本案中存在争议的两种不同救济途径辨析

《公证债权文书执行规定》第 24 条规定的另行提起诉讼的救济途径，和《民事诉讼法》第 227 条规定的案外人异议之诉的救济途径，两者都是由原公证债权文书涉及的债权人、债务人等以外的第三人提起的，该第三人都没有直接参加过公证赋予债权文书强制执行效力的过程。

上述两种救济途径的区别在于：第一，第三人性质不同。前者涉及的第三人是与公证债权文书载明的民事权利义务关系存在直接利害关系人的第三人，后者涉及的第三人是与执行标的物存在直接利害关系的第三人。第二，审理目的不同。利害关系人就公证债权文书涉及的民事权利义务争议提起诉讼，目的是解决公证债权文书载明的民事权利义务本身涉及的纠纷问题。案外人执行异议之诉是要解决法院能否执行特定标的物的问题。第三，审理内容不同。执行异议之诉针对执行行为本身，仅涉及对执行标的物的确权以及通过与执行依据确定权利的受偿顺序比较判断能否排除执行的问题，核心在于以案外人是否对执行标的具有足以阻却执行程序的正当权利，就执行程序应当继续还是停止作出评价和判断，与公证债权文书涉及的民事权利义务关系在客体上不具有同一性。第四，管辖法院不同。前者的管辖法院，根据《公证债权文书执行规定》第 24 条规定，应“向有管辖权的人民法院提起诉讼”。此处的有管辖权的人民法院应当遵守一审普通民事诉讼中的管辖原则。后者的管辖法院，根据《民事诉讼法司法解释》第 304 条“根据民事诉讼法第二百二十七条规定，案外人、当事人对执行异议裁定不服，自裁定送达之日起十五日内向人民法院提起执行异议之诉的，由执行法院管辖”的规定，执行异议之诉作为一类特殊的诉讼，由执行法院管辖。关于申请执行公证债权文书案件的执行法院，根据《公证债权文书执行规定》第 2 条“公证债权文书执行案件，由被执行人住所地或者被执行的财产所在地人民法院管辖。前款规定案件的级别管辖，参照人民法院受理第一审民商事案件级别管辖的规定确定”的规定，即有管辖权的法院为被执行财产所在地法院或者被执行人住所地法院。第五，对执行程序的影响不同。根据《公证债权文书执行规定》第24条第3款的规定：“利害关系人提起诉讼，不影响人民法院对公证债权文书的执行。利害关系人提供充分、有效的担保，请求停止相应处分措施的，人民法院可以准许；债权人提供充分、有效的担保，请求继续执行的，应当继续执行。”在取得生效判决之前，公证债权文书作为执行依据，应当依法执行。即前者以继续执行为原则，以停止执行为例外，停止执行的条件是利害关系人提供担保。而根据《民事诉讼法司法解释》第315条：“案外人执行异议之诉审理期间，人民法院不得对执行标的进行处分。申请执行人请求人民法院继续执行并提供相应担保的，人民法院可以准许”的规定，即后者以停止执行为原则，以继续执行为例外，继续执行的条件是申请执行人提供担保。停止执行的原则有利于确保执行公正，维护真正权利人的合法权益。

本案中，李某某在异议中主张自己享有涉案房产的实体权利，目的是排除人民法院的强制执行，针对的是执行行为本身，并非撤销经公证债权文书确认的抵押权，执行法院应当通过将李某某主张的实体权利与公证债权文书确定的抵押权比较，判断能否排除执行的问题。且另诉请求撤销公证债权文书确认的抵押权或者请求抵押合同无效，实际上并不能解决李某某提出的涉案房产实体权利的争议，并且从程序上无法停止人民法院对执行标的进行处分。如果李某某对涉案房产不享有实体权利，即便涉案抵押权被确认无效或撤销，也无权主张排除执行。故根据李某某的主张，本案应当由执行法院根据《民事诉讼法》第227条规定进行审查。

最高人民法院执行复议合议庭成员：于明　熊劲松　徐霖

（编写人：于明[*]　黄丽娟[**]　审稿人：杨奕）

---

[*] 于明，法学硕士，中华人民共和国最高人民法院执行局，二级高级法官。

[**] 黄丽娟，法律硕士，中华人民共和国最高人民法院执行局，三级高级法官助理。

知识产权

嘉兴市中华化工有限责任公司、上海欣晨新技术有限公司等与王某某侵害技术秘密纠纷案

——侵害技术秘密行为的认定及责任承担

【裁判摘要】

1. 权利人举证证明被诉侵权人非法获取了完整的产品工艺流程、成套的生产设备等技术秘密，且被诉侵权人已经实际生产出相同产品的，人民法院可以根据优势证据规则和日常生活经验推定被诉侵权人使用了全部技术秘密。

2. 如果被诉侵权企业系其法定代表人或者实际控制人专门为从事侵权而登记成立，客观上该企业的生产经营主要系实施被诉侵权行为，且该法定代表人或者实际控制人自身积极参与侵权行为实施，则可以认定该法定代表人或者实际控制人与法人共同实施了侵权行为，并应依法承担连带法律责任。

3. 被诉侵权人以侵权为业的，人民法院可以以被诉侵权行为相关产品的销售利润为基础计算损害赔偿数额。被诉侵权行为相关产品的销售利润难以确定的，人民法院可以以被诉侵权行为相关产品的销售量乘以权利人相关产品的销售价格及销售利润率计算损害赔偿数额。

【案件基本信息】

1. 诉讼当事人

上诉人（原审原告）：嘉兴市中华化工有限责任公司（以下简称中华化工公司）

上诉人（原审原告）：上海欣晨新技术有限公司（以下简称欣晨新技术公司）

上诉人（原审被告）：王龙集团有限公司（以下简称王龙集团）

上诉人（原审被告）：宁波王龙科技股份有限公司（以下简称王龙科技公司）

上诉人（原审被告）：喜孚狮王龙香料（宁波）有限公司（以下简称喜孚狮王龙香料公司）

上诉人（原审被告）：傅某某

被上诉人（原审被告）：王某某

2. 案件索引与裁判日期

一审：浙江省高级人民法院（2018）浙民初25号判决（2020年4月24日）

二审：最高人民法院（2020）最高法知民终1667号判决（2021年2月19日）

3. 案由

侵害技术秘密纠纷

【简要案情】

中华化工公司与欣晨新技术公司共同研发出乙醛酸法制备香兰素的新工艺，并作为技术秘密加以保护。中华化工公司因香兰素生产新工艺技术两次获得省部级科技进步奖，并被评为高新技术企业，成为全球最大的香兰素制造商。

王龙集团成立于1995年，王某某任监事。王龙科技公司成立于2009年，由王某某与王龙集团共同出资成立，王某某任法定代表人。喜孚狮王龙香料公司成立于2015年，由王龙科技公司出资成立，并使用王龙科技公司作为股权出资的生产设备生产香兰素，后王龙科技公司将其所持有的

51%股权出售给凯美菱精细科学有限公司与喜孚狮欧洲股份公司。

2010年，中华化工公司香兰素车间副主任傅某某获得王龙集团给予的40万元报酬后，将中华化工公司的香兰素技术秘密披露给王某某，并进入王龙科技公司香兰素车间工作。随后，王龙科技公司利用载有涉案技术秘密的图纸订购香兰素生产设备，组建生产线。2011年6月起，王龙科技公司开始生产香兰素。喜孚狮王龙香料公司自成立后持续使用王龙科技公司作为股权出资的香兰素生产设备生产香兰素。2011—2017年，王龙集团、王龙科技公司及喜孚狮王龙香料公司实际利用涉案技术秘密每年生产和销售香兰素至少2000吨。

中华化工公司与欣晨新技术公司向浙江省高级人民法院提起诉讼，请求判令：(1) 王龙集团、王龙科技公司、喜孚狮王龙香料公司、傅某某、王某某立即停止一切侵害中华化工公司与欣晨新技术公司商业秘密的行为，(2) 王龙集团、王龙科技公司、喜孚狮王龙香料公司、傅某某、王某某赔偿中华化工公司与欣晨新技术公司经济损失，包括为调查、制止侵权行为所支付的合理费用共计5.02亿元，(3) 本案诉讼费用由王龙集团、王龙科技公司、喜孚狮王龙香料公司、傅某某、王某某负担。中华化工公司与欣晨新技术公司在本案中主张的赔偿数额仅计算至2017年底，不包括被诉侵权行为2018年以来给其造成的损失。

一审法院审理后认为，王龙集团、王龙科技公司、喜孚狮王龙香料公司、傅某某从中华化工公司处非法获取的涉案技术秘密中，只有部分技术秘密被实际使用；由于本案商业秘密权利人的实际损失和侵权人的侵权获利均难以确定，故适用法定赔偿确定本案损害赔偿数额。一审法院于2020年4月24日作出（2018）浙民初25号判决：（一）王龙集团、王龙科技公司、喜孚狮王龙香料公司、傅某某立即停止侵害涉案技术秘密的行为，即停止以不正当手段获取、披露、使用、允许他人使用涉案设备图和工艺管道及仪表流程图记载的技术秘密；该停止侵害的时间持续到涉案技术秘密为公众所知悉时止。（二）王龙集团、王龙科技公司、傅某某自本判决生效之日起10日内连带赔偿中华化工公司、欣晨新技术公司经济损失300万元、合理维权费用50万元，共计350万元；喜孚狮王龙香料公司对其中7%即

24.5万元承担连带赔偿责任。（三）驳回中华化工公司、欣晨新技术公司的其他诉讼请求。

中华化工公司、欣晨新技术公司、王龙集团、王龙科技公司、喜孚狮王龙香料公司、傅某某不服一审判决，向最高人民法院上诉。

中华化工公司与欣晨新技术公司上诉请求：（1）依法改判原审判决第一项，判令王龙集团、王龙科技公司、喜孚狮王龙香料公司、傅某某、王某某停止以不正当手段获取、披露、使用、允许他人使用原审判决附件2所示设备图和工艺流程图记载的技术秘密；（2）依法改判原审判决第二项，判令王龙集团、王龙科技公司、喜孚狮王龙香料公司、傅某某、王某某赔偿经济损失175,287,031.92元，合理支出2,483,196元，合计177,770,227.92元；（3）判令王龙集团、王龙科技公司、喜孚狮王龙香料公司、傅某某、王某某负担全部诉讼费用。二审庭审中，中华化工公司与欣晨新技术公司提出，由于二审诉讼产生了新的合理开支，第二项上诉请求中的合理开支有相应的增加，但是增加后其所主张赔偿总额仍为177,770,227.92元。

王龙集团、王龙科技公司、喜孚狮王龙香料公司、傅某某上诉请求撤销原审判决第一项、第二项，改判驳回中华化工公司与欣晨新技术公司全部诉讼请求，并由其负担全部诉讼费用。

【案件焦点】

1. 王龙集团、王龙科技公司、喜孚狮王龙香料公司、傅某某、王某某是否实施了侵害涉案技术秘密的行为；

2. 本案的侵权损害赔偿数额计算问题。

【裁判结果】

最高人民法院经审理认为，王龙集团、王龙科技公司、喜孚狮王龙香料公司、傅某某从中华化工公司处非法获取的涉案技术秘密，即185张设备图和15张工艺流程图均已被实际使用。王某某与王龙集团、王龙科技公司、喜孚狮王龙香料公司、傅某某构成共同侵权。关于赔偿数额，考虑王龙集团等被诉侵权人侵权情节恶劣且拒不提交相关账簿和资料，以及中华化工公司香兰素产品的销售价格及销售利润率可以作为参考等事实，决定以

2011—2017 年王龙集团、王龙科技公司及喜孚狮王龙香料公司生产和销售的香兰素产量乘以中华化工公司香兰素产品的销售价格及销售利润率计算赔偿数额。

最高人民法院于 2021 年 2 月 19 日作出（2020）最高法知民终 1667 号判决：（一）撤销浙江省高级人民法院（2018）浙民初 25 号判决；（二）王龙集团、王龙科技公司、喜孚狮王龙香料公司、傅某某、王某某立即停止侵害中华化工公司、欣晨新技术公司技术秘密的行为，即停止以不正当手段获取、披露、使用、允许他人使用涉案设备图和工艺管道及仪表流程图记载的技术秘密，该停止侵害的时间持续到涉案技术秘密为公众所知悉时止；（三）王龙集团、王龙科技公司、傅某某、王某某自本判决生效之日起 10 日内连带赔偿中华化工公司、欣晨新技术公司经济损失 155, 829, 455. 20 元，合理维权费用 3, 492, 216 元，共计 159, 321, 671. 20 元，喜孚狮王龙香料公司对其中 7% 即 11, 152, 516. 98 元承担连带赔偿责任；（四）驳回中华化工公司、欣晨新技术公司的其他诉讼请求；（五）驳回王龙集团、王龙科技公司、喜孚狮王龙香料公司、傅某某的上诉请求。

【裁判摘要评析】

本案是人民法院史上侵害商业秘密纠纷案生效判决中判赔额最高的案件，判赔数额高达 1. 59 亿元，并入选最高人民法院知识产权法庭“2020 年十件技术类知识产权典型案例”。本案判决在技术秘密的使用行为认定、法定代表人共同侵权认定、侵权损害赔偿数额计算等多个问题的处理思路和论证说理都具有较强的典型意义和指导意义。

一、关于涉案技术秘密使用行为的认定

技术秘密是具备秘密性、价值性和保密性的技术信息。技术秘密可以是完整的技术方案，也可以是构成技术方案的部分技术信息；可以是完整的工艺流程、成套的生产设备，也可以是相对碎片化的技术参数、设备尺寸等。侵害技术秘密纠纷案件中对使用行为的认定与产品专利民事侵权案件不同，后者的当事人通过公证购买等方式可以相对容易地获得被诉侵权产品，进而可以在通过拆解等方式固定被诉侵权产品的技术方案后进行侵权比对。相比而言，在侵害技术秘密纠纷案件中，一方面由于权利人请求保护的技术秘密信息量较大、覆盖面较广且可能存在碎片化的现象，另一方面由于被诉侵权技术信息可能涉及温度、配比等，有时难以直接获得，导致此类案件普遍存在发现难、举证难、比对难的特点，在权利人已经举证证明被诉侵权人非法获取涉案技术秘密并至少部分使用上述技术秘密的情况下，人民法院应当充分考虑涉案技术秘密的特点、被诉侵权行为的情节、性质及当事人提供的反证情况，运用优势证据规则作出事实认定。

本案中，二审法院在确认一审法院关于被诉侵权人使用部分涉案技术秘密的事实认定的基础上，综合考虑了涉案技术秘密的整体性、配套性特点，以及被诉侵权人已经实际量产侵权产品，并结合被诉侵权人拒不提供研发数据等举证妨碍的事实，推定被诉侵权人使用了非法获取的全部涉案技术秘密。具体而言，首先，本案中，王龙集团、王龙科技公司、喜孚狮王龙香料公司、傅某某已经从中华化工公司处非法获取了涉案全部技术秘密，包括 185 张设备图和 15 张工艺流程图在内的完整香兰素生产工艺流程和设备图纸。香兰素生产设备和工艺流程通常具有配套性，其生产工艺及相关装置相对明确固定，王龙集团等被诉侵权人已经实际建成香兰素项目生产线并进行规模化生产，故其必然拥有制造香兰素产品的完整工艺流程和相应装置设备。其次，王龙集团等被诉侵权人拒不提供有效证据证明其对香兰素产品的完整工艺流程和相应装置设备进行了研发和试验，且其仅用了 1 年左右的时间就上马香兰素项目生产线并实际投产。与之相比，中华化工公司从研发涉案技术秘密到建成生产线至少用了长达 4 年多的时间。再次，王龙集团等被诉侵权人未提交有效证据证明其对被诉技术方案及相关设备进行过小试和中试，且其又非法获取了涉案技术图纸，同时王龙科技公司的环境影响报告书及其在向案外人购买设备的过程中均已使用了其非法获取的设备图和工艺流程图。最后，虽然王龙集团、王龙科技公司的香兰素生产工艺流程和相应装置设备与涉案技术秘密在个别地方略有不同，但其未提交证据证明这种不同是基于其自身的技术研发或通过其他正当途径获得的技术成果所致。同时，现有证据表明，王龙集团等被诉侵权人是在获取了涉案技术秘密后才开始组建工厂生产香兰素产品，即其完全可能在获得涉案技术秘密后对照该技术秘密对某些生产工艺或个别配件装置作规避性或者适应性修改。这种修改本身也是实际使用涉案技术秘密的方式之一。[1]

二、关于法定代表人共同侵权的认定

法定代表人既是自然人，又是公司的代表。在侵害技术秘密纠纷、专利权侵权纠纷等知识产权民事案件中，权利人经常以被诉侵权公司的法定代表人参与了被诉侵权相关的生产经营活动（例如，以其个人账户收取货款、以其个人控制的媒体平台发布侵权产品信息、以个人所有房产存放被诉侵权产品等）为由，主张法定代表人与公司构成共同侵权。法定代表人实施了与被诉侵权产品相关的生产经营行为是否可以认定其与公司构成共同侵权，仍应根据共同侵权的构成要件并结合案件事实进行具体分析。最高人民法院在 SMC 株式会社与乐清市中气气动科技有限公司、倪某某侵害发明专利权纠纷案［最高人民法院（2018）最高法民再 199 号判决］中认为，《侵权责任法》第 8 条[2]规定的共同侵权的要件是：加害主体为两人或者两人以上，各加害人主观上具有共同意思，各加害人彼此的行为之间客观上存在相互利用、配合或者支持，各加害人行为造成的损害后果在其共同意思的范围内。本案与上述 SMC 株式会社案的不同之处在于，本案系侵害技术秘密纠纷，当事人以不正当手段获取技术秘密亦可构成侵权，王某某以利诱方式从傅某某处获取涉案技术秘密，其行为是个人行为抑或代表王龙科技公司作出的行为？对于这个问题，如果仅局限于王某某利诱傅某某并获取涉案技术秘密这个单一事实，则难以解答，还应回归共同侵权的构成要件并结合案件其他事实，特别是王龙科技公司、喜孚狮王龙香料公司本身的登记成立及生产经营情况加以认定。如果被诉侵权企业系其法定代表人或者实际控制人专门为从事侵权而登记成立，客观上该企业的生产经营主要系实施被诉侵权行为，且该法定代表人或者实际控制人自身积极参与侵权行为实施，则可以认定该法定代表人或者实际控制人与法人共

---

〔1〕《关于审理侵犯商业秘密民事案件的规定》第 9 条规定："被诉侵权人在生产经营活动中直接使用商业秘密，或者对商业秘密进行修改、改进后使用，或者根据商业秘密调整、优化、改进有关生产经营活动的，人民法院应当认定属于反不正当竞争法第九条所称的使用商业秘密。"虽然该司法解释自 2020 年 9 月 12 日起施行，但是上述规定可以印证本案的审理思路和处理结果。

〔2〕现为《民法典》第 1168 条。

同实施了侵权行为，并应依法承担连带法律责任。

根据本案查明的事实，王龙科技公司是其法定代表人王某某和王龙集团（王某某任公司监事）共同出资成立，自成立后短期内即完成香兰素生产线建设并大量生产、销售香兰素产品。同时，喜孚狮王龙香料公司是王龙科技公司以香兰素生产设备出资成立的公司，主要产品为香兰素，自2017年成立至2020年始终由王某某担任法定代表人。结合以上事实，可以认定王龙科技公司、喜孚狮王龙香料公司是王某某专为侵害涉案技术秘密而成立的公司，其中王某某实施了利诱傅某某并获取涉案技术秘密的行为，其个人意志和王龙科技公司、喜孚狮王龙香料公司的侵权意志高度一致，其个人行为也和其他被诉侵权人存在分工配合，并造成侵权后果，应认定构成共同侵权。

此外，对于王某某是否构成共同侵权，一审法院认为："法人人格独立是公司法的基本价值取向，本案中，香兰素技术转让协议的签订、履行和付款，涉案技术秘密的获取、使用均以王龙集团和王龙科技公司名义完成，王某某的行为并未明显超出其法定代表人职务行为的范畴。"诚然，法人人格独立是公司法的基本价值取向，但是法人人格独立不是绝对、彻底的，而是要根据案件事实考虑是否适用，以及是否需要"刺破公司面纱"。《全国法院民商事审判工作会议纪要》指出，只有在股东实施了滥用公司法人独立地位及股东有限责任的行为，且该行为严重损害了公司债权人利益的情况下，才能适用公司人格否认的规定；损害债权人利益，主要是指股东滥用权利使公司财产不足以清偿公司债权人的债权。公司人格否认的规定旨在矫正有限责任制度在特定法律事实发生时对债权人保护的失衡现象，而《公司法》第20条并非针对法定代表人以公司名义侵害知识产权的行为。结合本案王龙科技公司、喜孚狮王龙香料公司是王某某专为侵害涉案技术秘密而成立的公司等事实，本案不能简单基于法人人格独立排除王某某承担侵权责任。

三、关于损害赔偿数额的认定

本案的被诉侵权行为从2010年起至少持续到2020年本案开庭时，即被诉侵权行为跨越了2017年和2019年《反不正当竞争法》的实施期间，而

2019年《反不正当竞争法》规定了惩罚性赔偿，并且《民法典》也规定了惩罚性赔偿，本案最终适用了2017年《反不正当竞争法》，未适用2019年《反不正当竞争法》判令惩罚性赔偿，主要原因在于中华化工公司与欣晨新技术公司一审、二审始终主张损害赔偿数额仅计算至2017年底。此外，二审法院在判决中也特别指出，对于2018年以来仍在持续的侵害涉案技术秘密行为，中华化工公司与欣晨新技术公司可以依法另行寻求救济。

根据2017年《反不正当竞争法》及相关司法解释的规定，侵害技术秘密纠纷案件的赔偿数额按照权利人实际损失、侵权人侵权获益、根据侵权行为的情节判决300万元以下法定赔偿的先后顺序计算，并且可以参照侵犯专利权的损害赔偿额的方法进行确定。中华化工公司与欣晨新技术公司二审主张三种赔偿计算方式：（1）按营业利润计算，即以王龙集团、王龙科技公司及喜孚狮王龙香料公司生产和销售的香兰素产品数量乘以中华化工公司同期香兰素产品销售价格及营业利润率为基数，乘以1.5倍为惩罚性赔偿；（2）按销售利润计算，即以王龙集团、王龙科技公司及喜孚狮王龙香料公司同期生产和销售的香兰素产品总量乘以中华化工公司同期香兰素产品的销售价格及销售利润率；（3）按价格侵蚀计算，2011—2017年因王龙集团、王龙科技公司及喜孚狮王龙香料公司的侵权及不正当竞争行为对中华化工公司香兰素产品的价格侵蚀损害高达7.9亿元。以价格侵蚀来计算实际损失，虽然在外国有相关判例，但是在中国司法实践中尚未存在先例，这种计算方式所依据的数据以及计算方法是否与中国司法实践相契合，仍有待研究，但其价格侵蚀高达7.9亿元的结论可以旁证侵权行为情节之恶劣、后果之严重，可以作为判赔参考因素。在实际损失难以确定情况下，应考虑是否可以根据侵权获利计算损害赔偿额。《审理专利纠纷案件适用法律问题的若干规定》（2015年第二次修正）第20条第2款规定："专利法第六十五条规定的侵权人因侵权所获得的利益可以根据该侵权产品在市场上销售的总数乘以每件侵权产品的合理利润所得之积计算。侵权人因侵权所获得的利益一般按照侵权人的营业利润计算，对于完全以侵权为业的侵权人，可以按照销售利润计算。"上述"侵权行为的情节"，一般可以考虑商业秘密的性质、商业价值、研究开发成本、创新程度、所带来的竞争优势以及侵权人的主观过错、侵权行为的性质、具体行为、后果等因素。本案判赔主要考虑了以下要点：（1）王龙集团等被诉侵权人非法获取涉案技术秘密的手段恶劣。王龙集团、王龙科技公司、王某某采取现金及股权收买等方式，策划、利诱掌握涉案技术秘密的中华化工公司员工傅某某到王龙科技公司工作，并在傅某某到王龙科技公司工作后立即上马香兰素项目。傅某某为个人利益出卖涉案技术秘密，主观恶意极为明显。（2）王龙集团等被诉侵权人不仅非法获取了大量记载有涉案技术秘密的图纸，还大量使用了其非法获取的涉案技术秘密，特别是实际使用了其非法获取的涉案技术秘密的关键技术。（3）王龙集团、王龙科技公司、喜孚狮王龙香料公司持续、大量使用侵害涉案技术秘密的设备及工艺流程生产香兰素产品。一审法院作出行为保全裁定，责令立即停止侵害涉案技术秘密后，王龙集团、王龙科技公司、喜孚狮王龙香料公司等依然无动于衷，继续实施侵害涉案技术秘密的行为，不仅表明其主观恶意极深，也构成对法律与司法权威的藐视。（4）涉案技术秘密是中华化工公司、王龙集团、王龙科技公司、喜孚狮王龙香料公司香兰素产品占据全球市场份额并创造巨额利润的重要因素，具有较高的商业价值，王龙集团等被诉侵权人侵害涉案技术秘密的行为对全球市场形成严重冲击。（5）喜孚狮王龙香料公司、王龙科技公司均系实际上以侵权为业的公司。（6）王龙集团等被诉侵权人拒绝提交侵权产品销售数量等证据，存在举证妨碍、不诚信诉讼等情节。

此外，由于王龙集团、王龙科技公司及喜孚狮王龙香料公司在本案中拒不提交与侵权行为有关的账簿和资料，二审法院无法直接依据其实际销售数据计算销售利润。考虑到中华化工公司香兰素产品的销售价格及销售利润率可以作为确定王龙集团、王龙科技公司及喜孚狮王龙香料公司相关销售价格和销售利润率的参考，为严厉惩处恶意侵害技术秘密的行为，充分保护技术秘密权利人的合法利益，二审法院决定以中华化工公司香兰素产品 2011—2017 年的销售利润率来计算本案损害赔偿数额，即以 2011—2017 年王龙集团、王龙科技公司及喜孚狮王龙香料公司生产和销售的香兰素产量乘以中华化工公司香兰素产品的销售价格及销售利润率计算赔偿数额。

最高人民法院二审合议庭成员：朱理　刘晓军　凌宗亮

（编写人：朱理*　陈律**　审稿人：丁文严）

* 朱理，法学博士，中华人民共和国最高人民法院知识产权法庭副庭长，二级高级法官。
** 陈律，法学硕士，中华人民共和国最高人民法院知识产权法庭，二级法官助理。

浙江南邦科技有限公司
与
台州朗进缝纫机电有限公司
及原审被告义乌市华富缝纫机配件商行
侵害实用新型专利权纠纷案

——以进一步限定方式修改的权利要求的侵权判定

【裁判摘要】

专利权人在专利确权程序中，以对“权利要求的进一步限定”的方式修改原权利要求，修改后的权利要求所限定的技术方案不落入原各从属权利要求的保护范围，但仍落入原独立权利要求的保护范围，国家知识产权局基于该修改后的权利要求维持专利权有效的，未经许可实施该修改后权利要求技术方案的行为，亦构成对涉案专利权的侵害，有关侵权实施者应当承担赔偿责任。但是，由于修改后权利要求的技术方案在原专利权利要求书中并未出现过，基于专利权保护与公众信赖利益平衡的考量，对发生在上述维持专利权有效的行政决定的决定日之前的侵权行为，可以酌减赔偿数额。

【案件基本信息】

1. 诉讼当事人

上诉人（原审被告）：浙江南邦科技有限公司（以下简称南邦科技公司）

被上诉人（原审原告）：台州朗进缝纫机电有限公司（以下简称朗进缝纫机电公司）

原审被告：义乌市华富缝纫机配件商行（以下简称华富缝纫机配件商行）

2. 案件索引与裁判日期

一审：浙江省宁波市中级人民法院（2018）浙 02 民初 1956 号判决

（2019年6月20日）

二审：最高人民法院（2019）最高法知民终369号判决（2021年2月25日）

3. 案由

侵害实用新型专利权纠纷

【简要案情】

朗进缝纫机电公司诉称：南邦科技公司制造、销售，华富缝纫机配件商行销售的涉案被诉侵权产品——自动橡筋机落入涉案专利权利要求1、权利要求2、权利要求7的保护范围，侵害了涉案专利权。故请求判令：（1）南邦科技公司、华富缝纫机配件商行停止侵害朗进缝纫机电公司涉案专利排他许可权的产品的行为；（2）南邦科技公司赔偿朗进缝纫机电公司经济损失100万元；（3）南邦科技公司、华富缝纫机配件商行共同赔偿朗进缝纫机电公司调查和制止侵权行为所支付的费用共计15万元。

南邦科技公司、华富缝纫机配件商行答辩称：被诉侵权产品与涉案专利存在诸多差异，不构成侵权，且无许诺销售行为。即使构成侵权，原告诉请的赔偿金额亦过高。

一审法院经审理查明，涉案专利为实用新型专利。被诉侵权产品落入涉案专利的权利要求1、权利要求2、权利要求7的保护范围。南邦科技公司具有制造、销售两种侵权行为，朗进缝纫机电公司当庭认可华富缝纫机配件商行销售的被诉侵权产品具有合法来源。被诉侵权产品售价为98,000元、朗进缝纫机电公司为维权支付了律师费100,000元、公证费7200元，在本案中主张维权合理费用共计150,000元。朗进缝纫机电公司就同一被诉侵权产品分别以整机和部件在原审法院同时起诉了多个案件。

一审判决后，涉案专利的权利人在案外人就涉案专利所提无效宣告程序中，以对“权利要求的进一步限定”的方式修改了原权利要求，将原从属权利要求7的部分技术特征以及原从属权利要求9的全部附加技术特征增加到原独立权利要求1中，形成新的独立权利要求1。该新的权利要求1所限定的技术方案，在涉案专利原权利要求书及说明书之中均无记载，且不落入原各从属权利要求的保护范围，但仍落入原独立权利要求1的保护范围。国家知识产权局基于该修改后的权利要求维持涉案专利权有效。

一审法院于2019年6月20日作出的（2018）浙02民初1956号判决：（一）南邦科技公司立即停止制造、销售侵害涉案专利权产品的行为；（二）华富缝纫机配件商行立即停止销售侵害涉案专利权产品的行为；（三）南邦科技公司赔偿朗进缝纫机电公司经济损失23万元，调查和制止侵权行为支出的合理费用5万元，合计28万元；（四）驳回朗进缝纫机电公司的其他诉讼请求。

南邦科技公司不服原审判决，向最高人民法院提出上诉，主张在涉案专利的无效宣告程序中，朗进缝纫机电公司主动放弃民事侵权案件中据以主张权利的权利要求（修改前的权利要求1、权利要求2、权利要求7）且被国家知识产权局所接受的，朗进缝纫机电公司不得在侵害专利权纠纷中再将之纳入专利权保护范围。

【案件焦点】

以进一步限定方式修改的权利要求的侵权判定。

【裁判结果】

最高人民法院经审理认为，被诉侵权产品采用的技术方案的技术特征与朗进缝纫机电公司在本案中主张保护的涉案专利权利要求的技术特征均相同，落入涉案专利权的保护范围。南邦科技公司就此提出的相关上诉理由，均缺乏事实依据，不予采信。专利权人在专利确权程序中，以对“权利要求的进一步限定”的方式修改原权利要求，修改后的权利要求所限定的技术方案不落入原各从属权利要求的保护范围，但仍落入原独立权利要求的保护范围，国家知识产权局基于该修改后的权利要求维持专利权有效的，未经许可实施该修改后权利要求技术方案的行为，亦构成对涉案专利权的侵害，有关侵权实施者应当承担赔偿责任，但基于专利权保护与公众信赖利益平衡的考量，对发生在上述维持专利权有效的行政决定的决定日之前的侵权行为，可以酌减赔偿数额。具体到本案，由于被上诉人朗进缝纫机电公司在涉案专利的无效宣告程序中对涉案专利的权利要求进行了进一步限定的修改，目前维持有效的权利要求1，是以修改前的权利要求1为基础，通过增加修改前的权利要求7的“所述的驱动电机为闭环步进电机”

这一技术特征以及修改前的权利要求9的全部附加技术特征，进一步限定修改后所形成的权利要求1。修改后的权利要求2、权利要求7系修改后的权利要求1的从属权利要求，在涉案专利原始的专利权利要求书之中并不存在。南邦科技公司生产、销售的落入涉案专利修改后的权利要求1、权利要求2、权利要求7的保护范围的被诉侵权产品虽然属于侵权产品，南邦科技公司应当停止侵权并赔偿朗进缝纫机电公司的经济损失，但是该被诉侵权产品的生产、销售均发生在涉案专利修改的权利要求被确权之前，本院在考虑涉案专利类型、本案具体情节、朗进缝纫机电公司为本案所支付的合理开支以及综合考量前述论述的基础上，酌情确定南邦科技公司支付朗进缝纫机电公司的经济损失及维权合理开支的赔偿数额为5万元。最高人民法院于2021年2月19日作出（2020）最高法知民终1667号判决，判决如下：（一）维持浙江省宁波市中级人民法院（2018）浙02民初1956号判决第一项、第二项；（二）撤销浙江省宁波市中级人民法院（2018）浙02民初1956号判决第三项、第四项；（三）南邦科技公司于本判决生效后10日内赔偿朗进缝纫机电公司经济损失及合理费用共计50,000元；（四）驳回朗进缝纫机电公司其他诉讼请求；（五）驳回南邦科技公司其他上诉请求。

【裁判摘要评析】

一、问题提出

2017年我国国家知识产权局在修正《专利审查指南（2010）》时，对专利确权程序中专利文件的修改方式进行了调整，将修改权利要求书的具体方式从“一般限于权利要求的删除、合并和技术方案的删除”调整为“一般限于权利要求的删除、技术方案的删除、权利要求的进一步限定、明显错误的修正”。其中，引起业界最多关注的是“权利要求的进一步限定”这一修改方式的增加。大家关注这一修改方式的缘由较为集中在，通过“权利要求的进一步限定”方式修改专利文本，有可能会出现经过确权程序所确认有效的修改后的权利要求在原始的专利文本之中并不存在之情形。这是对权利要求所作的实质性的修改，原始权利要求存在严重的缺陷。而按照我国之前实行的专利确权程序中有关专利权利要求书的修改方式，经过确权程序所确认的修改后的权利要求肯定都会记载在涉案专利原始的专利文本之中。此时，针对该修改后的权利要求，在后续的侵权纠纷程序中如何判定是否存在侵权行为以及如何确定法律责任，就是摆在法官面前必须要解决的问题。朗进缝纫机电公司诉南邦科技公司等侵害专利权纠纷案二审争议的核心问题就在于此。

二、进一步限定方式修改与专利的公示公信

我国国家知识产权局对于专利确权程序中，权利人对专利权利要求书的修改方式进行了调整，将修改权利要求书的具体方式从“一般限于权利要求的删除、合并和技术方案的删除”调整为“一般限于权利要求的删除、技术方案的删除、权利要求的进一步限定、明显错误的修正”。本案涉案专利自授权之时至我国国家知识产权局对确权程序中权利人对专利权利要求书的修改方式进行调整之日，社会公众对涉案专利权的保护范围均是以涉案专利修改前权利要求所确定的保护范围为基础，合理预期涉案专利权利要求所能确定的保护范围，以避免自己实施某一技术方案之时落入涉案专利权的保护范围而侵害涉案专利权。

对于涉案被诉侵权行为，如果按照我国国家知识产权局之前有关确权程序中的权利人对专利权利要求书的修改方式，权利人无论选择“权利要求的删除、合并和技术方案的删除”之中任何一种方式对权利要求进行修改，均不可能获得现在得到确认的修改后权利要求 1。如此一来，落入修改前的权利要求 1 的保护范围的涉案被诉侵权行为，在修改前的权利要求 1 已经被放弃或无效之后，就不会出现又落入现在获得确认的修改后的权利要求 1 的保护范围。可见，本案权利人在专利确权程序之中对涉案专利的权利要求所作的进一步限定的修改，本质上是对权利要求所作的实质性的修改，是对原始权利要求存在严重的缺陷的补救。此时就出现了权利人以“进一步限定”的方式对专利权利要求书修改后，有可能产生后续专利侵权程序中对社会公众不公平的情形。

专利法的终极目标是社会公共利益，无论是从专利制度之中的“专利公开换保护原则”，还是从“权利人与社会公众之间的利益平衡原则”出发，专利权人充分公开专利信息，社会公众充分信任专利权人公开的该信息，通过对专利信息的公示公信实现专利权人与社会公众之间利益的平衡，从而达到从公开到公信的效果。由此，专利权人公开的专利信息必须具备稳定性和有效性。稳定和有效缺一不可，必须协同起效，难以单独起效；如若顾此失彼，就难以实现从公示到公信，从而导致失衡。

三、以进一步限定方式修改对专利公信力的减损

专利信息公开后，社会公众对其产生信赖。要在专利权人与社会公众之间实现利益平衡，既要严格保护专利权获得与其作出的发明贡献相当的利益，也要保障社会公众充分获取专利信息的相关利益。而基于常识，在专利文件撰写本身所固有的难度之外，专利申请人或代理人的表达水平及认知能力的局限，可能会导致语言表达和形式规范上的困难或对技术的理解产生偏差。随着对现有技术和发明创造等的理解程度的提高，特别是在侵权纠纷或确权程序中，申请人往往需要根据对发明创造和现有技术的新的理解对权利要求书和说明书进行修正。当然，允许专利权人在专利确权程序中修改专利也考虑到了公众所获得信息的准确性。社会公众正确把握专利权人所给出的技术信息，一方面，有利于其更好地运用或改进该项技术方案；另一方面，社会公众需要一个准确的权利边界去规制自己的行为，清楚知道哪些行为会侵犯专利权人的权利。也正因为如此，国家知识产权局在专利确权程序之中对专利权的修改方式增加了“对权利要求的进一步限定”的这一修改方式。

所谓对权利要求作进一步限定的修改方式，是指在权利要求中补入其他权利要求中记载的一个或者多个技术特征，既可补入从属于同一个独立权利要求的技术特征，也可补入从属于不同的独立权利要求的技术特征。这样做其实是缩小了专利的保护范围，对比修改前的情况，是将权利要求合并的修改方式扩大到了允许权利要求当中具体技术特征的补入，原来是以权利要求为修改单位，现在以具体的技术特征为修改单位。

但是，在允许“权利要求的进一步限定”的修改方式下，也会产生以下问题：一方面，从对在先申请原则的影响来看，既可能会使专利权人为抢占一个在先的申请日而将不成熟的技术方案申请专利，在授权后的修改当中再将申请日时尚未完成或者发现的技术方案添加到权利要求中，又可能会使申请人在实质审查及复审阶段缺乏修改的积极性；另一方面，专利权人在专利文本中披露技术方案的动力就可能不足。这将不利于社会公众清楚明了其专利权的保护范围，也不利于潜在发明者获知信息并利用信息进行创新，让社会公众在此基础上继续发明创造。反而成为专利权人滥用专利权，打击竞争者的工具，奖励了权利人却没有达到专利法通过激励专利权人公布信息以促进创新之最终目的。可见，按照“权利要求的进一步限定”的修改方式，在缺乏相关配套补充机制的情况下，有可能导致涉案专利权人与社会公众之间的利益失去平衡，不利于专利制度价值目的之实现。增加“权利要求的进一步限定”的修改方式后，对专利信息公开的稳定性和公信力有一定程度的减损，因而需要相关配套制度予以弥补。

四、弥补专利公信减损的方式

专利权人理应披露信息以促进创新，因此，针对本案出现的情形，为了在涉案专利权人与社会公众之间重新实现利益平衡，真正实现专利制度的价值目的，有必要减低或消除“权利要求的进一步限定”的修改方式对专利在先申请制度价值的贬损以及对专利信息公开既往公信力的减损。目前，在我国专利制度中，有两项制度在一定程度上可以弥补专利公信减损：先用权制度与临时保护期制度。在域外专利制度中弥补专利公信减损的存在：美国专利制度中的“中用权”制度。

（一）我国弥补专利公信减损的方式

所谓先用权，是指在专利申请人就某项发明创造向国家专利局提出申请之日前，他人就该项发明创造已经制造出相同产品、使用相同方法或者已经作好制造、使用的必要准备，那么即使在该申请被授予专利权后，他人仍有权在原有范围内继续制造或使用该发明创造。该行为不被视为侵犯专利权。先用权制度产生的根本原因在于，在先申请原则下法律赋予了专利权特有的垄断权性质，专利权人有权排除他人对专利的实施。然而，实际上，最先向专利局提出专利申请的人可能并非最早完成该项发明创造的发明人或设计人。如若实际的最先发明人独立地完成同样的发明创造，并且为该发明创造的制造和使用投入了人力、财力、物力，在此情况下，却被在后授予的专利权完全禁止或者不适当地限制权利的行使，势必不合法理与情理。先用权实际就是此情形对于既往公信力减损的弥补方式。

发明专利临时保护期是指发明专利申请公开日至授权日这段时间。由于申请人还没有被授予专利权而该项发明专利申请所涉及的技术秘密已被公开，因此经常会出现侵权现象。发明专利实行早期公开、延迟审查制度，因此存在专利申请公布日与授权公告日之间的临时保护期。在延迟审查制度下，发明专利申请已经公开但还没有授权，如果允许他人任意实施该发明，对申请人显然是不公平的。为了解决该矛盾，我国设立了发明专利临时保护制度。根据我国《专利法》第13条的规定，发明专利申请公布后，申请人可以要求实施其发明的单位或者个人支付适当的费用。临时保护期实际就是此情形下，对于既往公信力减损的弥补方式。

当然，允许“权利要求的进一步限定”的修改方式，使可能因专利权人申请时的撰写能力等原因所导致的欠缺稳定性的专利权，通过修改获得与技术贡献相匹配的相对稳定的专利权，实质上确实缩小了专利权的保护范围，对于专利公开内容的未来公信力却又有所增益。毕竟，社会公众需要一个准确的权利边界去规制自己的行为，只有专利的权利要求稳定，其所界定的保护范围才能明晰，社会公众才能清楚知道哪些行为会侵犯专利权人的权利。因此该修改也在一定程度上有利于社会公众获得相关信息。社会公众只有正确把握专利权人所给出的技术信息，才能更好地运用或改进该项技术方案。而且，社会公众能够制造出被涉案专利该修改后的权利要求所覆盖的产品，尽管其中有其自身的努力和贡献，但亦可能会从专利权人所公开的涉案专利的原始的专利文本中获得相关技术信息，这是其与先用权制度中在先发明人的不同之处，也是其与临时保护期内他人实施已公开但尚未获得授权的发明的技术方案的相似之处。其对专利公信减损的弥补原理应当是与先用权制度与临时保护期制度相通，因此，在具体规则确定方面，此种情形可以借鉴临时保护期制度，尽可能实现权利人与社会公众利益的平衡。

（二）域外弥补专利公信减损的方式

在美国专利制度中，中用权学说在《1952年专利法》（Patent Act of 1952）之前就提出来了，因为美国法院意识到如果专利权人在授权后程序中修改权利要求，则“已经开始制造、使用或销售特定产品的第三方之前的合法行为可能会侵害修改后的专利权”。中用权学说的逻辑是，假设专利权人拥有的有效的专利权，经过再颁后才能维持继续有效。其本质上对权利要求所作的实质性的修改，实质上是原始权利要求存在严重的缺陷。

在美国专利制度中，有两种类型的中用权——绝对中用权和衡平中用权，在《1952 年专利法》第 252 条中分别有规定。绝对中用权是指，如果被诉侵权产品在专利再颁之前已制造或使用，则被告对修改后的权利要求免予承担侵权责任。衡平中用权则是一种自由裁量权，只要被告在再颁之前已经对被诉侵权行为（应是指被诉侵权产品或方法的制造/使用/销售）作好实质性的准备，即使被诉侵权产品在再颁之后制造或使用，被告也免于对修改后的权利要求承担侵权责任。

现在，美国“中用权”制度也并非只针对修改后的权利要求的保护范围扩大的情形，也可以针对修改后的权利要求的保护范围缩小的情形。实质上，美国“中用权”制度适用的前提不在于权利要求保护范围是扩大还是缩小，关键在于是否对专利的权利要求作出了实质性修改，在这种情况下维持有效的权利要求，其公示公信力对于社会公众确实会产生一定程度的影响。

五、结语

本案二审判决有效解决了以进一步限定方式修改权利要求可能带来的对专利公示公信力减损的影响，在一定程度上实现了专利权人与社会公众利益之间的平衡。为此确定如下规则：以进一步限定方式修改权利要求，由于修改后权利要求的技术方案在原专利文本中并未出现过，基于专利权保护与公众信赖利益平衡的考量，对依此方式修改维持有效的权利要求，在后续的侵权纠纷程序中，落入该修改后的权利要求保护范围的被诉侵权技术方案，尽管应当认定被诉侵权技术方案侵权，但在确定赔偿数额时亦应当充分考量该种修改方式对专利公信减损的弥补。

最高人民法院二审合议庭成员：刘晓军　邓卓　雷艳珍

（编写人：邓卓* 　审稿人：丁文严）

---

* 邓卓，法学博士，中华人民共和国最高人民法院知识产权法庭，四级高级法官。

四川台沃种业有限责任公司
与
清远市农业科技推广服务中心
侵害植物新品种权纠纷案

——利用授权品种培育新品种后，申请品种权及品种审定行为的定性

【裁判摘要】

利用授权品种培育形成新品种后，为品种权申请、品种审定、品种登记需要而重复利用授权品种的繁殖材料，是育种活动的继续，不具有“商业目的”，属于科研豁免的情形，不构成侵害植物新品种权。但是，获得植物新品种权授权及通过品种审定后，该新品种的权利人面向市场推广该新品种，将他人已授权品种的繁殖材料重复用于生产该新品种的繁殖材料的，仍然需要经过作为父母系的该已授权品种的权利人的同意或许可。

【案件基本信息】

1. 诉讼当事人

上诉人（原审原告）：四川台沃种业有限责任公司（以下简称台沃种业公司）

被上诉人（原审被告）：清远市农业科技推广服务中心（以下简称清远农业推广中心）

2. 案件索引与裁判日期

一审：广州知识产权法院（2018）粤73民初707号判决（2020年6月30日）

二审：最高人民法院（2020）最高法知民终1588号判决（2021年3月30日）

3. 案由

侵害植物新品种权纠纷

【简要案情】

台沃种业公司诉称，清远农业推广中心对“恒丰 A”及“粤禾丝苗”不享有任何权利，其未经同意使用该两品种作为父母本组配出新品种“恒丰优粤禾丝苗”系违法的组配行为，以及其就“恒丰优粤禾丝苗”提交的植物新品种权授权申请和品种审定申请的行为均侵害了台沃种业公司对涉案“恒丰 A”及“粤禾丝苗”的植物新品种权。同时，清远农业推广中心在申请植物新品种权和申请品种审定的过程中，重复使用“恒丰 A”和“粤禾丝苗”繁殖“恒丰优粤禾丝苗”的行为，构成“商业目的”的使用，亦侵害了台沃种业公司的涉案植物新品种权。故请求判令：（1）清远农业推广中心停止用“粤禾丝苗”重复生产“恒丰优粤禾丝苗”的行为，停止向广东省农作物品种审定委员会申请“恒丰优粤禾丝苗”审定的行为，停止向农业农村部植物新品种保护办公室就“恒丰优粤禾丝苗”申请植物新品种权的行为。（2）清远农业推广中心在《中国种业》《农资财富杂志》登报消除侵权行为对台沃种业公司造成的影响。（3）清远农业推广中心向台沃种业公司赔偿损失 50 万元。

清远农业推广中心辩称，（1）清远农业推广中心从未从事“粤禾丝苗”和“恒丰 A”的生产和销售行为，不存在侵权行为，不存在停止侵权一说，更不必消除影响、赔偿损失。（2）清远农业推广中心申请“恒丰优粤禾丝苗”新品种审定及植物新品种权符合法律规定，是清远农业推广中心的正当权益。清远农业推广中心使用“粤禾丝苗”和“恒丰 A”作为父母本组配出新的品种“恒丰优粤禾丝苗”，并且向相关机关提交了该品种的植物新品种权授权申请及品种审定申请，以及为授权申请和品种审定提供所需要的繁殖材料（样本），将现有品种的繁殖材料重复使用于生产审定品种的繁殖材料的行为，均属于科研例外，未侵害台沃种业公司的涉案植物新品种权。综上所述，请求驳回台沃种业公司的诉讼请求。

法院经审理查明，广东省农业科学院水稻研究所是“粤禾丝苗”的品种权人，品种权号为 CNA20141658.3，授权日为 2018 年 4 月 23 日。2015

年10月9日，台沃种业公司通过与广东省农业科学院水稻研究所签订关于“粤禾丝苗”独占许可协议。广东粤良种业有限公司（以下简称粤良种业公司）是“恒丰A”的品种权人，品种权号为CNA008086E，授权日为2015年11月1日。2015年10月12日，台沃种业公司与粤良种业公司签订水稻不育系“恒丰A”使用协议。由此，台沃种业公司依法享有“粤禾丝苗”及“恒丰A”的植物新品种权利。

清远农业推广中心使用台沃种业公司享有权利的“粤禾丝苗”和“恒丰A”组配出新的品种“恒丰优粤禾丝苗”，2016年8月9日向农业部植物新品种保护办公室申请品种权保护，申请号为20161404.8。农业部植物新品种保护办公室于2017年1月5日发出提供繁殖材料通知书，要求提供“恒丰优粤禾丝苗”与近似品种“恒丰优1179”的繁殖材料2500g用于田间测试和保藏。2017年4月28日，农业部植物新品种保护办公室植物新品种保藏中心发出繁殖材料接收通知书，接收了上述品种繁殖材料各2500g。2017年4月28日，农业部植物新品种保护办公室植物新品种保藏中心发出繁殖材料生活力等质量检测报告书，检测结果显示，送交上述两品种符合《农业部植物新品种保护办公室第8号公告》中的规定，即日起在本中心保藏至保护期届满。双方均确认“恒丰优粤禾丝苗”现处于公告期，尚未获得植物新品种授权。清远农业推广中心就“恒丰优粤禾丝苗”向广东省农作物品种审定委员会申请了审定。台沃种业公司表示其于2018年3月19日以电子邮件的方式向广东省农业主管部门提出异议。

一审法院于2020年6月30日作出（2018）粤73民初707号判决：驳回台沃种业公司的全部诉讼请求。宣判后，台沃种业公司不服，向最高人民法院提起上诉。

【案件焦点】

1. 清远农业推广中心就“恒丰优粤禾丝苗”申请植物新品种权保护和申请品种审定的行为是否侵害了台沃种业公司的涉案植物新品种权；

2. 清远农业推广中心在申请植物新品种权和申请品种审定的过程中重复使用“恒丰A”和“粤禾丝苗”的繁殖材料生产“恒丰优粤禾丝苗”的繁殖材料的行为是否构成侵权。

【裁判结果】

最高人民法院经审理认为：

第一，植物新品种权并不因培育出新品种而自动取得，申请行为是获取植物新品种权的前置程序，赋予植物新品种权本质是为育种者提供知识产权保护，激励育种创新。

第二，品种审定是指品种审定委员会根据申请人的申请，对新育成或者新引进的品种，根据审定标准和规定程序，对该品种的品种试验结果进行审核鉴定，决定该品种能否推广，以及确定其适宜种植的区域范围，并由有关部门予以公告的行为。可见，品种审定是一种行政许可行为，本质上属于为了保障农民利益、保护农业生产安全而对申请人的生产秩序进行管理的行政管理制度。品种审定是新品种种子准备大面积生产推广进入市场前的准入审查，实质在于解决品种好不好、是否适宜推广的问题，目的在于获得该品种的上市推广资格，属于市场准入的范畴。通过品种审定获得的“推广许可证”，是获取新品种种子可以上市推广的资格证明，并非获得可供上市的新品种种子。

第三，申请植物新品种授权和品种审定是科研活动的继续。科研育种活动是一个漫长的过程，组配只是其中一个关键环节，组配成功并不意味着科研育种活动即告终结。培育新品种的目的是服务于农业生产；关键还在于能够实施，实施才会产生效益。法律并不禁止利用授权品种进行育种及其他科研活动。育种者培育出一个新品种并不当然获得植物新品种权，必须要获得有关部门的授权方可取得；育种成果是否具备实际应用价值，是否具有优良品质从而具备推广价值，也还需要经过有关部门的品种审定才能确定。因此，申请授权与品种审定，是育种者对育种活动的继续。如果将申请授权和品种审定理解为具有“商业目的”的行为，不属于科研活动的继续，不能够适用科研豁免，则植物新品种仅能存在于实验组配过程中，未经所涉及的品种权人许可不能进一步申请新的植物新品种授权和品种审定，既不利于判断科研育种是否成功以及育种成果是否优良，又不利于将育种的优良成果向市场推广。因此，植物新品种权申请和品种审定申请的行为本身应属科研活动，属于《种子法》第 29 条规定的“利用授权品种进行育种及其他科研活动”的豁免情形。

具体到本案，根据以上论述，清远农业推广中心作为“恒丰优粤禾丝苗”的育种单位，在育种完成之后，其有权就新培育出的“恒丰优粤禾丝苗”申请植物新品种权。清远农业推广中心就“恒丰优粤禾丝苗”申请植物新品种权的权利并不因未经台沃种业公司同意而丧失。至于清远农业推广中心最终是否能够获得植物新品种授权，则需要清远农业推广中心按照相关程序提交相关材料并经相关主管机关按照法定程序结合授权条件进行审查和批准。清远农业推广中心培育“恒丰优粤禾丝苗”并申请植物新品种权和品种审定的行为，是其就新育成的品种“恒丰优粤禾丝苗”获取植物新品种权和获得优良品种确定的必要步骤；是为了获取该品种进入市场推广的准入资格，并非为获得可供上市的新品种种子；属于科研活动的自然延伸。清远农业推广中心就“恒丰优粤禾丝苗”向农业部植物新品种保护办公室申请植物新品种权保护以及向广东省农作物品种审定委员会申请品种审定的行为本身不应当被视为有“商业目的”，不构成侵害台沃种业公司涉案植物新品种权的行为。

台沃种业公司主张，本案清远农业推广中心申请植物新品种权保护至少要提交种子2500g，申请品种审定至少需要4个种植年度，对应提交的种子数量可达上百公斤，必然存在重复，构成侵权。对此，本院认为，为新品种申请授权及品种审定提供审批和审定所需要的材料的行为目的之定性，不在于提供审批和审定所需要的材料的多少和生产繁殖材料的反复次数，而关键在于新品种申请授权及品种审定行为的属性及其是否超出合理限度。只要提供审批和审定所需材料的多少和反复次数在为新品种申请授权及品种审定所需要的范围之内，就应当认定属于科研活动，不具备前述法律规定所称的“商业目的”。本案清远农业推广中心表示，除了提供上述种子供新品种申请授权及品种审定之外，并没有生产、销售其他种子。同时，台沃种业公司亦未举证证明清远农业推广中心除此之外还存在其他利用“恒丰A”和“粤禾丝苗”的繁殖材料生产“恒丰优粤禾丝苗”的繁殖材料的行为。因此，台沃种业公司的相关主张不能成立。最高人民法院于2021年3月30日作出二审判决：驳回上诉，维持原判。

【裁判摘要评析】

一、问题提出

本案争议的问题为：就利用现有品种育种后的品种权授权申请和品种审定申请是否构成对父本及母本品种权的侵害的问题，包括以下两个具体问题：

（1）利用现有品种育种后，为品种权授权申请提供所需要的繁殖材料（样本）而利用现有品种的繁殖材料重复使用于生产申请品种的繁殖材料的行为，是否构成侵犯父本及母本的品种权？如果不构成侵权，是属于《种子法》第29条规定的“育种及科研活动”例外，还是不具备《种子法》第28条规定的“商业目的”？

（2）利用现有品种育种后，为品种审定申请提供所需要的繁殖材料（样本）而利用现有品种的繁殖材料重复使用于生产申请品种的繁殖材料的行为，是否构成侵犯父本及母本的品种权？如果不构成侵权，是属于《种子法》第29条规定的“育种及科研活动”例外，还是不具备《种子法》第28条规定的“商业目的”？

就以上问题的处理，存在以下三种不同观点：第一种观点认为上述行为不具备“商业目的”而不侵权，第二种观点认为上述行为属于“科研豁免”而不侵权，第三种观点认为上述行为应当作为单独免责事项。具体而言：

第一种观点认为，由于利用现有品种组配新品种的行为属于育种行为，为品种权授权申请以及品种审定申请提供所需要的繁殖材料（样本）而将现有品种的繁殖材料重复使用于生产申请品种的繁殖材料的行为，不具备《种子法》第28条规定的“商业目的”。否则，无法知晓科研育种是否成功以及育种成果是否优良，育种人便无法获得知识产权保护，也无可能将育种的优良成果向市场推广，这显然不符合《种子法》《植物新品种保护条例》激励育种创新、鼓励培育推广良种的立法本意。

第二种观点认为，由于利用现有品种组配新品种的行为属于育种行为，为品种权授权申请和品种审定申请提供所需要的繁殖材料（样本）并将现有品种的繁殖材料重复使用于生产申请品种的繁殖材料的行为，均是育种行为的自然延续，均属于《种子法》第29条规定的“育种及科研活动”范畴，享有豁免权，其行为不构成侵权。

第三种观点认为，品种审定与品种授权，二者性质有别。利用现有品种育种后的品种审定申请行为，其目的在于获取新品种的推广资格，其最终目的就是新品种的推广，故为品种审定申请提供所需要的繁殖材料（样本）而将现有品种的繁殖材料重复使用于生产审定品种的繁殖材料的行为，不宜被认定为不具备《种子法》第28条规定的“商业目的”。但是，从有利于激励育种创新、鼓励培育推广良种的目的来看，将其认定为侵权行为也确实不合适，毕竟其仅仅是为了获取上市推广的资格，而不是最终上市。因此，有必要确定其是否属于一个单独例外的免责事项。

而解决司法实践中上述观点分歧的关键在于，首先，要理顺申请品种授权及申请品种审定与植物新品种培育的关系；其次，要准确理解为申请品种授权及品种审定而重复利用授权品种的繁殖材料的行为定性的法律基础。

二、品种授权、品种审定与植物新品种培育的关系

要确定申请品种授权和品种审定的行为是否能够享受植物新品种培育的科研豁免，精准理解植物新品种培育的概念尤为重要。

所谓植物新品种培育，是指在研究掌握植物性状遗传变异规律的基础上，挖掘和利用各有关植物种质资源，并根据各地区的育种和原有品种基础，采用适当的育种方法与技术，选育适合于该地区生产发展需要的高产、稳产、优质、抗（耐）病虫害及环境胁迫、生育期适当、适应性较广的优良品种或杂种以及新作物。[1] 可见，新品种的培育，首先需要确定育种目标，即确定培育的新品种需要具备哪些优良特性；其次需要对符合育种目标所涉及的具体性状进行种质资源的收集与挖掘；再次就是采用育种技术把适合育种目标的个体通过适当的技术手段固定保留下来，育成符合育种目标要求的植物新品种。可见，植物新品种培育是对遗传资源的持续利用

---

〔1〕 参见刘平、陈超主编：《植物新品种保护通论》，中国农业出版社2011年版，第117-118页。

和发展，植物育种进步不可避免地需要获取各种形式的育种材料。而且，育种者培育出植物新品种十分不易，需要付出创造性劳动，花费大量时间和精力，才能取得创新性成果。

众所周知，植物新品种培育活动是一个漫长的科研过程，组配只是育种活动中一个关键环节，组配成功并不意味着培育活动即告终结。培育新品种的目的是服务农业生产；关键还在于能够实施，实施才会出效益。法律并不禁止利用授权品种进行育种及其他科研活动。育种者培育出一个新品种并不当然获得植物新品种权，植物新品种权必须要在获得有关部门的授权后方可取得；育种成果是否具备实际应用价值，是否具有优良品质从而具备推广价值，也还需要经过有关部门的品种审定才有可能确定。因此，品种授权与品种审定的申请是植物新品种培育活动的一环，是判断植物新品种培育是否成功的一道程序，是育种者育种活动的继续，是科研活动的自然延续。

具体而言，首先，植物新品种申请权，是指单位就其职工所完成的职务育种或者完成育种的个人就其非职务育种所享有的申请植物新品种的权利和对该植物新品种申请在授权审查程序中依法所享有的权利。植物新品种权并不因培育出新品种而自动取得，申请行为是获取植物新品种权的前置程序，本质是为育种者提供知识产权保护，目的在于通过授予育种者权利形成一种激励创新机制。其次，品种审定，是指品种审定委员会根据申请人的申请，对新育成或者新引进的品种，根据审定标准和规定程序，对该品种的品种试验结果进行审核鉴定，决定该品种能否推广，以及确定其适宜种植区域范围，并由有关部门予以公告的行为。通过品种审定，实际上取得了进入市场的技术资格，但并不意味着就可以直接进行生产和销售，尚须获得行政许可。由主管部门核发生产经营许可证后，才能从事生产经营。

而且，从现实需要来看，《种子法》《植物新品种保护条例》的立法宗旨是鼓励培育和推广良种，相同品种在相同市场之间必然存在的竞争替代性，授权品种权利人要求新品种育种者在申请植物新品种权之前和申请审定之前必须要得到其授权，显然会使申请品种授权和品种审定存在诸多不确定性因素，徒增申请人一方的成本，不利于激励育种创新、鼓励培育和推广良种，有碍增进社会公共利益。况且，我国目前并无法律规定及行业规则要求育种者利用授权品种培育出新的品种后，申请品种授权以及品种审定需要作为父母本的授权品种权利人的许可或同意。如果将品种权申请和品种审定申请理解为不属于科研活动的自然延续，不作为育种者的育种活动的继续，则植物新品种仅能存在于实验组配过程中，根本无法通过品种授权审查和品种审定测试。无法知晓科研育种是否成功以及育种成果是否优良，育种者便无法获得知识产权保护，也无可能将育种的优良成果向市场推广，进而无法满足市场生产实际需要的高产优质新品种，这显然与《种子法》《植物新品种保护条例》激励创新、鼓励培育推广良种的立法精神背道而驰。

三、为申请品种授权及品种审定而重复利用授权品种的繁殖材料的行为定性的法律基础

《植物新品种保护条例》第五章“品种权的审查与批准”之第 30 条第 2 款规定：“因审查需要，申请人应当根据审批机关的要求提供必要的资料和该植物新品种的繁殖材料。”如单纯作文义解释，这里要求提供的“繁殖材料”应当是在技术上完成“育种”之后的技术成果，授权申请似不能包含在上述《种子法》第 29 条“进行育种及其他科研活动”的文义内。但在《种子法》的立法意旨下，通过育种获得植物新品种的意义不仅是为了促进优良品种的选育和推广，而且是为了赋权，界定植物新品种。根据规定，授权审查应对植物新品种是否符合“新颖性”“特异性”“一致性”“稳定性”进行审查，并保护育种者的合法权益。因此，未经授权的“繁殖材料”在法律上尚不能被称为“植物新品种”，只有经过审批授权，该项育种的科研活动才在法律上最终完成。故为申请植物新品种权提供所需要的繁殖材料（样本）而重复使用授权品种繁殖材料的行为，符合《种子法》第 29 条第 1 项规定的立法目的，属于该条规定的“进行育种及其他科研活动”的范围，不具有违法性，不构成侵犯品种权。

《种子法》第 15 条规定：“国家对主要农作物和主要林木实行品种审定制度。主要农作物品种和主要林木品种在推广前应当通过国家级或者省级审定。”审定制度的目的是促进优良品种的选育和推广。审定通过的农作物品种和林木良种因出现不可克服的严重缺陷等情形不宜继续推广、销售的，经原审定委员会审核确认后，撤销审定，由原公告部门发布公告，停止推广、销售。应当审定的农作物品种未经审定的，不得发布广告，进行推广、销售。由上可知，通过品种审定促进优良品种的选育和推广，也需要通过试验对植物新品种是否具备其所声称的“新颖性”“特异性”“一致性”“稳定性”等进行审核，这样才能保护使用人尤其是广大农民的合法权益。品种审定要求必须提供新品种的亲本和所有育种信息，对新品种的主要性状进行测试，且试验内容需要一致。所以，在进行品种审定的同时，还要将符合条件的新品种移交植物新品种保护机关。只有经过品种审定，该项育种的成果才真正有可能走进市场，该项育种的科研活动才能在价值上得到最终确认，品种审定通过乃是该项科研活动最终成果的市场价值体现。因此，为申请品种审定提供所需要的繁殖材料（样本）并重复使用现有品种繁殖材料的行为，属于育种科研活动的自然延续，本身也就符合《种子法》第29条第1项规定的立法目的，可以纳入该条规定的“进行育种及其他科研活动”的范围。该行为不具有违法性，不构成侵犯品种权。

简言之，不能简单地认为有“重复以授权品种的繁殖材料为亲本与其他亲本另行繁殖”即认为有“商业目的”，还是要看其行为的最终目的。为品种授权及品种审定之申请提供审批和审定所需要的材料的行为属于科研活动的自然延续，无须认定是否具有相关法律规定所禁止的“商业目的”，进而也就无必要认定该行为是否属于《审理侵犯植物新品种权纠纷案件的规定》第2条第3款规定的“被控侵权人重复以授权品种的繁殖材料为亲本与其他亲本另行繁殖的，人民法院一般应当认定属于商业目的将授权品种的繁殖材料重复使用于生产另一品种的繁殖材料”中的“一般”情形或“例外”情形。

此外，根据《种子法》第32条第3款的规定，申请生产经营许可应当征得植物新品种权所有人的书面同意。例如，由A、B两个具有植物新品种权的父母本植物品种组配出C植物品种，解释上应认为A、B、C三项品种均包含在《种子法》第32条第3款的规定范围内。如不能提供A、B、C三项植物新品种权利人的书面同意材料，依据上述规定，主管机关应不予批准申请人取得生产经营许可并核发生产经营许可证，申请人亦不可能实施生产经营行为。如果申请人提供虚假的证明材料并获得了生产经营许可，则当然构成侵权。如未经许可即从事生产经营，构成违法行为，当然也构成侵权。因此，虽然为植物新品种权申请及品种审定提供审批和审定所需要的材料，在合理范围内重复使用授权品种繁殖材料生产申请品种繁殖材料的行为属于科研活动，不构成侵害他人植物新品种权；但是，获得植物新品种权授权及通过品种审定后，该新品种的权利人面向市场推广该新品种，将他人已授权品种的繁殖材料重复使用于生产该新品种的繁殖材料的，仍然需要经过作为父母系的该已授权品种的权利人的同意或许可。否则，新品种的权利人实施该前述行为即构成侵权，应当承担相应的法律责任。

最高人民法院二审合议庭成员：徐卓斌　邓卓　雷艳珍

（编写人：邓卓* 审稿人：丁文严）

---

* 邓卓，法学博士，中华人民共和国最高人民法院知识产权法庭，四级高级法官。

焦某某
与
中国农业科学院饲料研究所、
北京市大兴区农业农村局
侵害发明专利权纠纷案

——对“为生产经营目的”的理解与认定

【裁判摘要】

对于2008年修正的《专利法》第11条第1款所称“为生产经营目的”的理解，既不能简单等同于从事营利性活动，也不能仅仅根据实施主体的机构性质来认定，而应着眼于具体的被诉侵权行为，综合考虑该行为是否属于参与市场活动、是否影响专利权人市场利益等因素进行认定。政府机关、事业单位、公益机构等主要从事公共管理、社会服务、公益事业等非生产经营性活动的主体，实施了专利、参与了市场活动、可能损害了专利权人市场利益的，可以认定其行为具备“为生产经营目的”。

【案件基本信息】

1. 诉讼当事人

上诉人（原审原告）：焦某某

被上诉人（原审被告）：中国农业科学院饲料研究所（以下简称饲料研究所）

被上诉人（原审被告）：北京市大兴区农业农村局（以下简称大兴区农业局）

2. 案件索引与裁判日期

一审：北京知识产权法院（2019）京73民初207号判决（2019年10月23日）

二审：最高人民法院（2020）最高法知民终831号判决（2020年11月25日）

3. 案由

侵害发明专利权纠纷

【简要案情】

焦某某系专利号为ZL03143241.7、名称为“一种增乳壮牛中药饲料添加剂及制备方法”的发明专利（以下简称涉案专利）的权利人。2005年，焦某某委托张某某（涉案专利的主研人）进行涉案专利的市场推广、实施转让及专利维权。张某某在饲料研究所的支持下，共同在北京沧达福良种奶牛繁育中心对涉案专利进行临床试验。经试验，涉案专利技术疗效显著。其后，双方没有再进行联系。2017年，焦某某得知北京市大兴区与中国农业科学院在第二期院区科技合作项目（2006—2008年）中针对涉案专利技术有合作项目（以下简称涉案项目），对涉案专利技术进行了技术推广。经了解，该项目使用的奶牛中药饲料添加剂配方落入涉案专利权的保护范围，构成侵权。于是，焦某某向北京知识产权法院起诉，请求判令饲料研究所、大兴区农业局停止侵权并赔偿经济损失及维权合理开支2,618,180元。

一审法院于2019年10月23日作出（2019）京73民初207号判决，驳回焦某某的全部诉讼请求。

焦某某不服一审判决，向最高人民法院提起上诉，请求撤销一审判决，改判支持其全部诉讼请求；一审、二审诉讼费由饲料研究所、大兴区农业局承担。

【案件焦点】

饲料研究所、大兴区农业局的行为是否具备“为生产经营目的”。

【裁判结果】

最高人民法院经审理认为，《专利法》将“为生产经营目的”作为专利侵权构成的要件之一，系出于合理平衡专利权人和社会公众利益之目的。在专利侵权判定时，对“为生产经营目的”的理解，应着眼于具体的被诉侵权行为，综合考虑该行为是否属于参与市场活动、是否影响专利权人市场利益等因素综合判断；既不能将“为生产经营目的”简单等同于“实际获利”，又不能仅仅根据实施主体的性质认定其是否具有生产经营目的。即使政府机关、事业单位等具有公共服务、公益事业等属性的主体，其自身不以生产经营为目的，但其实施了市场活动、损害了专利权人市场利益的，仍可认定具备“为生产经营目的”之要件。

本案中，虽然饲料研究所、大兴区农业局开展科技合作旨在促进科研成果向生产力转化，引导和支持大兴区农业转型发展，带有一定的公共服务和公益事业属性，不直接以生产经营为目的。但是，饲料研究所和大兴区农业局在第二期科技合作中，通过大兴区人民政府提供资金资助、饲料研究所提供科技成果，形成“院区合作+示范基地+农户”的模式。饲料研究所、大兴区农业局生产出的奶牛天然物饲料添加剂产品示范和推广取得了很好的效果；且涉案项目产生了一定经济效益，并使农民直接获利。饲料研究所、大兴区农业局制造、使用涉案专利产品和方法的行为不可避免地会侵占焦某某涉案专利的可能市场，损害专利权人的市场利益，故其相关行为具备“为生产经营目的”之要件。据此，判决撤销原判；改判饲料研究所赔偿焦某某经济损失 600,000 元及合理开支 15,000 元，大兴区农业局对其中的 215,000 元承担连带赔偿责任。

【裁判摘要评析】

本案的难点之一在于如何正确理解与适用《专利法》第 11 条“为生产经营目的”这一专利侵权认定要件。另一难点则在于应以何种标准划分政府机关、事业单位、公益机构等非生产经营性活动的主体履行自身职责或者不以营利为目的而实施的行为侵权与否的边界。特别是在当前强调并践行依法行政的大背景下，本案所涉问题更具有现实意义。

一、“为生产经营目的”系专利侵权判定要件之一

《专利法》第 11 条第 1 款规定：“发明和实用新型专利权被授予后，除本法另有规定的以外，任何单位或者个人未经专利权人许可，都不得实施其专利，即不得为生产经营目的制造、使用、许诺销售、销售、进口其专利产品，或者使用其专利方法以及使用、许诺销售、销售、进口依照该专利方法直接获得的产品。”根据这一规定，专利侵权包括“未经专利权人许可”“为生产经营目的”以及“实施专利”等多个构成要件。其中，“为生产经营目的”是构成专利侵权的评价要件之一。《专利法》之所以将“为生产经营目的”作为专利侵权构成的要件，系出于合理平衡专利权人和社会公共利益之目的，进而将部分对专利权人市场利益不构成实质性影响的行为排除在专利侵权之外。

在以往的司法实践中，专利侵权案件的争议焦点往往集中于专利侵权技术方案的比对、具体侵权行为样态的认定等方面，以不符合“为生产经营目的”作为不侵权抗辩的情形相对较少。究其原因，一是在专利侵权诉讼中，权利人通常以侵权产品的制造商、销售商作为被告，该类主体符合“为生产经营目的”是不言自明的，被诉侵权人也极少以不具备生产经营目的作为不侵权的抗辩理由。二是被诉侵权人的制造、销售等侵权行为往往就是生产经营行为，明显具有生产经营目的。

因《专利法》未对“为生产经营目的”进行解释，司法实践中，对于“为生产经营目的”要件的认定存在一定争议。特别是政府机关、事业单位、公益机构在履行公共管理、社会服务职责或者从事公益活动时，使用他人专利技术、生产专利侵权产品是否构成专利侵权，“为生产经营目的”要件的认定和把握就显得格外重要。过往的案例中，对这一要件的理解与适用仍然存在尺度模糊、标准不清等问题。对于政府机关、事业单位、公益机构为履行公共管理、社会服务职能而实施的行为或者公益活动是否构成专利侵权，往往会从实施主体的机构性质或者主观要件着手，并据此认定不构成专利侵权。例如在本案中，一审法院就指出：饲料研究所属于事业单位，大兴区农业局属于政府机关，二者均不具备生产经营的资质。且两主体实施涉案合作项目的目的在于对奶牛中草药饲料添加剂的研发与示范，并无证据显示该项目的实施系以生产经营为目的。据此，一审法院判决饲料研究所、大兴区农业局不构成专利侵权。显然，一审法院是先从实施主体的机构性质出发，再考虑实施主体的主观目的不是为了从事生产经营活动，这种判断逻辑不符合《专利法》的立法原意。因为从专利制度的立法目的来看，除法律另有规定外，无论何种情况下，只要未经专利权人许可，实施其专利都应被认定为是侵害专利权的行为。由此可见，司法实践中对于“为生产经营目的”的理解还不尽统一。

二、判断“为生产经营目的”要件的考量因素

既然如此，在具体判断是否“为生产经营目的”时，应从哪些方面考虑呢？对此，本案判决明确指出，在认定被诉侵权行为是否符合“为生产经营目的”的要件时，应进行多重考量：一是不能将其简单等同于“实际获利”；二是不能仅根据实施主体的机构性质来认定；三是要着眼于具体的被诉侵权行为，综合考虑该行为是否属于参与市场活动、是否影响专利权人市场利益等因素进行判断。

第一，关于实际获利的考量。一般来说，在市场经济环境下，大多数侵权行为人实施专利侵权行为都具有营利目的，实施的侵权行为往往也属于生产经营性活动，在这种情形下，该行为显然具有生产经营目的。但是，当实施主体并不以营利为目的，也没有实际获利时，是否该行为就一定不构成侵权呢？显然，对这一问题的回答是否定的。例如某家具生产企业为了向公立学校捐赠而制造侵权的课桌椅，显然该家具生产企业实施该行为的初衷并不是为了营利，客观上也没有实际获利。在这种情况下，如果仅以该家具生产企业没有实际获利就将其排除在侵权之外，显然不利于保护专利权人的合法利益，不利于激励全社会的创新动力。而且，如果将“为生产经营目的”简单等同于实际获利，那么许多被诉侵权人就会以其生产经营活动并未实际获利作为借口逃避承担侵权责任，这种抗辩理由在司法实践中原则上是不被接受的。

第二，关于实施主体的考量。实施主体通常是直观而容易认定的。一般而言，当被诉侵权人为从事生产经营活动的自然人或者企业法人时，对该类主体具有“为生产经营目的”的认定通常不存在障碍。但是，当被诉侵权人为政府机关、事业单位、公益机构等主要从事公共管理、社会服务、公益事业等非生产经营性活动主体时，由于这类主体主观上不以营利为目的，客观上实施的行为往往看似也与营利行为无关，如果此时仅以实施主体的机构性质属于非生产经营主体，就简单认定其不具备《专利法》第11条所称的“为生产经营目的”，显然对于专利权人是不公平的。如果将大量非生产经营主体的专利实施行为不认定为是侵权行为，使发明人的智力创造成果通过公共管理、社会服务、公益事业等渠道而为社会免费使用，必将难以充分保护专利权人的利益，挫伤专利权人进行发明创造的积极性。而且，关于行政机关在民事活动中的地位，传统的民事审判中已有明确规则：行政机关可以作为民事法律关系的主体，专利侵权案件亦应当予以遵循和承认。又如，专利法上通常认为以私人方式实施专利的行为不构成专利侵权，如某人制造侵权产品供个人使用或者家庭使用，通常不被认定为侵权，但是如果他将自己制造的侵权产品销售给了邻居、朋友，即使数量很少，仍然构成侵权。因此，仅以实施主体的机构性质去判断是否具有生产经营目的，显然是不可取的。

第三，关于具体行为的考量。基于前述分析，实施主体的性质、主观目的、客观结果都不能成为评价被诉侵权人是否具有“为生产经营目的”的标准，唯有具体实施的行为才是判断这一问题的关键。笔者认为，对于《专利法》第 11 条第 1 款所称“为生产经营目的”的理解，应着眼于具体的被诉侵权行为，综合考虑该行为是否属于参与了市场活动、是否实质影响了专利权人市场利益等因素进行认定。如果被诉侵权人在客观上实施或者参与市场活动，对专利权人的市场利益造成实质性影响，可以认定符合“为生产经营目的”要件。在本案中，饲料研究所、大兴区农业局在第二期科技合作中，将涉案专利技术和生产的专利侵权产品在大兴区主要奶牛场、畜场进行推广和示范，这实质上就是将专利权人的技术免费推向市场，进行无偿使用，不可避免地会影响到权利人本来可以通过技术许可、销售专利产品获得的经济利益。此时，这一行为已实质性地影响到权利人的可能市场利益，属于专利法所禁止的行为，故应被认定为符合“为生产经营目的”之要件，构成专利侵权。

三、公共管理、社会服务、公益事业应更注重保护知识产权

以公共管理、社会服务、公益事业为目的实施他人专利，虽然通常不具有侵权的主观故意，客观上往往看似也无实际获利，但是此种实施行为使用范围较广、使用人数较多，故其可能比个体侵权给权利人带来更大损害。即便针对强制许可，《专利法》亦明确规定取得实施强制许可的单位或者个人应当付给专利权人合理的使用费。因此，对于从事公共管理、社会服务、公益事业的机构和个人，在履行自身职责或者从事公益活动中，应当对其是否存在未经许可使用他人专利的行为尽到合理审查义务，并向专利权人支付合理的使用费。未尽合理审查义务且未支付使用费的，应当承担相应侵权责任。如在本案中，焦某某提交的《中国农业科学院年鉴2006》、“中国农业科学院与北京市大兴区科技合作总结表彰暨签字仪式在我院举行”等证据记载的内容表明，饲料研究所、大兴区农业局开展科技合作旨在促进科研成果向生产力转化，引导和支持大兴区农业转型发展，带有一定的公共服务和公益事业属性，不直接以生产经营为目的。但是，通过大兴区人民政府提供资金资助、饲料研究所提供科技成果，二者在第二期科技合作中，已经将涉案专利技术和生产的被诉侵权产品在大兴区主要奶牛场、畜场进行大范围示范和推广，有大量的技术人员和农民参与了技术培训和学习，并直接获得了一定的经济效益。这种技术推广，不可避免地侵占涉案专利的可能市场，损害专利权人的可能市场利益。即使饲料研究所、大兴区农业局实施的行为是为了公益目的，也不能免除侵权责任。关于这一问题，域外也有类似的判例，在美国 *Douglas v. United States* 案[1]中，美国政府曾经购买了他人拥有专利的 6 架喷气式飞机和 11 个备用发动机，并使用了 4 年时间。在专利侵权诉讼中，美国政府也曾抗辩此种使用是为了公共利益。但美国法院最终判定美国政府构成侵权，其理由是使用他人的专利数量大且持续时间长，即使是为了公共利益目的也不能成为侵权例外。

党的十八届三中全会提出，将完善和发展中国特色社会主义制度，推进国家治理体系与治理能力现代化作为全面深化改革的总目标。当前，知识产权制度已成为全球竞争的重要手段，也成为我国推进国家治理体系与治理能力现代化的重要途径。2020 年 9 月 11 日，习近平总书记在科学家座谈会上指出，我国经济社会发展和民生改善比过去任何时候都更加需要科学技术解决方案，都更加需要增强创新这个第一动力。因此，我国在推进在国家治理体系与治理能力现代化的重要改革进程中，尤其要尊重知识、

---

〔1〕 See *Douglas v. United States*, 181 USPQ 170 (Ct. Cl, Trial Div. 1974).

尊重创新、鼓励知识创造，要将尊重知识产权、保护知识产权始终贯穿于依法行政、建设法治国家之中，在全社会营造尊重和保护知识产权的良好氛围，从而更好地激励创新，为我国创新驱动发展战略提供有力支撑。

最高人民法院二审合议庭成员：朱理　原晓爽　傅蕾

（编写人：傅蕾*　审稿人：丁文严）

---

* 傅蕾，法学博士，中华人民共和国最高人民法院知识产权法庭，三级高级法官。

广州天赐高新材料股份有限公司、九江天赐高新材料有限公司等与吴某某、彭某等侵害技术秘密纠纷案

——《反不正当竞争法》第17条第3款的适用

【裁判摘要】

侵害技术秘密案件中，判断侵害技术秘密行为是否构成“情节严重”并是否适用惩罚性赔偿时，被诉侵权人是否以侵权为业、侵权行为是否构成刑事犯罪、诉讼中是否存在举证妨碍行为、侵权受损或者侵权获利数额、侵权规模、侵权持续时间等均可以作为考量因素。如果行为人明知其行为构成侵权，已实际实施侵害行为且该侵害行为系其主营业务的，则可以认定为“以侵权为业”。

【案件基本信息】

1. 诉讼当事人

上诉人（原审原告）：广州天赐高新材料股份有限公司（以下简称广州天赐高新材料公司）

上诉人（原审原告）：九江天赐高新材料有限公司（以下简称九江天赐高新材料公司）

上诉人（原审被告）：华某

上诉人（原审被告）：刘某

上诉人（原审被告）：安徽纽曼精细化工有限公司（以下简称安徽纽曼精细化工公司）

被上诉人（原审被告）：吴某某

被上诉人（原审被告）：彭某

被上诉人（原审被告）：胡某某

被上诉人（原审被告）：朱某某

2. 案件索引与裁判日期

一审：广州知识产权法院（2017）粤 73 民初 2163 号判决（2019 年 7 月 19 日）

二审：最高人民法院（2019）最高法知民终 562 号判决（2020 年 11 月 24 日）

3. 案由

侵害技术秘密纠纷

【简要案情】

广州天赐高新材料公司主要从事卡波产品技术的自主研发。2007 年 12 月 30 日，华某与广州天赐高新材料公司签订劳动合同及商业保密、竞业限制协议，并签收了公司的员工手册，就商业秘密的保密义务、竞业限制等方面进行了约定。广州天赐高新材料公司的离职证明显示，华某离职生效日期是 2013 年 11 月 8 日。2012—2013 年，华某利用其卡波产品研发负责人的身份，以撰写论文为由索取了九江天赐高新材料公司卡波生产工艺技术的反应釜和干燥机设备图纸，还违反广州天赐高新材料公司管理制度，多次从其办公电脑里将广州天赐高新材料公司的卡波生产项目工艺设备的资料拷贝到外部存储介质中。华某非法获取卡波生产技术中的生产工艺资料后，先后通过 U 盘拷贝或电子邮件发送的方式发送给安徽纽曼精细化工公司的刘某等人。安徽纽曼精细化工公司利用华某非法获取的卡波生产工艺、设备技术生产卡波产品并向国内外销售。

在本案之前，2018 年 1 月 19 日江西省湖口县人民法院作出（2017）赣 0429 刑初 49 号判决，认定华某、刘某等人的上述行为构成侵犯商业秘密罪。后江西省九江市中级人民法院作出（2018）赣 04 刑终 90 号判决，确认原审判决认定的事实，除改判其中一人的刑事处罚外，其余维持原判。

两天赐高新材料公司于 2017 年 10 月向广州知识产权法院提起诉讼，主张华某、刘某、安徽纽曼精细化工公司等共同侵害了两天赐高新材料公司卡波配方、工艺、流程、设备的技术秘密，且侵权行为给两天赐高新材料公司造成了巨大的经济损失，要求华某、刘某、安徽纽曼精细化工公司等立即停止侵害技术秘密，销毁生产卡波的原材料、专用生产设备、配方及工艺资料，共同赔偿两天赐高新材料公司经济损失及维权费用。

一审法院于 2019 年 7 月 19 日作出（2017）粤 73 民初 2163 号判决：（一）华某、刘某、安徽纽曼精细化工公司等于判决生效之日起立即停止侵害两天赐高新材料公司涉案技术秘密，并销毁记载涉案技术秘密的工艺资料；（二）安徽纽曼精细化工公司于判决生效之日起 10 日内赔偿两天赐高新材料公司经济损失 3000 万元及合理开支 40 万元，华某、刘某、胡某某、朱某某分别在 500 万元、500 万元、100 万元、100 万元范围内承担连带责任；（三）驳回两天赐高新材料公司其他诉讼请求。

一审判决后，两天赐高新材料公司、华某、刘某、安徽纽曼精细化工公司均不服，向最高人民法院提起上诉。

【案件焦点】

1. “以侵权为业”的认定；

2. 适用惩罚性赔偿时“情节严重”的考量因素。

【裁判结果】

最高人民法院经审理认为，《反不正当竞争法》（2019 年修正）第 17 条第 3 款规定，因不正当竞争行为受到损害的经营者的赔偿数额，按照其因被侵权所受到的实际损失确定；实际损失难以计算的，按照侵权人因侵权所获得的利益确定。经营者恶意实施侵犯商业秘密行为，情节严重的，可以按照上述方法确定数额的一倍以上五倍以下确定赔偿数额。赔偿数额还应当包括经营者为制止侵权行为所支付的合理开支。可见，若经营者存在恶意侵害他人商业秘密的行为且情节严重的，权利人可请求侵权人承担赔偿金额相应倍数的惩罚性赔偿。

关于惩罚性赔偿倍数的问题。根据业已查明的事实，安徽纽曼精细化工公司自成立以来，便以生产卡波产品为经营业务，虽辩称生产其他产品，但并未提交证据加以佐证，且其所生产的卡波产品名称虽有差别，但均由同一套设备加工完成。此外，当其前法定代表人刘某因侵害商业秘密行为被追究刑事责任、相关生产工艺、流程及设备涉嫌侵害权利人技术秘密后，安徽纽曼精细化工公司仍未停止生产，销售范围多至二十余个国家和地区。同时，在本案原审阶段，安徽纽曼精细化工公司无正当理由拒不提供相关会计账册和原始凭证，构成举证妨碍，足见其侵权主观故意之深重、侵权情节之严重。反不正当竞争法设立惩罚性赔偿制度的初衷在于强化法律威慑力，打击恶意严重侵权行为，威慑、阻吓未来或潜在侵权人，有效保护创新活动。对长期恶意从事侵权活动之人应从重处理，因此依据所认定的安徽纽曼精细化工公司侵权获利的五倍确定本案损害赔偿数额。

此外，《反不正当竞争法》于 2019 年 4 月 23 日修改时增加了关于惩罚性赔偿的规定并于当日起施行，本案被诉侵权行为发生于 2019 年 4 月 23 日之前且持续至 2019 年 4 月 23 日之后，根据法不溯及既往的一般原则，对于发生在法律修改之前的行为一般不适用惩罚性赔偿，赔偿数额应以 2019 年 4 月 23 日为界进行分段计算。但是具体到本案，安徽纽曼精细化工公司拒绝提供财务账册等资料的行为构成举证妨碍，所认定的侵权获利系基于安徽纽曼精细化工公司自认的销售额确定，仅系其部分侵权获利；同时，侵权人在本案中并未提交证据证明其法律修改前后的具体获利情况，导致无法以 2019 年 4 月 23 日为界进行分段计算；且二审证据显示安徽纽曼精细化工公司在一审判决之后并未停止侵权行为，其行为具有连续性，其侵权规模巨大、持续时间长。因此可对被诉侵权行为整体适用惩罚性赔偿。

最高人民法院于 2020 年 11 月 24 日作出（2019）最高法知民终 562 号判决：（一）维持原判第一项、第三项；（二）变更原判第二项为：安徽纽曼精细化工公司于判决生效之日起十日内赔偿两天赐高新材料公司经济损失 3000 万元及合理开支 40 万元，华某、刘某、胡某某、朱某某对前述赔偿数额分别在 500 万元、3000 万元、100 万元、100 万元范围内承担连带责任；（三）驳回两天赐高新材料公司的其他上诉请求；（四）驳回华某、刘某、安徽纽曼精细化工公司的全部上诉请求。

【裁判摘要评析】

一、惩罚性赔偿的主观要件：恶意实施侵权行为

惩罚性赔偿作为对侵权人的加重处罚，对侵权行为的可责性提出了更高的要求，应仅针对故意侵权。故意又可分为直接故意与间接故意，二者的相同点在于行为人明知自己的行为导致损害结果发生的可能性，不同点在于前者表现出的心理状态是积极追求，后者则是放任损害结果发生。对于惩罚性赔偿适用的主观要件，是只包含直接故意还是将两者都涵盖？从法律条文本身来看，《民法典》第1185条关于惩罚性赔偿规定的主观要件是“故意侵害他人知识产权”，《反不正当竞争法》中表述为“恶意实施侵犯商业秘密行为”。故意与恶意二者的内涵具有怎样的关联需要明确。司法实践中及理论上不乏有将恶意认定为直接故意的做法或观点。《民法典》属于民事基本法，且其修改时间在后，系对各知识产权法有关惩罚性赔偿规定的概括和总结。因此，将《反不正当竞争法》规定的恶意理解为主观故意而非直接故意，符合《民法典》的体系化逻辑。而且，实践中对直接故意与间接故意的区分本身存在较大困难，两者在道德上具有几乎相同的可责难性，在惩罚性赔偿中进行等同对待是较为合理的做法。在具体案件中，行为人是直接故意还是间接故意的心理状态的区别，可以体现在最终惩罚性赔偿倍数的确定中。并且，惩罚性赔偿是否适用以及倍数之确定，还应结合侵权情节的严重程度，并非单以主观恶性之大小确定。对于情节严重的，即使其为间接故意，课以惩罚性赔偿亦难谓不妥。因此对于产生严重后果的侵权行为而言，行为人是直接故意还是间接故意，并没有太大的区分意义，间接故意仍是主观故意而不是过失。

主观故意作为一种心理状态，必须通过行为人一定的行为表现出来，需要通过对外在行为的研究来判断其有无故意。本案中从各侵权人的实际行为看，均系在知情的情况实施了侵害行为。华某系广州天赐高新材料公司的研发人员，违反保密义务和保密要求，将技术秘密披露给安徽纽曼精细化工公司使用；刘某、安徽纽曼精细化工公司明知华某非法披露两天赐高新材料公司技术秘密，仍予以获取并通过安徽纽曼精细化工公司使用；胡某某、朱某某明知华某、刘某、安徽纽曼精细化工公司非法披露、

获取、使用两天赐高新材料公司技术秘密，仍予以帮助。上述人员明知其行为侵害他人技术秘密而仍予以实施，显然属于故意侵权。

二、惩罚性赔偿客观要件：情节严重

适用惩罚性赔偿还需要判断侵权情节是否严重，《民法典》和各知识产权单行法中皆将情节严重作为惩罚性赔偿适用的客观要件。在对商业秘密侵权人主观过错程度进行衡量后，结合具体案情分析侵权情节的轻重，进一步确定惩罚性赔偿是否适用以及确定惩罚性赔偿的倍数。

本案中，法院通过综合考虑被告公司以侵权为业、技术秘密对于产品形成起到关键作用、给权利人造成极大的损失，侵权人生产规模巨大、侵权获利极高，侵权人在关联刑事案件审理期间甚至法院作出有罪生效判决后未停止侵权、持续时间长，侵权人拒绝提供证据导致法院无法查明全部侵权获利、构成举证妨碍等因素，认定本案侵害商业秘密的情节极其严重。

现实中有不少公司以侵权为业，从事有组织的明显侵权的商业活动，对知识产权危害甚巨，应当成为行政、刑事保护重点打击对象和维权民事诉讼的主要起诉对象。判断侵权人是否以侵权为业是确定侵权利润计算方式的基础。在界定企业是否完全以侵权为业时，涉案侵权人通常会提交营业执照等证据以佐证其经营范围不止侵权产品的生产。但营业执照记载的经营范围系企业申请注册成立时的选择，其实际经营范围既可能大于也可能小于营业执照记载的经营范围。因此需要侵权人进一步举证来证明其除了侵权产品以外生产其他产品的事实，或根据已查明的事实，来具体判断侵权人是否生产其他产品。同时，界定行为人是否以侵权为业，可从主客观两方面进行判断。从客观方面，行为人已实际实施侵害行为，并且系其企业的主营业务，构成主要利润来源；从主观方面，行为人包括企业实际控制人及管理层等，明知其行为构成侵权而仍予实施。当然，所谓的“明知”并非要求行为人熟知法律、知道其行为的准确法律评价，而是基于一般理性人的认知水平应当知道其行为具有危害性。

本案中，首先，安徽纽曼精细化工公司自成立以来便以生产卡波产品为经营业务，庭审中其虽辩称生产其他产品，但并未提交证据加以佐证，且所生产的卡波产品名称虽有差别，但均由同一套设备加工完成，足以认定其完全以侵权为业，长期恶意从事侵权活动。其次，当一审法院责令安徽纽曼精细化工公司限期提供获利数据并附财务账册和原始凭证时，安徽纽曼精细化工公司虽提交资产负债表和利润表，但无正当理由拒不提供财务账册和原始凭证，导致本案最终无法查明全部侵权获利，构成举证妨碍。最后，结合关联刑事案件的生效判决，华某与安徽纽曼精细化工公司前法定代表人刘某因侵害商业秘密行为被追究刑事责任。

通过对案件情节与事实的分析确定适当数额的惩罚性赔偿，应当考虑的不仅是行为本身，而是整体的情况，包括侵权行为造成的损害后果甚至潜在消极影响的程度、侵权行为是个别情况还是更广泛的经营模式中的一部分等。在适用惩罚性赔偿的具体情节难以如列出数学公式般精确计量的情况下，法院可以对惩罚性赔偿的数额进行裁量。对于情节严重的判断由法官根据案件事实进行裁量，应当考虑案件的整体情况，对侵权行为的手段、规模、持续时间、消极影响（包含直接影响与潜在影响），权利人遭受的实际损失或侵权人获得的经济收益，侵权人在整个行为过程中表现出的恶意程度以及是否采取补救措施等方面进行综合分析。

本案中，安徽纽曼精细化工公司生产规模巨大，自认的销售额已超过3700万元，销售范围多至二十余个国家和地区；且安徽纽曼精细化工公司侵害的两天赐高新材料公司技术秘密涉及产品生产工艺、流程和设备，这些技术秘密对产品的形成起到关键作用，可见安徽纽曼精细化工公司通过侵害技术秘密的行为获利极高，对两天赐高新材料公司造成极大的损失。同时，当安徽纽曼精细化工公司前法定代表人刘某因侵害商业秘密行为被追究刑事责任、相关生产工艺、流程及设备涉嫌侵害技术秘密后，安徽纽曼精细化工公司仍未停止生产，两天赐高新材料公司提交的二审证据显示其在一审判决之后并未停止侵权行为，其行为具有连续性，侵权规模巨大，持续时间长。以上因素足见安徽纽曼精细化工公司等侵权情节之严重。因此，二审法院依据所认定的安徽纽曼精细化工公司侵权获利的五倍确定了本案损害赔偿数额。本案二审改判主要体现在惩罚性赔偿的倍数提升。另外，侵权获利应与侵权行为之间具有因果关系，因其他权利及生产要素产生的利润应合理扣减，即确定赔偿数额时应考虑涉案技术秘密的贡献率问题。这一逻辑与专利侵权诉讼是类似的，本案中综合考虑案情后确定为50%，因此虽然惩罚性赔偿倍数提高，但赔偿总额未变。

三、惩罚性倍数与侵权情节的对应关系

根据《反不正当竞争法》第 17 条第 3 款，适用惩罚性赔偿时，按照权利人实际损失或侵权人侵权获利的一倍以上五倍以下确定赔偿数额。惩罚性赔偿倍数与情节严重程度具有对应关系，方符合法律适用时的比例原则。为便于司法适用，限制自由裁量的滥用，侵权情节认定为严重时可适用两倍惩罚性赔偿；情节比较严重可适用三倍惩罚性赔偿；特别严重时可适用四倍；情节极其严重时，如满足直接故意、完全以侵权为业、侵权规模大、持续时间长、损失或获利巨大、举证妨碍等认定要件，则可以适用五倍惩罚性赔偿。以此，可以构建惩罚性赔偿倍数与侵权情节严重程度之间的一般对应关系。

惩罚性赔偿制度具有补偿、惩罚、威慑与预防功能，对于打击恶意侵权行为、有效保护基于商业秘密产生的竞争优势，进而维护市场竞争秩序，具有明显的现实作用。商业秘密侵权案件中，主观要件——恶意——即主观故意，客观要件——情节严重——是对行为与整体案件事实的综合考量。赔偿金额的确定应坚持适度原则、比例原则，惩罚性赔偿的倍数与情节严重程度应具有对应关系。适用惩罚性赔偿的商业秘密侵权案件多涉及共同侵权，应合理界定各侵权人在侵权活动中所起作用并以此确定连带责任的承担。

最高人民法院二审合议庭成员：徐卓斌　雷艳珍　邓卓

（编写人：徐卓斌*　周雷**　审稿人：丁文严）

---

* 徐卓斌，法学博士，中华人民共和国最高人民法院知识产权法庭，三级高级法官。

** 周雷，法学硕士，中华人民共和国最高人民法院知识产权法庭，法官助理。

永康市联悦工贸有限公司
与
浙江天猫网络有限公司、
慈溪市博生塑料制品有限公司
侵害实用新型专利权纠纷案

——涉电商平台知识产权纠纷中反向行为保全的适用

【裁判摘要】

1. 涉电商平台知识产权侵权纠纷案件中，被诉侵权人提出行为保全申请，请求判令平台经营者取消删除、屏蔽、断开链接、终止交易和服务等措施的，人民法院应当予以审查。

2. 在确定“难以弥补的损害”时，可以考量不采取行为保全措施是否会严重损害申请人的名誉、商誉等权利，是否会使申请人的市场竞争优势严重受损或者商业机会严重丧失等因素。即使有关损失可以请求金钱赔偿，但损失巨大且难以计算的，也可以认定其构成“难以弥补的损害”。

3. 人民法院决定采取行为保全措施，如果采取保全措施后的相关行为给对方当事人造成的损害可能发生变化的，担保可以采取固定担保金加动态担保金的方式。动态担保金可以根据采取行为保全措施后的可得利益确定。

【案件基本信息】

1. 诉讼当事人

申请人（上诉人、原审被告）：永康市联悦工贸有限公司（以下简称联悦工贸公司）

被申请人（原审被告）：浙江天猫网络有限公司（以下简称天猫公司）

被申请人（被上诉人、原审原告）：慈溪市博生塑料制品有限公司（以下简称博生塑料制品公司）

2. 案件索引与裁判日期

一审：浙江省宁波市中级人民法院（2019）浙02知民初367号判决（2020年4月10日）

二审：最高人民法院（2020）最高法知民终993号裁定（2020年11月6日）

3. 案由

侵害实用新型专利权纠纷

【简要案情】

博生塑料制品公司系“一种用于平板拖把挤水和清洗的拖把桶”实用新型专利（以下简称涉案专利）及“一种用于平板拖把挤水和清洗的拖把桶”实用新型专利（以下简称180.2号专利）的专利权人。其认为联悦工贸公司在天猫公司经营的“天猫网”上销售的拖把神器构成对上述两专利权的侵犯，故向浙江省宁波市中级人民法院提起本案及368号案两起诉讼。宁波市中级人民法院中院依博生塑料制品公司的财产保全申请，两案各冻结联悦工贸公司支付宝账户余额316万元。因博生塑料制品公司向天猫公司发起投诉，联悦工贸公司向天猫公司申诉，并出具知识产权保证金承诺函，同意缴存100万元保证金于其支付宝账户内，并同意支付宝公司及天猫公司冻结其网店自2019年11月10日22时起的全店所有销售收入。

宁波市中级人民法院中院经审理认定本案侵权成立，判令联悦工贸公司等停止侵权、连带赔偿经济损失，天猫公司立即删除、断开被诉侵权产品的销售链接。同日，博生塑料制品公司再次就被诉侵权产品向天猫公司发起投诉。随后，天猫公司删除了被诉侵权产品在“天猫网”上的销售链接。

联悦工贸公司等向最高人民法院提起上诉。二审中，涉案专利权被国家知识产权局宣告全部无效，博生塑料制品公司表示将就此提起行政诉讼。2020年11月5日，联悦工贸公司向最高人民法院提出反向行为保全申请，请求法院责令天猫公司立即恢复申请人在“天猫网”上的产品销售链接；并称鉴于“双十一”即将来临，不恢复链接将使其遭受难以弥补的损失。截至行为保全申请提出之日，368号案尚在一审审理中，其所涉180.2号专利权仍处于有效状态；联悦工贸公司支付宝账户余额共被冻结1560万元，其中828万元为联悦工贸公司同意冻结的其网店自2019年11月10日22时起的全店所有销售收入。

【案件焦点】

1. 知识产权侵权纠纷中的被诉侵权人是否具有提起行为保全申请的主体资格；

2. 涉电商平台知识产权纠纷中反向行为保全的适用条件；

3. 在知识产权行为保全中如何认定“难以弥补的损失”；

4. 知识产权行为保全担保金如何确定。

【裁判结果】

关于联悦工贸公司是否具有提起行为保全申请的主体资格，最高人民法院认为，行为保全措施的申请人并不限于原告。在涉电商平台知识产权侵权纠纷中，平台内经营者因情况紧急，不恢复链接将会使其合法利益受到难以弥补的损害，向人民法院申请行为保全，要求电商平台经营者采取恢复链接等行为保全措施的，人民法院应当予以受理，并依据《民事诉讼法》第100条及相关司法解释的规定予以审查。涉案专利为实用新型专利，虽然原审法院认定侵权成立，天猫公司删除了被诉侵权产品的销售链接，但二审中涉案专利权被宣告全部无效，其有效性因博生塑料制品公司即将提起行政诉讼而处于不确定状态。在此情况下，作为被删除产品链接的联悦工贸公司具有提起恢复链接行为保全申请的主体资格。

关于本案应否采取行为保全措施，最高人民法院认为，联悦工贸公司要求天猫公司恢复链接的申请具有事实基础和法律依据；不恢复链接将对联悦工贸公司造成难以弥补的损害；恢复链接对博生塑料制品公司可能造成的损害不会超过不恢复链接对联悦工贸公司造成的损害；恢复链接不会损害社会公共利益；本案不存在不宜恢复链接的其他情形。

关于本案担保金额的确定，最高人民法院考虑了本案及相同被诉产品的另案诉讼情况，确定了固定担保金；并考虑到联悦工贸公司的可得利益将随产品销售而不断增加的情况，增加了动态担保金的担保方式。

2020 年 11 月 6 日，最高人民法院作出民事裁定：（一）天猫公司立即恢复联悦工贸公司在“天猫网”购物平台上的被诉侵权产品销售链接；（二）冻结联悦工贸公司名下的支付宝账户余额 632 万元，期限至本案判决生效之日；（三）自恢复被诉侵权产品销售链接之日起至本案判决生效之日，如联悦工贸公司恢复链接后被诉侵权产品的销售总额的 50%超过 632 万元，则应将超出部分的销售额的 50%留存在其支付宝账户内，不得提取。

行为保全裁定作出后，博生塑料制品公司与联悦工贸公司就包括本案涉案专利在内的 4 项专利所涉的 13 件民事、行政案件自行协商，达成一揽子和解协议。2021 年 2 月 1 日，博生塑料制品公司向最高人民法院申请撤回起诉，联悦工贸公司等原审被告同意其撤回起诉。2021 年 2 月 8 日，最高人民法院裁定：（一）撤销浙江省宁波市中级人民法院（2019）浙 02 知民初 367 号判决；（二）准许博生塑料制品公司撤回起诉。

【裁判摘要评析】

本案系最高人民法院作出的首例反向行为保全裁定，也是首例在裁判文书中明确行为保全担保金额及其确定依据的案件，还是首例在知识产权行为保全中采用动态担保金的案件。本案合理考量和平衡了专利权人、平台内经营者、电商平台、消费者四方利益，对行为保全申请主体资格的确定、涉电商领域知识产权侵权纠纷通知/反通知删除规则的适用、反向行为保全措施的适用条件、行为保全标的在另案中涉诉的处理、行为保全担保金额的确定等均具有一定的指导作用，亦为电商平台提供了处理类似纠纷的行为指引。

一、行为保全申请的主体资格

行为保全案件的申请人大多是作为原告的权利人，其申请法院责令被诉侵权人（诉中行为保全）或即将被诉的侵权人（诉前行为保全）停止实施某一行为。而本案中，申请人系作为被告的被诉侵权人，其要求作为另一被告的电商平台经营者恢复被诉侵权产品的销售链接，即要求权利人容忍被诉侵权行为的继续实施。故这一申请被称为反向行为保全申请。

对于被告能否提起行为保全申请，我国没有明确的法律规定。但《民事诉讼法》第100条“人民法院对于可能因当事人一方的行为或者其他原因，使判决难以执行或者造成当事人其他损害的案件，根据对方当事人的申请，可以裁定对其财产进行保全、责令其作出一定行为或者禁止其作出一定行为；当事人没有提出申请的，人民法院在必要时也可以裁定采取保全措施”的规定，并未限定保全申请人是原告还是被告。而且根据该规定，人民法院在以下两种情况下可以采取行为保全措施：一是因当事人一方的行为或者其他原因使判决难以执行；二是因当事人一方的行为或者其他原因造成当事人的其他损害。在后一种情形中，如果被告的合法利益因其他当事人行为或其他原因造成损害，其亦有权申请行为保全，请求法院责令损害其利益的当事人作出一定行为或者禁止其作出一定行为。因此，作为被告的被诉侵权人具有提起行为保全申请的主体资格。

在涉电商平台的知识产权侵权纠纷中，根据《侵权责任法》第36条第2款[1]、《电子商务法》第42条第1款、第2款的规定，平台经营者在收到知识产权权利人含有侵权初步证据的通知时，应及时采取删除、屏蔽、断开链接、终止交易和服务等必要措施。虽然《电子商务法》第43条还规定了电商平台在收到平台内经营者的反通知时应当转送权利人，反通知送达权利人后15日内，未收到权利人已经投诉或起诉通知的，应及时终止所采取的措施。但如果权利人已经起诉的，平台内经营者通常会继续保持删除、屏蔽、断开链接等状态，否则可能会根据《电子商务法》第45条的规定承担连带赔偿责任。上述规定对保护知识产权权利人的合法权益，有效制止电子商务平台中的知识产权侵权行为发挥了积极的作用；但同时也出现了知识产权权利人滥用权利，控制产品流通渠道，打击竞争对手等情况。对于被投诉的平台内经营者来说，销售链接被删除将直接导致其通过不断销售行为累积的搜索权重降低。如果不及时恢复链接，将使其前期积累消

---

〔1〕本条现为《民法典》第1195条：“网络用户利用网络服务实施侵权行为的，权利人有权通知网络服务提供者采取删除、屏蔽、断开链接等必要措施。通知应当包括构成侵权的初步证据及权利人的真实身份信息。网络服务提供者接到通知后，应当及时将该通知转送相关网络用户，并根据构成侵权的初步证据和服务类型采取必要措施；未及时采取必要措施的，对损害的扩大部分与该网络用户承担连带责任。权利人因错误通知造成网络用户或者网络服务提供者损害的，应当承担侵权责任。法律另有规定的，依照其规定。”

失殆尽，潜在客户流失，市场占有率降低。因爆款产品的链接被删除而遭受的销量及搜索权重的损失往往成为商家难以承受之重。在此情况下，应允许被诉侵权人提起要求电商平台经营者采取恢复链接的反向行为保全申请，这对于合理平衡知识产权权利人、电商平台经营者和平台内经营者的合法利益，促进电子商务市场健康发展具有重要意义。

二、采取反向行为保全措施的考量因素

《审查知识产权纠纷行为保全案件的规定》第 7 条对采取行为保全措施的考量因素作了明确规定。具体到涉电商平台知识产权侵权纠纷中应否采取反向行为保全措施，应主要考虑以下因素：

（一）申请人的请求是否具有事实基础和法律依据

在司法实践中，判断申请人的请求是否具有事实基础和法律依据主要是为了判断申请人是否具有胜诉的可能性。考虑胜诉可能性的目的在于避免作出错误的行为保全，避免当事人滥用申请权。考虑到行为保全裁定属于程序性裁定，而且《民事诉讼法》第 100 条和第 101 条[1]规定本身也含有可能的因素，因此，对于胜诉可能性的程度把握达到优势可能性即可。[2]

依据《民法典》《电子商务法》的规定，电商平台经营者知道或者应当知道平台内经营者利用其网络服务平台实施侵权行为而未采取必要措施的，应与平台内经营者承担连带责任。但在专利侵权纠纷中，由于专利侵权判定具有一定的专业性，电商平台难以对被诉侵权产品是否构成侵权尤其是相关技术特征是否构成等同特征，被诉侵权产品是否使用的是现有技术作出准确判断。因此在收到权利人的侵权投诉后，平台经营者常常处于两难状态：一方面担心删除链接会影响平台商户的正常经营，另一方面又担心不删除链接会被认定“知道或应当知道侵权”而并被判令承担连带责任。为了解决这个问题，实践中，平台经营者多要求权利人在投诉时提供详细的比对报告。平台内经营者提出申诉时也会被要求提供详细的比对意

[1] 此处援引的是 2017 年《民事诉讼法》第 101 条，2021 年《民事诉讼法》修改后，本条变更为第 104 条。

[2] 参见宋晓明、王闯、夏君丽、郎桂梅：《〈关于审查知识产权纠纷行为保全案件适用法律若干问题的规定〉的理解与适用》，载《人民司法》2019 年第 7 期。

见。此外，对于实用新型和外观设计专利，由于在授权时通常不进行实质审查，其权利稳定性较差，为了平衡专利权人及同业竞争者、社会公众的利益，维护正常、有序的网络运营环境，专利权人要求电子商务平台经营者删除涉嫌侵犯实用新型专利权和外观设计专利权的产品销售链接时，应当提交由专利行政部门作出的专利权评价报告。专利权人无正当理由不提交的，平台经营者可以拒绝删除链接。但如果权利人提起诉讼，且一审判决认定侵权成立，即使一审判决没有生效，平台经营者通常都会删除被诉侵权产品的销售链接。

本案即是此种情况。本案涉案专利为实用新型专利，权利人博生塑料制品公司始终未提交评价报告。虽然其在进行投诉时提供了第三方机构认定侵权的意见，但平台内经营者联悦工贸公司进行申诉时也提供了第三方机构作出的相反结论的意见。故而天猫公司在联悦工贸公司同意缴存100万元保证金于其支付宝账户内，并同意支付宝公司及天猫公司冻结其网店自2019年11月10日22时起全店所有销售收入的情况下，并未删除被诉侵权产品的销售链接。但在一审判决认定侵权后，便立即删除了被诉侵权产品链接。二审中，涉案专利权被国家知识产权局因缺乏新颖性被宣告全部无效。虽然在行为保全听证时，博生塑料制品公司表示即将就专利无效决定提起行政诉讼。但此时专利有效性处于不确定状态，二审案件可能因为专利权无效被裁定驳回起诉。在此情况下，应当认定反向行为保全申请具有事实与法律依据。

（二）不恢复链接是否会对申请人造成难以弥补的损害

对不恢复链接是否会对申请人造成难以弥补的损害的认定通常是行为保全案件审理中的难点。“难以弥补的损害”通常是指损失难以计算或难以通过金钱予以救济。在涉电商平台的知识产权纠纷中，“难以弥补的损害”可以考量以下因素：（1）不采取行为保全措施是否会使申请人的商誉等人身性质的权利受到无法挽回的损害；（2）不采取行为保全措施是否会导致申请人市场竞争优势或商业机会严重丧失，导致即使因错误删除链接等情况可以请求金钱赔偿，但损失非常大或者非常复杂以至于无法准确计算其数额。

电商平台中的“爆款产品”或“顶流产品”是平台内经营者长期经营的结果。“爆款产品”或“顶流产品”并非通过购买竞价排名获得，而是需要大量的访问量、销量、好评度等的支持。其对于商家吸引客户，提高账户评级等发挥着重要作用。一旦“爆款产品”或“顶流产品”的销售链接被删除，即便只是一天的时间，也会对该商品之前累积的访问量、搜索权重及平台内经营者的账户评级产生重要影响，进而降低该平台内经营者的市场竞争优势。因此，删除该类产品给平台内经营者造成的损失并非通过赔偿删除期间的销售利润即可以弥补，故可以认定为会对平台内经营者造成“难以弥补的损失”。同理，在要求电商平台恢复产品销售链接的反向行为保全中，不恢复“爆款产品”的销售链接可以认定为会对作为申请人的平台内经营者造成“难以弥补的损害”。

本案中，被诉侵权产品主要通过联悦工贸公司在“天猫网”上的涉案网店进行销售。根据原审查明的事实，2019 年 11 月 13 日被诉侵权产品累计销量为 283, 693 件；2019 年 12 月 4 日，原审法院组织各方当事人进行证据交换时的累计销量为 352, 996 件；2020 年 1 月 13 日，原审庭审时的累计销量为 594, 347 件。这一方面说明被诉侵权产品的销量大，另一方面也说明其累计的访问量及搜索权重较大，断开销售链接对其网络销售利益影响较大。联悦工贸公司提起行为保全申请时正值“双十一”购物节即将来临，该购物节是“天猫网”平台的促销季，也是被诉侵权产品恢复销售的窗口恢复期。如不恢复被诉侵权产品链接，将使联悦工贸公司的访问量及账户评级进一步降低，失去网络公平竞争的机会，且将使此后的销量及评级恢复更加困难，故应认定会对申请人造成“难以弥补的损害”。

（三）恢复链接对专利权人可能造成的损害是否会超过不恢复链接对被诉侵权人造成的损害

行为保全是一项起源于英国衡平法院的临时救济措施，在英美法国家被称为“临时禁令”“中间禁令”。在决定是否采取行为保全措施时要考虑申请人和被申请人的利益平衡问题，对于双方当事人损害的权衡是是否采取该措施的重要考虑因素。本案中，被诉侵权产品与涉案专利产品虽为同类产品，但市场上类似产品众多，并不会导致博生塑料制品公司的专利产品因恢复链接而被完全替代。而且，法院已经考虑到因恢复链接可能给博生塑料制品公司带来的损失，并将冻结联悦工贸公司支付宝账户相应金额及恢复链接后继续销售的可得利益，联悦工贸公司也明确表示同意。在此情况下，相较于不恢复链接对联悦工贸公司正常经营的影响，恢复链接对博生塑料制品公司可能造成的损害较小。

（四）恢复链接是否会损害社会公共利益

公共利益是是否采取行为保全措施的重要考量因素。即使前几个因素满足，如果行为保全措施会损害公共利益，也不应采取。在专利侵权纠纷中，社会公共利益一般考量的是公众健康、环保以及其他重大社会利益。本案所涉被诉侵权产品系用于家庭日常生活的拖把桶，恢复链接时考量的重要因素是是否会对公众健康、环保造成影响，特别是需要考虑是否会对消费者的人身财产造成不应有的损害，而本案无证据表明被诉侵权产品存在上述可能损害公共利益的情形。

（五）是否存在不宜恢复链接的其他情形

就本案来说，这主要涉及被诉侵权产品涉诉的另一案件。博生塑料制品公司在本案中主张，被诉侵权产品除了涉嫌侵犯本案涉案专利权外，还在368号案中涉嫌侵害博生塑料制品公司的180.2号专利权，且180.2号专利权目前仍处于有效状态。即使本案因专利无效被驳回起诉，因368案仍在审理中，产品销售链接仍不应恢复。但是，首先，368号案尚在一审审理中，被诉侵权产品是否侵权、现有技术抗辩是否成立尚不确定。其次，368号案中博生塑料制品公司赔偿损失的诉讼请求已经通过冻结联悦工贸公司支付宝账户余额316万元的财产保全措施予以保障。再次，在确定本案行为保全担保金额时，已考虑368号案的情况酌情提高了联悦工贸公司的担保金额并将冻结联悦工贸公司恢复链接后继续销售的可得利益。因本行为保全措施系针对本案诉讼，担保金额冻结至本案判决生效之日，届时，如果368号案仍在审理中，博生塑料制品公司可以在该案中通过申请行为保全等措施维护自身合法权益，由法院根据该案情况决定是否采取行为保全措施。因此，不存在博生塑料制品公司就180.2号专利所享有的权利难以得到保障的情况。被诉侵权产品因涉嫌侵害180.2号专利权而涉诉的事实不影响本案行为保全措施的采取。

三、担保金额的确定

从比较法的角度来看，行为保全申请人是否应提供担保及提供担保的目的各国不尽相同。德国、日本根据案件情况，可以不要求申请人提供担保。但在美国，则要求申请人必须提供担保，用于赔偿因发出错误禁令而造成的损失。

我国《民事诉讼法》第100条第2款规定："人民法院采取行为保全措施，可以责令申请人提供担保，申请人不提供担保的，裁定驳回申请。"因此，在审判实践中，法院可以根据案件实际情况决定是否要求申请人提供担保。但从目前实践来看，当事人提出行为保全申请，法院通常会要求其提供担保。担保金额的确定在行为保全中发挥着重要作用。数额过低，起不到实际的担保作用；数额太高，则会不当加重申请人的负担。担保金额既要合理又要有效，既要考虑行为保全措施实施后对被申请人可能造成的损害，也要防止过高的担保金额对申请人的生产经营造成不合理影响。具体到涉电商平台知识产权侵权纠纷中恢复链接担保金额的确定，一方面应考虑恢复链接后可能给权利人造成的损失，确保权利人就该损失另行主张赔偿的权利得到充分保障；另一方面也应合理确定申请人恢复链接后的可得利益，避免因冻结过多的销售收入不合理影响其资金回笼和后续经营。本案中，博生塑料制品公司在本案及368号案中均要求被诉侵权人赔偿经济损失316万元，原审法院均已采取财产保全措施。但考虑到被诉侵权产品在删除链接前销售数额较大，恢复链接将可能导致博生塑料制品公司的损失扩大等因素，为最大限度保护专利权人的利益，将综合博生塑料制品公司在两案中的赔偿主张、恢复链接后联悦工贸公司的可得利益等因素酌定担保金额。鉴于联悦工贸公司的可得利益将随产品销售而不断增加，除固定担保金外，本案增加了动态担保金。由于联悦工贸公司的销售收入中还含有成本、管理费用等，为防止过高的担保金额对联悦工贸公司的生产经营造成不合理影响，在考虑本案及368号案所涉专利贡献率的情况下，酌情将动态担保金确定为联悦工贸公司销售额的50%。

此外，由于支付宝公司并非本案当事人，支付宝公司与天猫公司亦是两个独立的法人。被诉侵权产品的销售量数据由天猫公司掌握，而销售钱款则在支付宝公司。故法院没有要求支付宝公司或天猫公司扣除动态担保金，而是要求申请人根据产品的销售量将相应数额的钱款留存在支付宝账户，不得提取，以使裁判的执行更为便利。同时，动态担保金的担保方式可以避免“一刀切”式冻结平台内经营者所有产品的销售钱款，也为电商平台解决知识产权纠纷保证金问题提供了一种思路。

最高人民法院二审合议庭成员：原晓爽　孔立明　徐飞

（编写人：徐飞* 　审稿人：丁文严）

---

* 徐飞，法学博士，中华人民共和国最高人民法院知识产权法庭，三级高级法官。

西门子工业软件有限公司
与
广州沃福模具有限公司
侵害计算机软件著作权纠纷案

——关于抗拒证据保全的侵权及损害赔偿认定

【裁判摘要】

证据保全作为保障民事诉讼活动依法有序开展的重要制度，对于查明案件事实、保护当事人权利发挥了积极作用，也是确保人民法院作出公正裁判的重要手段。但是，司法实践中，有些当事人为了掩盖不法行为，逃避法律责任，往往不配合，甚至采取对抗行为以抗拒法院证据保全。对此，对于任何单位或者个人以暴力、威胁或者其他方法阻碍人民法院证据保全的，人民法院将作出不利于该方当事人的事实推定，并在确定具体赔偿数额时将此情形作为侵权情节予以考量。鉴于此，诉讼参与人应当严格遵守诉讼诚信原则，自觉维护司法权威，共同构建公平公正的司法秩序。

【案件基本信息】

1. 诉讼当事人

上诉人（原审原告）：西门子工业软件有限公司（Siemens Industry Software Inc.，以下简称西门子工业软件公司）

上诉人（原审被告）：广州沃福模具有限公司（以下简称沃福模具公司）

2. 案件索引与裁判日期

一审：广州知识产权法院（2018）粤 73 民初 1099 号判决（2019 年 10 月 17 日）

二审：最高人民法院（2020）最高法知民终 155 号判决（2020 年 11 月 19 日）

3. 案由

侵害计算机软件著作权纠纷

【简要案情】

西门子工业软件公司系 NX 系列软件（本案主张 NX8、NX10、NX11、NX12 四种不同版本的软件，以下统称涉案软件）的著作权权利人。NX 软件在行业内常被称为 UG 软件，是一款主要面向制造业的高端计算机软件。沃福模具公司是一家主要从事模具制造的企业。西门子工业软件公司以沃福模具公司未经许可使用涉案软件进行产品设计和制造，构成计算机软件著作权侵权为由，向广州知识产权法院（以下称一审法院）起诉，请求判令沃福模具公司停止侵权行为并赔偿经济损失 261 万余元及维权合理开支 10 万元。一审法院立案受理后，根据西门子工业软件公司的申请，到沃福模具公司办公场所进行证据保全，当场向该公司管理人员详细说明了将采取的保全措施以及拒不配合法院保全的法律后果。经现场清点，沃福模具公司设计办公室共有 26 台电脑。在一审法院保全了 17 台电脑，且其中 9 台电脑显示安装有 13 套涉案软件后，沃福模具公司的在场管理人员突然采取对抗措施，通过拒不打开部分电脑、断电、扣留法院相机、阻止法院人员离开等方式阻挠证据保全工作，导致一审法院的保全工作被迫中断，并使其余 9 台电脑未能完成保全。在一审审理期间，西门子工业软件公司为了证明涉案软件的售价，提交了本案所涉不同版本 NX 软件的销售合同和发票，上面显示软件售价从 15 万元到 20 万元不等，经济价值较高。西门子工业软件公司还明确主张对于未能完成保全的 9 台电脑亦应推定安装了涉案软件。

一审法院于 2019 年 10 月 17 日作出（2018）粤 73 民初 1099 号判决，判决沃福模具公司立即停止侵害西门子工业软件公司涉案软件著作权的行为；沃福模具公司赔偿西门子工业软件公司经济损失 50 万元及维权合理费用 10 万元；驳回西门子工业软件公司其他诉讼请求。

一审判决后，双方当事人均不服，向最高人民法院提起上诉。西门子工业软件公司上诉主张，一审法院确定的损害赔偿数额过低，应按照该公司的实际损失以及沃福模具公司抗拒法院证据保全等事实确定赔偿数额。沃福模具公司则上诉主张，本案侵权事实不清楚，且一审法院确定的赔偿数额过高。

【案件焦点】

在沃福模具公司抗拒证据保全的情形下，涉案计算机软件著作权侵权及损害赔偿的认定。

【裁判结果】

最高人民法院经审理认为，《民事诉讼证据规定》第 95 条规定，“一方当事人控制证据无正当理由拒不提交，对待证事实负有举证责任的当事人主张该证据的内容不利于控制人的，人民法院可以认定该主张成立”。经查，一审证据保全过程中，在一审法院已经向沃福模具公司释明若阻碍证据保全将推定其安装了涉案软件并承担相应不利后果的情况下，沃福模具公司仍然采取对抗措施，通过拒不打开部分电脑、断电、扣留法院相机、阻止法院人员离开等方式阻碍一审法院证据保全工作，致使一审法院对其他 9 台电脑未完成保全。在已经确认部分已保全电脑安装了涉案软件的情况下，根据前述司法解释的规定，应推定一审法院未能保全的 9 台电脑亦安装了涉案软件。

特别需要指出的是，证据保全诉讼措施是民事诉讼活动的重要组成部分，是人民法院行使司法审判权的重要手段。任何单位或者个人以暴力、威胁或者其他方法阻碍司法工作人员执行职务的，不但严重违反诉讼诚信的基本原则，而且是一种严重妨害民事诉讼的行为，在确定具体赔偿数额时应对此情节予以考虑。因此，在确定本案侵权损害赔偿时应当对 9 台未保全电脑一并予以考量。本案中，侵权软件数量、正版软件售价等案件事实较为清楚，故可以根据著作权人因侵权行为受到的实际损失来计算损害赔偿数额。在计算时，重点考虑了以下因素：（1）侵权数量。除了保全的电脑显示安装有 13 套涉案软件外，9 台未保全的电脑亦推定均安装了涉案软件，故沃福模具公司至少复制了 22 套涉案软件，侵权数量较大。（2）涉案软件的价格。西门子工业软件公司的 NX 软件适用于工业制造，具有一定知名度，售价从15万元到20万元不等，经济价值较高。虽然该售价中包含了安装、培训、咨询、维护、升级等售后服务，但是即便扣除这些售后服务的价值，按照每套软件西门子工业软件公司平均损失12万元计算，22套软件的总损失也已达到264万元。（3）沃福模具公司的侵权情节。沃福模具公司在本案中具有无正当理由阻碍法院证据保全的行为，情节较为严重。综合上述因素，在案证据能够证明西门子工业软件公司的实际损失已经明显超出法定赔偿额上限，且其主张的损害赔偿数额具有事实基础和法律依据，因此，对西门子工业软件公司的损害赔偿请求和合理支出予以全额支持。据此，判决沃福模具公司赔偿西门子工业软件公司经济损失261万余元及维权合理开支10万元。

【裁判摘要评析】

大陆法系的证据保全起源于中古世纪的寺院法，其本质为先于本案程序进行的证据调查。〔1〕 证据保全，是指为了防止证据灭失或者以后难以取得，人民法院在诉前或者诉讼中，根据利害关系人、当事人的申请，或者依职权采取措施，对于案件有证明意义的证据材料予以提取、保存或者封存的制度。

民事诉讼活动以证据为核心，只有依靠当事人提供全面、客观的证据，法院才能查明案件事实，化解纠纷矛盾。在当事人难以取得证据或者证据可能灭失的情况下，证据保全制度能够弥补当事人举证能力的不足，从而减轻当事人的维权困难。因此，司法实践中，在起诉前或者诉讼过程中向法院申请证据保全的情形十分普遍。特别是在计算机软件著作权侵权案件中，侵权行为往往十分隐蔽或者处于内部控制之下，知识产权权利人要想获得被诉侵权人的侵权证据较为不易，迫切需要借助证据保全制度来固定侵权证据和侵权事实。还有些紧急情况下，如展会上被诉侵权人正在对侵权软件进行许诺销售，由于展会持续时间短，侵权行为往往稍纵即逝，如不及时进行证据保全，著作权人将失去获得侵权证据的最佳时机，维权之路可能变得无比艰辛。正是由于上述原因，证据保全制度在计

〔1〕 参见沈冠伶：《民事证据法与武器平等原则》，台北，元照出版有限公司2007年版，第175页。

算机软件著作权侵权案件中显得格外重要。

一、我国证据保全制度的立法现状

我国关于证据保全制度的最早立法是1982年《民事诉讼法（试行）》的第65条,[1] 1991年《民事诉讼法》保留了这一条。该条规定的主要是诉中证据保全，对于诉前的证据保全并未作出规定。为了弥补民事诉讼法立法的不足,《著作权法》等知识产权实体法在此后的修法中增加了诉前证据保全的规定，从专门立法的角度明确了诉前证据保全的重要性和必要性。直到2012年《民事诉讼法》修订时，该法第81条增加了诉前证据保全的相关规定，适应了民事诉讼纠纷重心前移的司法改革趋势。同时，该条第3款还对证据保全的具体程序作出了指引——参照适用诉讼保全的相关程序。此外,《民事诉讼法司法解释》第98条对证据保全还作出了一些限制规定，当事人在诉讼中申请证据保全的，可以在举证期限届满前书面提出。对于证据保全可能对他人造成损失的，申请人还应提供相应的担保。这些规定进一步完善了证据保全制度的程序。至此，我国民事诉讼法已建立起类型多样、程序相对完善的证据保全制度。

证据保全的实质是对证据的固定与保护。它是一种为当事人设立的私力救济措施。[2] 在证据可能灭失或者以后难以取得的情况下，当事人既可以在诉前，也可以在诉讼中向人民法院申请证据保全。人民法院审查后认为申请保全的证据与待证事实之间具备一定关联性的，可以同意当事人的申请，进行证据保全。此外，在诉讼中，人民法院认为确有必要的，也可以主动采取证据保全措施。可见，证据保全以证据调查为本质，其制度价值体现在程序所得证据资料对本案审理的作用上。[3] 证据保全的启动以相关证据获取存在一定难度或者将来可能灭失而不能再获得为条件，旨在为申请人提供公力救济。如在本案中，被诉侵权软件安装在沃福模具公司办

[1] 1982年《民事诉讼法(试行)》第65条规定:“在证据可能灭失或者以后难以取得的情况下，诉讼参加人可以申请证据保全，人民法院也可以主动采取保全措施。”

[2] 参见匡自立:《诉前证据保全制度中的实务难题与解决途径》，载《河北科技师范学院学报(社会科学版)》2014年第3期。

[3] 参见断文波、李凌:《证据保全的性质重识与功能再造》，载《南京社会科学》2017年第5期。

公场所的电脑中，西门子工业软件公司客观上难以取得相关证据，存在取证困难的现实情况。而且，如不采取证据保全，后续沃福模具公司极有可能通过卸载由其掌控的被诉侵权软件以销毁证据，逃避侵权责任的承担。因此，一审法院综合考虑本案证据取得的难易程度以及涉案证据灭失的可能性后，同意了西门子工业软件公司的证据保全申请。

二、证据保全制度的制度功能

为何《民事诉讼法》对证据保全制度作出专门规定，并不断通过修法完善相关规定？是因为证据保全制度承担着查明案件事实、保护当事人权利、提高司法效率等功能。

（一）查明案件事实之必要

民事诉讼以追求客观真实为目标。通过各方当事人的举证，使争议的案件事实逐渐浮出水面，人民法院得以在此基础上确定案件事实，分清各方法律责任。正因如此，发现事实是实现公正裁判的手段和前提，公正判决是发现事实所要实现的目的。[1] 证据保全制度就是查明争议事实、确保法院作出公正判决的关键所在。

在计算机软件著作权侵权案件中，查明案件事实是确定有无侵权行为及确定相应法律责任的重要环节。侵权责任的承担首先需要明确被诉侵权人有无侵权行为以及具体的侵权行为是什么，确定行为人实施的具体侵权行为又必须建立在明确的侵权证据之上。因此，获得与侵权行为相关的证据就显得尤为重要。它既是查明侵权事实的基础，也是人民法院在此基础上分辨是非，确定法律责任的关键。以本案为例，确定沃福模具公司的办公电脑是否安装以及安装了多少套侵权软件，是确定沃福模具公司是否构成侵权以及将要承担什么侵权责任的基础。而且，本案二审之所以支持了西门子工业软件公司261余万元的侵权损害赔偿，也是建立在证据保全过程中发现沃福模具公司的电脑安装了十余套侵权软件这一重要事实，并对其抗拒保全的电脑作出侵权推定的基础上。

---

〔1〕参见张永泉：《民事诉讼证据原理研究》，厦门大学出版社2005年版，第89页。

（二）保护当事人权利之要求

民事诉讼的提起往往是一方当事人认为自己的合法权益受到了侵害，继而请求人民法院裁决争议纠纷、填补自身权益所受到的损失。因此，民事诉讼以保护当事人的合法权利为目的，肩负着维护社会公平与恢复不平等、不公正的社会关系之责任。证据保全制度为当事人获得涉案证据、维护自身权益提供了有力保障。此外，证据保全制度也可以保护被告的合法权益。因为它不仅是证明被告违法的有力武器，也是证明被告清白的反证，从而使被告不会受到不法侵害。

在计算机软件著作权侵权案件中，这种表现尤为明显。由于正版软件上线后时常面临着被破解，甚至被他人在互联网上免费共享使用破解版本的情况，著作权人要想发现侵权行为十分困难，而要收集侵权人安装、使用盗版软件的证据更是难上加难。因为此类案件中，侵权人和侵权行为往往十分隐蔽，要想发现侵权的踪迹实属不易。通过证据保全，被诉侵权人是否安装了侵权软件变得一目了然，侵权与否的问题也迎刃而解了。以本案为例，沃福模具公司自称其使用的侵权软件是从互联网免费下载的破解版本。西门子工业软件公司通过沃福模具公司发布在“中国模具人才网”“hunt007 网”“百度百聘网”等网络上的招聘信息，发现其中对设计员的职位描述都是能熟练应用涉案 NX 软件进行模具设计，由此初步认定沃福模具公司具有未经许可使用涉案软件的行为。但由于相关软件均安装在沃福模具公司办公场所的电脑上，西门子工业软件公司客观上难以取得侵权证据，故一审法院根据该公司的申请，采取了证据保全的措施。这一举措大大减轻了西门子工业软件公司的举证责任，也使该公司的著作权得到了合法保护。

（三）提高司法效率之利举

民事诉讼在强调程序重要性的同时，也极其注重效率。由于司法资源具有一定的稀缺性，这意味着它必须得到合理分配与安排。无论是当事人的举证，还是人民法院对证据的审查都必须实现高效。经过证据保全，案件事实得以清晰、明确，这有助于化解当事人之间对于事实问题的分歧，有助于法院作出正确裁判。以本案为例，经过证据保全，沃福模具公司安装使用侵权软件的侵权事实明确，极大地减轻了西门子工业软件公司的证明责任，也有利于法院在此基础上作出公正裁判。

三、抗拒证据保全将要承担的法律责任

既然证据保全在民事诉讼中肩负着保护当事人合法权利、查明案件事实等重要功能，对确保民事诉讼活动高效开展、保障人民法院依法行使司法审判权意义重大，此时如何合法保障证据保全工作顺利开展就显得尤为重要。对此，《民事诉讼法》及相关司法解释明确规定各方当事人应当对证据保全工作予以配合协助，如果不予配合，将承担以下两方面的法律责任：

（一）推定承担不利后果

根据《民事诉讼证据规定》第95条的规定，对于抗拒法院证据保全或者拒不配合提供相关证据的个人和单位，人民法院将作出不利于该方的事实推定，其将因此承担相应不利后果和法律责任。例如，在本案中，沃福模具公司在一审法院已经释明若阻碍证据保全将推定其安装了涉案软件并承担相应不利后果的情况下，依然采取对抗措施，故最高人民法院在二审中推定沃福模具公司未能保全的9台电脑亦安装了侵权软件，并在计算侵权损害赔偿时对这9台未保全电脑所涉侵权行为一并予以计算，同时将该公司抗拒证据保全的侵权情节纳入损害赔偿的考量范畴，并最终通过计算权利人的损失全额支持了西门子工业软件公司261万余元的赔偿请求和10万元的合理开支。

（二）追究相应民事、行政和刑事责任

《民事诉讼法》第111条[1]规定，对于采取暴力、威胁或者其他方法阻碍司法工作人员执行职务的，人民法院可以根据情节轻重对相关人员或者单位予以罚款、拘留；构成犯罪的，可以依法追究刑事责任。根据这一规定，在人民法院进行诉前或诉中证据保全过程中，如果当事人不配合人民法院的证据保全工作，采取阻挠或者其他方法妨碍法院执行公务的，法院可以依法对相关人员罚款、拘留，对相关单位判处罚款；如果相关人员或者单位的阻挠行为触犯了《刑法》的规定，构成犯罪，法院还可以依法

---

〔1〕2021年《民事诉讼法》修改后，本条变更为第114条。

追究相关人员和单位的刑事责任。

四、结语

诚信既是中华民族的传统美德，也是现代文明社会的基石。我们国家高度重视社会诚信建设。党的十八大报告提出“加强政务诚信、商务诚信、社会诚信和司法公信建设”，党的十八届三中全会决定强调，“建立健全社会征信体系，褒扬诚信，惩戒失信。”国务院印发的《社会信用体系建设规划纲要（2014—2020）》，提出了信用体系建设的整体思路和基本原则。社会信用体系建设是推进国家治理体系与治理能力现代化、加强和推进创新社会构建的重要手段，对于增强全民诚信意识，构建诚实守信、健康文明的社会体系具有重要意义。诉讼诚信作为社会信用体系的重要组成部分，以法律、法规、道德为依据，倡导诚实守信、失信惩戒。每一个诉讼参与人都应当自觉维护讲诚信、守法纪的法治环境。证据保全是保障民事诉讼活动依法、有序、高效开展的重要制度，对于查明案件事实、维护当事人合法权益具有重要意义，是人民法院行使司法审判权、作出公正裁判的重要手段。任何单位和个人都应当自觉配合证据保全工作，不得采取暴力、威胁或者其他方法阻碍法院工作人员执行职务。对于违反者，人民法院将作出不利于该方当事人的事实推定，并在确定具体赔偿数额时对此情节予以考量。而且，抗拒证据保全者，还将面临着其他民事、行政和刑事责任。因此，诉讼参与人在民事诉讼活动中一定要严格遵守法律规定和诉讼诚信，积极配合人民法院工作，依法保障司法保护有序开展，这样既能使自身的合法权益得到保护，又能共同维护公开公平公正的司法秩序，促进全民诚信。

最高人民法院二审合议庭成员：朱理　原晓爽　傅蕾

（编写人：傅蕾*　审稿人：丁文严）

---

* 傅蕾，法学博士，中华人民共和国最高人民法院知识产权法庭，三级高级法官。

深圳裕昇科技有限公司、户某某等
与
苏州赛芯电子科技有限公司
侵害集成电路布图设计专有权纠纷案

——集成电路布图设计专有权的保护

【裁判摘要】

1. 集成电路布图设计的登记是确定布图设计保护对象的过程，而不是公开布图设计内容的过程，故集成电路布图设计的保护并不以公开布图设计的内容为条件。

2. 集成电路布图设计的保护对象是为执行某种电子功能而对于元件、线路所作的具有独创性的三维配置。权利人主张其布图设计的三维配置整体或者部分具有独创性应受保护时，应当对其独创性进行解释或者说明，被诉侵权人不能提供相反证据或者提供的相反证据不足以推翻的，应当认定该布图设计的三维配置具备独创性。

3. 被诉侵权人提出其不具备接触可能性的抗辩时，即使被诉侵权芯片与布图设计构成相同或实质相同，也要考察被诉侵权人是否具有接触布图设计的可能性。

【案件基本信息】

1. 诉讼当事人

上诉人（原审被告）：深圳裕昇科技有限公司（以下简称裕昇科技公司）

上诉人（原审被告）：户某某

上诉人（原审被告）：黄某甲

上诉人（原审被告）：黄某乙

被上诉人（原审原告）：苏州赛芯电子科技有限公司（以下简称赛芯电子科技公司）

2. 案件索引与裁判日期

一审：广东省深圳市中级人民法院（2015）深中法知民初字第1106号判决（2019年6月19日）

二审：最高人民法院（2019）最高法知民终490号判决（2020年10月16日）

3. 案由

侵害集成电路布图设计专有权纠纷

【简要案情】

赛芯电子科技公司于2012年4月22日申请并登记了名称为“集成控制器与开关管的单芯片负极保护的锂电池保护芯片”的集成电路布图设计，并于2012年6月8日公告，登记号为BS. 12500520. 2，该集成电路布图设计专有权至今处于有效状态。深圳准芯微电子有限公司（以下简称准芯微电子公司，在本案诉讼过程中注销）未经许可，复制、销售的JA5088芯片与涉案集成电路布图设计实质相同。裕昇科技公司为准芯微电子公司的销售行为代开发票。被诉侵权行为发生时，户某某为准芯微电子公司的唯一股东，持有裕昇科技公司51%的股权，并同时担任该两公司的法定代表人。户某某后将股权转让给黄某甲、黄某乙。在一审诉讼期间，黄某甲、黄某乙注销了准芯微电子公司。赛芯电子科技公司认为，准芯微电子公司、裕昇科技公司共同侵害了涉案集成电路布图设计专有权，户某某、黄某甲、黄某乙应对准芯微电子公司承担连带责任。故诉至法院，请求判令停止侵权、裕昇科技公司、户某某、黄某甲、黄某乙连带赔偿其经济损失。一审法院认为，经鉴定，被诉侵权芯片与涉案布图设计具有独创性的部分实质相同，构成侵权。广东省深圳市中级人民法院于2019年6月19日作出（2015）深中法知民初字第1106号判决：（一）裕昇科技公司在判决生效之日起10日内赔偿赛芯电子科技公司经济损失50万元；（二）户某某、黄某甲、黄某乙对上述赔偿金额承担连带责任；（三）驳回赛芯电子科技公司其余诉讼请求。

一审判决后，裕昇科技公司、户某某、黄某甲、黄某乙向最高人民法院提出上诉，认为：（1）集成电路布图设计专有权是以公开换保护，因此，在确定布图设计专有权的保护范围时只能依据图样，而不应使用登记的样品；（2）鉴定机构没有采纳被诉侵权人提出的证据，鉴定意见认为涉案布图设计具有独创性没有充分的理由；（3）准芯微电子公司没有接触涉案布图设计的可能。因此，请求撤销一审法院判决，判令驳回赛芯电子科技公司原审中的全部诉讼请求。

【案件焦点】

1. 是否能够以登记的芯片样品来确定布图设计的内容；

2. 如何审查布图设计中权利人主张独创性部分的独创性；

3. “接触可能性”在布图设计侵权判定中的地位及其审查。

【裁判结果】

最高人民法院经审理认为，集成电路布图设计复制件或图样的纸件是为获得登记必须提交的文件。在确定布图设计的保护范围时，一般应根据复制件或图样的纸件进行。在样品与复制件或图样的纸件具有一致性的前提下，可以采用样品剖片，通过技术手段精确还原芯片样品包含的布图设计的详细信息，提取其中的三维配置信息，确定纸件中无法识别的布图设计细节，从而确定布图设计的内容。在涉案布图设计经登记的样品和图样不存在明显差异的前提下，鉴定机构采用样品剖片来确定赛芯电子科技公司主张的独创点的细节结构，并无不当。

布图设计中受保护的独创性部分应能够相对独立地执行某种电子功能，并应具有独创性，即自己设计完成且不属于创作时公认的常规设计。在侵权诉讼中，对独创性的举证责任分配应充分考虑集成电路布图设计的特点、目前我国集成电路布图设计的登记现状、双方的举证能力等因素，以权利人提出的独创性部分为依据，先要求权利人对其主张的独创性部分进行充分说明或初步证明，再由被诉侵权人就不具有独创性提出相反证据，在综合考虑上述事实、证据的基础上进行判断。赛芯电子科技公司提出了涉案布图设计的独创点，提出了独创点对应部分的常规设计，并将涉案布图设计的独创点与常规设计进行了对比，已经对独创点进行了充分说明。赛芯电子科技公司提出的独创点中的技术术语的含义，均是本领域技术人员结合涉案布图设计的图样和独创点内容就可以知晓的，可以据此确定其在布图设计中对应的部分。其中，独创点 1—4 均是涉及单廾关的 NMOS 管和衬底切换 NMOS 管 MF、MC 的三维配置关系，将其作为一个整体，其对应部分可以实现单开关 MOS 管对锂电池的过流、过充等保护的功能，属于能够相对独立地执行某种电子功能的部分，可以成为布图设计保护的独创性部分。在整体考虑赛芯电子科技公司主张的独创点 1—4 的基础上，可以认定赛芯电子科技公司明确提出了独创点，并对其进行了充分说明，裕昇科技公司等提供的证据尚不足以推翻赛芯电子科技公司提出的独创点 1—4，赛芯电子科技公司提出的独创点 1—4 整体作为独创性部分应受保护。因此，二审法院判决驳回上诉，维持原判。

【裁判摘要评析】

我国在布图设计的保护上采取专门法模式，目前主要法律依据是 2001 年公布并施行的《集成电路布图设计保护条例》（以下简称《条例》）以及《集成电路布图设计保护条例实施细则》（以下简称《实施细则》），《条例》和《实施细则》自公布迄今未经修订。实践中涉及集成电路布图设计专有权保护的纠纷不多，对其保护规则进行系统、深入研究的少之又少。本案对该领域的基本原则、相关审判规则进行了全方位的明确；厘清了集成电路布图设计登记行为的性质，为后续准确确定布图设计的保护范围，正确认定侵权奠定了基础；并对于如何审查布图设计的独创性给出了具体指导。

一、集成电路布图设计内容的确定与登记制度的功能

对集成电路布图设计内容的确定有赖于对登记行为性质的正确认识。行政登记程序中如何确定布图设计的内容？是否通过登记公开布图设计的内容以换取专有权保护？这些问题是研究集成电路布图设计保护中不可回避的重要问题，对这些问题的解决也是解决其他诸多问题的基础。

（一）集成电路布图设计行政登记的制度功能

《条例》在布图设计专有权的产生上实行的是登记保护主义，即对布图设计的保护以登记为前提，其是否投入商业使用则在所不问。关于布图设计登记的性质，司法实践中存在争论。江苏省高级人民法院在昂宝电子（上海）有限公司与南京智浦芯联电子科技有限公司等侵害集成电路布图设计专有权纠纷中指出："以复制件或图样为准确定专有权的保护内容，符合布图设计专有权制度以公开换保护的原则精神。"[1] 在该案的申请再审程序中，最高人民法院指出，"在制度设计层面，布图设计保护制度是否存在类似专利制度的'公开换保护'机制至今仍存较大争议"。[2] 本案中，被诉侵权人也提出布图设计专有权是以公开换保护。

知识产权制度的许多制度设计源于不同知识产权客体自身的特性，客体自身的特性决定了行政登记程序在权利产生中所起的作用和效果。对于集成电路布图设计，有学者将其归纳为"集成电路保护在原有的知识产权体系中介于专利权和著作权之间"。[3] 在客体性质这一问题上，集成电路布图设计与著作权的客体——作品相同，其本质完全表现于布图设计本身，不具有可简化的特性，[4] 行政登记无法提供一种更为简化的方式来确定客体的内容，只是对客体的实质内容进行确认。此外，从客体性质看，布图设计本身并没有以公开换取保护的需求。《条例》和《实施细则》虽然没有明确布图设计的登记是否是公开布图设计内容的过程，但仍可以以相关规定为根据对此进行分析。从《实施细则》第 39 条[5]、第 15 条[6] 规定可知，我国对布图设计的登记审查时，对纸件的要求是至少放大到 20 倍以

---

〔1〕 江苏省高级人民法院（2013）民事判决书，苏知民终字第 0181 号。

〔2〕 最高人民法院民事裁定书，（2015）民申字第 784、785 号。

〔3〕 参见郭禾：《中国集成电路布图设计权保护评述》，载《知识产权》2005 年第 1 期。

〔4〕 关于客体的可简化特性的论述，参见［澳］布拉德·谢尔曼、［英］莱昂内尔·本特利：《现代知识产权法的演进：英国的历程（1760—1911）》，金海军译，北京大学出版社 2006 年版，第 182-184 页。

〔5〕 该条规定："布图设计登记公告后，公众可以请求查阅该布图设计登记簿或者请求国家知识产权局提供该登记簿的副本。公众也可以请求查阅该布图设计的复制件或者图样的纸件。本细则第十四条所述的电子版本的复制件或者图样，除侵权诉讼或者行政处理程序需要外，任何人不得查阅或者复制。"

〔6〕 该条规定："布图设计在申请日之前没有投入商业利用的，该布图设计登记申请可以有保密信息，其比例最多不得超过该集成电路布图设计总面积的 50%。含有保密信息的图层的复制件或者图样页码编号及总页数应当与布图设计登记申请表中所填写的一致。布图设计登记申请有保密信息的，含有该保密信息的图层的复制件或者图样纸件应当置于在另一个保密文档袋中提交。除出于侵权诉讼或者行政处理程序需要外，任何人不得查阅或者复制该保密信息。"

上，对电子版本的要求是包含布图设计的全部信息。登记公告后，公众可以请求查阅的是纸件，对于已经投入商业利用的布图设计纸件中涉及的保密信息，除出于侵权诉讼或行政处理程序的需要，不得查阅或复制；对于电子版本，同样除侵权诉讼或行政处理程序需要外，任何人不得查阅或复制。从上述规定可以看出，无论在登记过程中还是登记公告后，对含有布图设计全部信息的电子版本和已投入商业利用的布图设计纸件中的保密信息均没有对公众无条件全部公开的要求。

因此，基于布图设计本身的性质，以及《条例》《实施细则》的现行规定，布图设计的登记并非公开布图设计内容的过程，布图设计专有权并非以公开换取保护，布图设计专有权的取得并不以权利人充分公开该布图设计的内容为条件。

（二）确定布图设计内容的依据

依据《条例》第16条[1]、《实施细则》第14条[2]，在布图设计登记时提交的材料中包含布图设计内容的有复制件或者图样的纸件、复制件或者图样的电子版本、样品。由此，实践中产生了复制件或图样的纸件、电子版本、样品是否均能用于确定布图设计的内容这一问题。最高人民法院在（2015）民申字第784、785号案件中指出，如果在相关诉讼程序中忽略复制件或图样的法律地位，直接依据样品确定布图设计保护内容，可能引发轻视复制件或图样法律地位的错误倾向，使现行法律关于申请资料的相关要求无法落实，引发登记行为失范，产生不良导向作用。[3] 在本案中，被诉侵权人援引了上述规则，认为不能直接以登记的样品剖片来确定

[1] 该条规定：“申请布图设计登记，应当提交：（一）布图设计登记申请表；（二）布图设计的复制件或者图样；（三）布图设计已投入商业利用的，提交含有该布图设计的集成电路样品；（四）国务院知识产权行政部门规定的其他材料。”

[2] 该条规定：“按照条例第十六条规定提交的布图设计的复制件或者图样应当符合下列要求：（一）复制件或者图样的纸件应当至少放大到用该布图设计生产的集成电路的20倍以上；申请人可以同时提供该复制件或者图样的电子版本；提交电子版本的复制件或者图样的，应当包含该布图设计的全部信息，并注明文件的数据格式；（二）复制件或者图样有多张纸件的，应当顺序编号并附具目录；（三）复制件或者图样的纸件应当使用A4纸格式；如果大于A4纸的，应当折叠成A4纸格式；（四）复制件或者图样可以附具简单的文字说明，说明该集成电路布图设计的结构、技术、功能和其他需要说明的事项。”

[3] 参见最高人民法院民事裁定书，（2015）民申字第784、785号。

保护范围，而应限于纸件中已经公开的内容。

专利是以公开换保护的典型制度，这是从专利制度萌芽之初一以贯之的。直至当今社会，现代专利制度日趋成熟，各国专利法中都有完善的制度设计保障公开换保护的执行。[1] 除国防专利等需要保密的特殊情况以外，发明专利在实质审查前、实用新型专利在授权后都需要将权利要求书、说明书全部公开。与之对应的是，专利权保护范围应依据已经公开的文本内容来确定。在确定布图设计的内容时，并不存在仅对公众公开的内容才可以得到保护的问题。随着半导体行业的发展，布图设计能在更小的半导体基片上完成更为复杂的布图设计，其集成度获得大幅提高。如此精密、复杂的布图设计，如果要将其置于复制件或图样的纸件上，需要放大到足够倍数才能清晰识别其中包含的全部信息。限于客观条件，按照实施细则第 14 条“复制件或者图样的纸件至少放大到该布图设计生产的集成电路的 20 倍以上”之规定，将放大后的集成电路置于常用的 A4 纸张上，仍然存在放大倍数尚不足以完整、清晰地反映布图设计内容的情况。由于集成电路的保护不限于已经公开的内容，而纸件有时不能全面、清晰地反映布图设计的内容，因此，登记时提交的纸件、电子版本、样品均可以用于确定布图设计的内容。

在可以用于确定布图设计内容的复制件或者图样的纸件、复制件或者图样的电子版本、样品中，复制件或者图样的纸件是必须提交的；样品在布图设计已经投入商业利用的情况下提交；复制件或者图样的电子版本是基于自愿提交的，还特别要求电子文档应当包含该布图设计的全部信息，并注明文件的数据格式。可见，复制件或者图样的纸件是获得登记必须提交的文件。虽然纸件、电子版本、样品均可以用于确定布图设计的保护范围，但在利用其具体确定布图设计的保护范围时，仍存在优先顺序的差异。一般应首先根据登记时提交的复制件或图样的纸件确定布图设计的

---

〔1〕《专利法》（2008 年修正）第 26 条第 3 款规定：“说明书应当对发明或者实用新型作出清楚、完整的说明，以所属技术领域的技术人员能够实现为准；必要的时候，应当有附图。摘要应当简要说明发明或者实用新型的技术要点。”不符合上述规定属于专利无效宣告请求的理由之一。即使在专利授权后，说明书公开不充分导致本领域技术人员无法通过说明书的内容解决专利旨在解决的技术问题，实现技术效果的，可能导致专利权被宣告无效。

保护范围。若纸件不足以反映布图设计的全部内容，确有必要时，在电子版本、样品与复制件或者图样的纸件具有一致性的前提下，可以采用电子版本的内容，或者采用样品剖片，通过技术手段精确还原芯片样品包含的布图设计的详细信息，提取其中的三维配置信息，确定纸件中无法识别的布图设计细节，从而确定布图设计的内容。至于一致性的含义，由于纸件与电子版本、样品包含的内容在细节、信息的完整度上存在明显区别，并不要求两者完全相同，只要达到与纸件无明显差异即可满足。

二、集成电路布图设计的独创性及其证明

（一）集成电路布图设计的独创性

受保护的布图设计应具有独创性。对布图设计的客体可以从两方面认识：一方面，在客体这个问题上，布图设计专有权与著作权类似，排除了与功能相关的内容。布图设计专有权的客体是三维配置，不延及思想等。在体现布图设计的功能层次上由于不含有有源元件和线路的三维配置，不给予保护；在这个层次之下，独创性的体现逐步增强，对元件分配、布置，各元部件间的互联，信息流向关系，组合效果等可以给予保护。另一方面，布图设计是为了执行某种制成能够执行某种电子功能的集成电路，应具有功能性。依据《条例》第 2 条第 1 项[1]，如果权利人提出的是具有独创性的部分，对该部分的选择或划分不宜过细，而应当能够相对独立地执行某种电子功能。受保护的布图设计的独创性，可以体现在布图设计任何具有独创性的部分中，也可以体现在布图设计整体中。布图设计中任何具有独创性的部分均受法律保护，而无论其在整体设计中是否占有主要部分，是否能够实现整体设计的核心性能。如果一项布图设计是由公认的常规设计组合而成，则其组合作为整体应具有独创性。至于独创性本身的含义，与著作权的规定类似，包含两层含义：自己设计完成，不属于创

---

〔1〕《条例》第 2 条第 1 项规定，“集成电路，是指半导体集成电路，即以半导体材料为基片，将至少有一个是有源元件的两个以上元件和部分或者全部互连线路集成在基片之中或者基片之上，以执行某种电子功能的中间产品或者最终产品”。

作时公认的常规设计。《条例》第4条[1]对此也有规定。

（二）独创性部分的确定及证明

集成电路布图设计在登记时对布图设计的内容并不作审查，司法实践中对独创性的确定、证明尤为复杂。布图设计的独创性不能基于已经获得登记而推定当然具有独创性。在侵权诉讼中，由专有权人提出独创性部分，被诉侵权人对布图设计的独创性提出异议。此时，应当根据双方的主张、提交的证据对布图设计的独创性进行认定。对于专有权人选择布图设计中具有独创性的部分，围绕权利人提出的部分进行独创性判断时，应从两个层面逐次进行。首先，权利人提出的独创性部分是否属于适格的客体，即受保护的布图设计应当属于为执行某种电子功能而对于元件、线路所作的三维配置，否则不能受布图设计专有权保护。其次，权利人提出的独创性部分是否具有独创性，即上述部分含有的三维配置在其创作时不是公认的常规设计。如果权利人提出的是独创性部分，为了便于理解、定位独创性部分的内容，权利人可以对独创性部分进行说明。由于布图设计的客体不具有可简化性，布图设计的内容完全体现于布图设计的内容本身，因此权利人对具有独创性的部分进行说明，是为了确定布图设计的内容，而不能以独创性说明代替独创性部分的内容。即权利人的独创性说明可能是从不同角度对独创性部分的概括或者抽象，而不一定包括对三维配置内容的描述，但在对上述权利人指明的部分进行独创性判断时，应根据权利人的独创性说明，以权利人指明部分中含有的元件和线路的具体三维配置作为判断对象。

权利人对独创性部分进行证明时，不能因经过登记备案而当然认为布图设计的整体或任何部分都具有独创性；同时，对于独创性的证明，不能过分加大权利人的举证责任而要求其穷尽一切手段证明布图设计的独创性。相对而言，被诉侵权人只要能够提供一份已经公开的常规布图设计就能推翻权利人主张的独创性部分。因此，对独创性的举证责任分配，应充分考

[1] 该条规定："受保护的集成电路应当具有独创性，即该布图设计是创作者自己的智力劳动成果，并且在其创作时该布图设计在布图设计创作者和集成电路制造者中不是公认的常规设计。受保护的由常规设计组成的布图设计，其组合作为整体应当符合前款规定的条件。"

虑集成电路布图设计的特点、目前我国集成电路布图设计的登记现状、双方的举证能力等因素，以权利人提出的独创性部分为依据，首先要求权利人对其主张的独创性部分进行充分说明或初步证明，然后由被诉侵权人就不具有独创性提出相反证据，在综合考虑上述事实、证据的基础上进行判断。

（三）独创性证明中的司法鉴定

由于集成电路布图设计的专门性和复杂性，独创性的认定往往依赖司法鉴定机构出具的鉴定意见。司法鉴定是利用鉴定人员的专门知识，对案件中涉及专门性知识的事实进行鉴别和判断并提供鉴定意见的过程。为保证鉴定意见的独立、客观、公正，司法鉴定应遵循一定的程序和规则。一般而言，鉴定意见是否应当被采信，可以从程序和实体两方面进行考察。就程序方面而言，鉴定意见的作出程序应当合法。具体而言，鉴定机构具有鉴定资质，鉴定人符合民事诉讼法有关鉴定人回避的规定，鉴定材料应依据法定程序经过当事人质证和法院认证。就实体方面而言，鉴定意见应具有依据，如符合技术原理和技术标准，以及相关鉴定技术规范。一般而言，鉴定意见书应记载鉴定过程、鉴定所依据的原理、方法等内容。鉴定事项多为专门性问题，实体审查需要运用技术原理、技术知识对鉴定意见是否合理进行审查，不能简单地以鉴定意见代替审理意见。

对集成电路布图设计独创性司法鉴定意见的审查，除具有民事诉讼法领域司法鉴定的普遍性以外，也具有一定的特殊性。

一是要充分保障被诉侵权人提交证据和发表意见的权利。鉴定意见是具有专门知识的人员对案件涉及的问题提供的意见，鉴定人应具备相关领域内的专门知识。理想状态下，鉴定人类似于《专利法》中“所属技术领域的技术人员”，他应当知晓布图设计创作时所有公认的常规设计，但客观上鉴定人无法掌握所有的常规设计。对布图设计是否具有独创性的判断，一方面需要鉴定人根据其掌握的专业知识对是否属于本领域内的常规设计进行判断，另一方面有赖于双方，特别是被诉侵权人提出独创性的相反证据。因此，布图设计独创性的鉴定中要充分保障被诉侵权人的权利。权利人确定、变更其主张的布图设计独创性部分的情况应及时告知被诉侵权人，以便其有针对性发表意见和举证。对被诉侵权人提交的关于独创性的相反证据，要经过双方质证，并将其纳入鉴定范围内。

二是要充分考虑书面鉴定意见和鉴定人员当庭所作的说明。鉴定意见所依据的原理、方法一方面体现在书面鉴定意见中，另一方面也可以通过鉴定人出庭作证进行充分说明。鉴定意见书可能详细记载鉴定的分析过程，也可能只是指出鉴定所依据的技术原理、方法等，而缺少对证据的分析以及鉴定意见的具体得出过程。鉴定意见是否具有证明力，能否证明案件事实，不仅应考虑书面鉴定意见的内容，而且应考虑鉴定人出庭作证时所作的解释、说明。鉴定意见对结论所依据的分析过程没有详细阐述，但鉴定人出庭时作出了合理说明的，不能因书面鉴定意见缺少具体分析过程而认为鉴定意见没有依据，并由此否定其证明力。

三、“接触可能性”在布图设计侵权判定中的地位

被诉侵权人提出其不具备接触权利人布图设计可能性的抗辩时，需要注意“接触可能性”在侵权判定中的地位，以及如何对“接触可能性”进行审查。

被诉侵权人就“接触可能性”提出抗辩时，布图设计的侵权判定是否需要考虑“接触可能性”，与如何认识布图设计的性质及登记在布图设计专有权产生中的地位和作用相关。基于上述对布图设计特性的考察和登记行为性质的分析，布图设计具有与作品相同的特性，集成电路布图设计登记的效力在于确定布图设计的保护对象，而非公开布图设计内容的过程。由此，在布图设计已经获得登记，取得专有权的情况下，对布图设计的侵权认定类似著作权侵权认定思路，而无法采用与专利侵权认定相同的规则。当被诉侵权人提出其不具备接触可能性的抗辩时，即使被诉侵权芯片与布图设计构成相同或实质相同，也要考察被诉侵权人是否具有接触布图设计的可能性。《条例》第 23 条第 3 项[1]规定的独立创作，即属于不具备接触可能性的典型情况。不具备接触可能是被诉侵权人的抗辩手段之一，应由

[1] 《条例》第 23 条第 3 项规定：“下列行为可以不经布图设计权利人许可，不向其支付报酬……（三）对自己独立创作的与他人相同的布图设计进行复制或者将其投入商业利用的。”

被诉侵权人对其不具备接触可能性的情况进行说明并举证证明。实践中，为了查明案件事实，被诉侵权人提出抗辩后权利人可能同时就被诉侵权人具备接触可能性进行举证。此时，一方面应在综合考虑双方提供的证据后对被诉侵权人是否具备接触可能性进行认定；另一方面也应注意，基于诉讼效率的考虑，在举证阶段无须区分举证的先后，但在考虑接触可能性对侵权构成的影响时，应强调接触可能性作为抗辩的性质，如果被诉侵权人提供的证据不能证明其主张，说明其没有完成初步举证责任，则应由被诉侵权人承担不利后果。

四、结语

集成电路产业是信息技术产业的核心，是支撑经济社会发展和保障国家安全的战略性、基础性和先导性产业，[1] 集成电路布图设计则是集成电路产业非常重要的一环。本案是最高人民法院知识产权法庭审理的首例侵害集成电路布图设计专有权纠纷二审案件。终审判决确定的规则，对于深化对集成电路布图设计专有权的认识、妥善保护布图设计专有权具有典型示范意义和实践指导价值。

最高人民法院二审合议庭成员：徐卓斌　雷艳珍　高雪

（编写人：雷艳珍* 　审稿人：丁文严）

---

〔1〕 参见国务院2014年6月印发的《国家集成电路产业发展推进纲要》。

* 雷艳珍，法学博士，中华人民共和国最高人民法院知识产权法庭，三级高级法官。

阿斯利康（瑞典）有限公司
与
国家知识产权局
及原审第三人深圳信立泰药业股份有限公司
发明专利权无效行政纠纷案

——药品专利确权程序中对补充实验数据的接受

【裁判摘要】

药品专利申请人或者权利人在申请日以后提交补充实验数据，主张该数据能够证明专利申请或者专利具备创造性、专利权利要求能够得到说明书支持的，人民法院应当予以审查。原专利申请文件明确记载或者隐含公开了补充实验数据拟直接证明的待证事实，且申请人不能通过补充实验数据弥补原专利申请文件的固有内在缺陷的，应当接受该补充实验数据，并进一步审查其是否能够证明待证事实。

【案件基本信息】

1. 诉讼当事人

上诉人（原审原告）：阿斯利康（瑞典）有限公司（以下简称阿斯利康公司）

被上诉人（原审被告）：国家知识产权局

原审第三人：深圳信立泰药业股份有限公司（以下简称信立泰药业公司）

2. 案件索引与裁判日期

一审：北京知识产权法院（2018）京73行初2034号判决（2019年2月25日）

二审：最高人民法院（2019）最高法知行终33号判决（2020年10月26日）

3. 案由

发明专利权无效行政纠纷

【简要案情】

阿斯利康公司系专利号为200610002509.5、名称为“三唑并［4，5-D］嘧啶化合物的新晶形和非晶形”的发明专利（本专利）的权利人。信立泰药业公司请求宣告本专利无效，其主要理由是本专利权利要求1—4不具备创造性。为证明本专利具备创造性，阿斯利康公司提交了补充实验数据，拟证明本专利因具有说明书所载“令人惊讶的高代谢稳定性”这一本领域技术人员预料不到的技术效果而具备创造性。国家知识产权局认为，阿斯利康公司所提交的补充实验数据不能证明上述技术效果，本专利不具备创造性，遂作出第33975号无效宣告请求审查决定（以下称被诉决定），宣告本专利权利要求1—4无效。阿斯利康公司不服，提起行政诉讼。

一审法院认为，阿斯利康公司提交的补充实验数据拟证明的“令人惊讶的高代谢稳定性”仅出现在本专利说明书的“背景技术”部分，且本专利说明书未记载任何支持这一技术效果的实验数据；且阿斯利康公司提交的补充实验数据系由与阿斯利康公司具有利害关系的人员于本专利申请日之后完成，故对该补充实验数据不应接受。一审法院于2019年2月25日作出（2018）京73行初2034号判决，驳回阿斯利康公司的诉讼请求。阿斯利康公司不服一审判决，向最高人民法院提起上诉，请求撤销一审判决和被诉决定。

【案件焦点】

阿斯利康公司提交的补充实验数据是否应当被接受。

【裁判结果】

最高人民法院经审理认为，原申请文件说明书“背景技术”部分第0005段明确记载了补充实验数据的待证事实，即权利要求1的化合物具有“令人惊讶的高代谢稳定性和生物利用率”。但本领域技术人员仅根据原专利申请文件无法确定权利要求1的化合物是否确有此效果。阿斯利康公司拟通过补充实验数据证明上述待证事实的真实性，进而补充证明最终要证明的法律要件事实，即权利要求1具备创造性。鉴于该补充实验数据拟直接证明的待证事实即“令人惊讶的高代谢稳定性和生物利用率”已被原专利申请文件公开，且该补充实验数据并非用于克服原专利申请文件的内在缺陷，故应当予以接受。但因该补充实验数据不能证明权利要求1的化合物具有“令人惊讶的高代谢稳定性和生物利用率”，进而不能证明权利要求1的化合物具有预料不到的技术效果，权利要求1不具备创造性，故在纠正原审判决法律适用错误的基础上，驳回上诉，维持原判。

【裁判摘要评析】

一、审查补充实验数据的必要性

由于对现有技术的认知差异、对技术方案发明点的理解不同、对本领域技术人员认知水平的把握不一致等，申请人在原申请文件中未记载特定实验数据的情形恐难避免。例如，就创造性而言，化合物药品的创造性既可以基于化合物本身的结构或者形态，也可以基于化合物药品的药效。其中，药效既可以是药物用途，即适应症；也可以是药物效果，即药物活性、药物毒性、药物稳定性、控释速度等。上述任何一个方面非显而易见的技术贡献，都可以作为确定技术方案实际解决的技术问题的依据，使技术方案满足专利授权的创造性要求，若申请人在申请日或者优先权日准确预知发明点存在困难。即便申请人对发明点作出了准确预判，因针对同一技术问题，基于对现有技术的不同理解和对最接近现有技术的不同选择，证明非显而易见技术贡献所需的事实和数据也可能不同。再如，就充分公开而言，由于审查员或者无效宣告请求人对于专利申请文件的理解以及对本领域技术人员认知水平的把握，均可能与专利申请人不同，故其可能因此质疑专利申请是否满足充分公开的要求。上述情况下，专利申请人均需要依靠在申请日或者优先权日之后提交的补充实验数据证明其专利申请符合授权条件。因此，对于专利申请人在申请日之后提交的补充实验数据，应当予以审查。

二、补充实验数据的审查与接受

《审理专利授权确权行政案件的规定（一）》第10条规定，药品专利申请人在申请日以后提交补充实验数据，主张依赖该数据证明专利申请符合《专利法》第22条第3款、第26条第3款等规定的，人民法院应予审查。但是，对于申请日以后提交的补充实验数据应如何审查，司法解释并未涉及，实践中经常对此发生争议。

允许专利申请人在申请日或者优先权日之后提交补充实验数据并对该补充实验数据予以审查，并不意味着该补充实验数据当然可以被接受。鉴于专利申请人可能通过在申请日或者优先权日之后提交补充实验数据，将申请日或者优先权日未公开或者未完成的内容纳入专利权保护范围，就此部分内容不正当地取得先申请的利益，从而违反先申请原则；或者借此弥补原专利申请文件公开不充分等固有内在缺陷，从而妨碍说明书应该充分公开等内在要求的贯彻，故对于补充实验数据的审查与接受应当注意避免上述问题。

首先，审查补充实验数据应否被接受，应审查原专利申请文件是否明确记载或者隐含公开了补充实验数据拟直接证明的待证事实。申请文件明确记载或者隐含公开了补充实验数据拟直接证明的待证事实，是该补充实验数据应予接受的积极条件。如果补充实验数据拟直接证明的待证事实为原专利申请文件明确记载或者隐含公开，即可认定申请人完成了相关研究，有关补充实验数据的接受不违反先申请原则。实践中，既不能仅仅因为原专利申请文件记载了待证事实而没有记载相关实验数据，即推定申请人构成以获取不当利益为目的的不实记载，当然要拒绝接受有关补充实验数据；也不能以申请人有可能作不实记载为由，当然得要求其所提交的补充实验数据形成于申请日或者优先权日之前。本案中，原申请文件说明书“背景技术”部分第0005段明确记载了补充实验数据的待证事实，即“令人惊讶的高代谢稳定性和生物利用率”。原审判决以该记载位于“背景技术”部分，且原专利申请文件未记载支持这一技术效果的实验数据为由，对阿斯利康公司提交的补充实验数据不予接受，缺乏依据。

其次，审查补充实验数据应否被接受，应审查申请人是否通过补充实验数据弥补原专利申请文件的固有内在缺陷。如果申请人意图通过补充实验数据弥补原专利申请文件的固有内在缺陷，原则上不应接受，此为消极条件。要求申请人不能通过补充实验数据弥补原专利申请文件的固有内在缺陷，意在强调补充实验数据通常应当通过证明原专利申请文件明确记载或者隐含公开的待证事实具备真实性，进而对申请人或者专利权人最终要证明的法律要件事实起到补充证明作用，而非独立证明原专利申请文件中未予公开的内容，进而克服原专利申请文件自身公开不充分等内在缺陷。本案中，原专利申请文件记载了“令人惊讶的高代谢稳定性和生物利用率”这一技术效果，但本领域技术人员仅根据原专利申请文件无法确定权利要求1的化合物是否确有此效果。阿斯利康公司提供的补充实验数据拟通过证明待证事实的真实性，即权利要求1化合物确有“令人惊讶的高代谢稳定性和生物利用率”，来补充证明最终要证明的法律要件事实，即权利要求1具备创造性，故该补充实验数据并非用于克服原专利申请文件的内在缺陷，应予接受。

遗憾的是，经审查，本案中阿斯利康公司提供的补充实验数据缺乏足够的证明力，不足以证明权利要求1化合物确有“令人惊讶的高代谢稳定性和生物利用率”，故不能证明证明权利要求1的化合物因具有预料不到的技术效果，权利要求1不具备创造性。

最高人民法院二审合议庭成员：王闯　朱理　罗霞

（编写人：王闯*　廖继博**　审稿人：丁文严）

---

* 王闯，法学博士，中华人民共和国最高人民法院知识产权法庭原副庭长，一级高级法官。

** 廖继博，法学博士，中华人民共和国最高人民法院知识产权法庭诉讼服务中心主任。

四川省宜宾市吴桥建材工业有限责任公司、曹某某等与张某某、宜宾恒旭投资集团有限公司等垄断纠纷案

——横向垄断协议实施者要求其他实施者赔偿其所谓经济损失的处理

【裁判摘要】

横向垄断协议的实施者无权要求其他实施者赔偿其因实施横向垄断协议导致的所谓经济损失。

【案件基本信息】

1. 诉讼当事人

上诉人（原审被告）：四川省宜宾市吴桥建材工业有限责任公司（以下简称吴桥建材公司）

上诉人（原审被告）：曹某某

上诉人（原审被告）：宜宾市砖瓦协会（以下简称砖瓦协会）

被上诉人（原审原告）：张某某

被上诉人（原审被告）：宜宾恒旭投资集团有限公司（以下简称恒旭投资公司）

被上诉人（原审被告）：宜宾县四和建材有限责任公司（以下简称四和建材公司）

被上诉人（原审被告）：宜宾市翠屏区创力机砖有限责任公司（以下简称创力机砖公司）

2. 案件索引与裁判日期

一审：四川省成都市中级人民法院（2018）川 01 民初 855 号判决（2019 年 12 月 24 日）

二审：最高人民法院（2020）最高法知民终 1382 号判决（2020 年 11 月 6 日）

3. 案由

垄断纠纷

【简要案情】

砖瓦协会发起人恒旭投资公司、吴桥建材公司、四和建材公司组织包括张某某名下的宜宾市高店机制砖厂在内的 50 余家砖瓦企业成立砖瓦协会，部分企业与砖瓦协会的前身宜宾市建材协会砖瓦分会签订了停产整改合同。根据砖瓦协会的整体安排和一系列停产整改合同的具体约定，砖瓦协会的部分会员企业停产，部分会员企业维持生产；维持生产的企业须按照产量配额生产，按照核定价格销售，并向停产企业支付"停产扶持费"。张某某根据停产整改合同停止生产，并领取了"停产扶持费"。后四川省工商行政管理局认定上述行为构成垄断行为，责令砖瓦协会及有关企业停止实施协议并处以罚款，有关"停产扶持费"遂不再发放。张某某认为，砖瓦协会及其发起人、维持生产的砖瓦协会会员企业排除了张某某参与竞争，违反了《反垄断法》；且仅在垄断行为被查处前向张某某支付了少量"停产扶持费"，该费用不足以弥补张某某因垄断行为遭受的损失，侵害了张某某的合法权益。故张某某向一审法院提起诉讼，请求判令砖瓦协会、吴桥建材公司、四和建材公司、恒旭投资公司、创力机砖公司、曹某某连带赔偿其经济损失 33.6 万元及维权合理开支 8 万元。一审法院认为，砖瓦协会、吴桥建材公司、四和建材公司、曹某某实施了本案垄断行为，造成张某某的砖厂停产，侵害了张某某的合法权益，应向张某某连带赔偿经济损失，判决吴桥建材公司、四和建材公司、曹某某、砖瓦协会向张某某连带赔偿经济损失 33.6 万元、维权合理开支 0.5 万元。砖瓦协会、吴桥建材公司、曹某某不服一审判决，向最高人民法院提起上诉。其上诉理由包括，张某某系实施垄断行为的经营者，并非《反垄断法》第 50 条规定的因垄断行为受到损失的他人，其不构成本案适格原告。

【案件焦点】

横向垄断协议的实施者是否有权要求其他实施者赔偿其因实施横向垄断协议导致的所谓经济损失。

【裁判结果】

最高人民法院经审理认为，结合《反垄断法》第50条的立法目的、被诉垄断行为的特点、损害赔偿的法律效果等因素考量，横向垄断协议的实施者无权依据《反垄断法》要求该垄断协议的其他实施者赔偿其所谓经济损失。张某某作为涉案横向垄断协议的实施者，其关于赔偿损失的诉讼请求不能成立。此外，本案中张某某的起诉已经超过诉讼时效。一审法院认定张某某的起诉未超过诉讼时效且有权获得有关赔偿，缺乏依据。因此，判决撤销一审判决，驳回张某某的全部诉讼请求。

【裁判摘要评析】

本案中，砖瓦协会及其发起人，组织砖瓦企业签订限制砖瓦产销数量、控制砖瓦销售价格的协议。该协议属于具有竞争关系的经营者之间的横向协议，构成《反垄断法》第13条第1款第1项和第2项意义上的横向垄断协议。本案的核心问题是，张某某作为涉案横向垄断协议自愿实施者之一，是否有权要求该垄断协议的其他实施者赔偿其所谓经济损失。对此，应当结合反垄断法民事救济制度的立法目的、请求损害赔偿救济的必备前提、裁判结论的法律效果等因素考量。

一、反垄断民事救济的立法目的分析

《反垄断法》第50条确立了反垄断民事救济制度。反垄断民事救济的制度目的，不仅在于为垄断行为受害人提供权益保护途径，更在于鼓励受害人担任“私人检察官”，积极发现使其权益受损的垄断行为，并通过提起诉讼借助国家强制力予以制止，即促进对垄断行为的“私人执行”。但并非所有因被诉垄断行为遭受损失的主体均可以获得反垄断民事救济。

反垄断民事诉讼主要包括确认之诉和侵权之诉。其中，侵权之诉因涉及损害赔偿，对原告资格的要求更为严格。作为反垄断侵权之诉原告的受害人，应当提供初步证据，证明其所受之“害”同时满足了以下三个条件：

一是损失已经实际发生，即其所主张的系实际损失而非预期利益损失；二是损失系由垄断行为造成，即垄断行为与其所主张的损失之间存在因果关系；三是损失是反垄断法意图防止的损失，即其所主张的损失系因垄断行为违法性造成的合法权益受损。

横向垄断协议实施者要求其他实施者赔付其因实施该横向垄断协议遭受的损失，本质上是要求在横向垄断协议实施者之间对垄断利益作重新分配。其因垄断利益分配不均遭受的所谓损失，显然不属于反垄断法意图防止的损失；因其所受之“害”并非反垄断法意图救济之“害”，故其不构成反垄断法意图救济的受害人，也不属于《反垄断法》第50条期待的“私人检察官”。本案中，张某某参与实施横向垄断协议，属于垄断行为的实施者，而非反垄断民事救济意义上的受害人；如对其施以救济，将违背垄断民事救济的制度目的。

二、损害赔偿救济的必备前提分析

请求损害赔偿救济者的行为必须正当合法，是各国立法和司法实践中的普遍原则。有法谚云：欲求救济者需有清洁之手，不洁之手入法庭不得救济。自身参与和实施违法行为的主体，即便因参与和实施该违法行为而受到损失，亦因该主体自身行为具有不正当性而不能就该损失获得救济。本案中，张某某自愿接受停产整改，收取停产扶持费，参与并实施本案横向垄断协议，其行为自身具有违法性。张某某因所实施违法行为受到的损害，不仅不能获得反垄断法救济，也无法获得其他法律救济。

三、裁判结果的法律效果分析

实施横向垄断协议无权获赔，意味着违法成本不得再行分摊，这有利于遏制潜在的横向垄断协议行为和维护市场公平交易秩序。与之相反，一旦作出给予横向垄断协议实施者损害赔偿的裁决，将产生显著的消极法律效果：一是这将变相实现对横向垄断协议的“强制执行”，甚至给出了垄断利益分配的“示范方案”，进而实质形成对垄断协议的支持；二是这将为摇摆中的横向垄断协议潜在参与者打消顾虑，因为既然一旦受损即可获赔，自然不必再有后顾之忧，其停止摇摆、决定参与实施横向垄断协议的可能性将增大，进而实质形成对垄断协议的鼓励。本案中，张某某所主张的因垄断行为所受损失，实质上是要求根据垄断协议关于垄断利益分配的约定瓜分群体垄断所得，如予支持，无异于维持和鼓励该违法行为。

对于本案裁判效果，可能存在这样的担心：不给予横向垄断协议实施者损害赔偿救济，是否会削弱其揭发垄断行为的动力？反垄断法中，鼓励发现或者揭发垄断行为的制度主要有两项：《反垄断法》第 50 条（经营者实施垄断行为，给他人造成损失的，依法承担民事责任）所规定的反垄断民事救济制度和《反垄断法》第 46 条第 2 款（经营者主动向反垄断执法机构报告达成垄断协议的有关情况并提供重要证据的，执法机构可以酌情减轻或者免除对该经营者的处罚）所规定的宽大制度。在鼓励发现或者揭发垄断行为方面，二者的区别在于：反垄断民事救济制度通过提供民事救济鼓励受害人对垄断行为的发现，而宽大制度则通过减轻行政处罚鼓励垄断协议实施者对垄断协议的揭发。基于制度设计的不同初衷和制度适用的不同对象，在制度逻辑原点上，“垄断行为实施者”和“垄断行为受害人”的身份就已经彻底区隔。对于同一垄断行为而言，同一主体不可能兼具“垄断行为实施者”和“垄断行为受害人”的双重身份。“垄断行为实施者”因垄断行为实施所遭受的所谓损害不属于反垄断法意图救济的利益，是其不构成“垄断行为受害人”，进而不能获得反垄断民事救济的根本原因。但横向垄断协议实施者对于其所实施横向垄断协议的揭发，可以适用宽大制度，获得减轻或者免除行政处罚的宽待。故应推动形成反垄断领域司法、行政密切协同工作格局，促进反垄断民事救济制度和反垄断行政查处中的宽大制度各展所长、共同起效，对横向垄断协议予以有效法律规制，有力维护市场公平竞争秩序。

最高人民法院二审合议庭成员：朱理　何隽　张晓阳

（编写人：朱理*　廖继博**　审稿人：丁文严）

---

* 朱理，法学博士，中华人民共和国最高人民法院知识产权法庭副庭长，二级高级法官。

** 廖继博，法学博士，中华人民共和国最高人民法院知识产权法庭诉讼服务中心主任。

SMC株式会社
与
乐清市博日气动器材有限公司、
上海宇耀五金模具有限公司
及一审第三人乐清市迈得发自动化设备有限公司
侵害发明专利权纠纷案

——功能性特征除外情形的认定

【裁判摘要】

基于专利申请日前本领域普通技术人员的知识水平和认知能力，如果实现争议技术特征所述功能或者效果的具体实施方式属于本领域普通技术人员的公知常识，应认定该争议技术特征属于本领域普通技术人员仅通过阅读权利要求即可直接、明确地确定实现该功能或者效果的具体实施方式的情形，该争议技术特征不属于功能性特征。

【案件基本信息】

1. 诉讼当事人

再审申请人（一审原告、二审上诉人）：SMC株式会社

被申请人（一审被告、二审被上诉人）：乐清市博日气动器材有限公司（以下简称博日气动器材公司）

被申请人（一审被告、二审被上诉人）：上海宇耀五金模具有限公司（以下简称宇耀五金模具公司）

一审第三人：乐清市迈得发自动化设备有限公司（以下简称迈得发自动化设备）

2. 案件索引与裁判日期

一审：上海知识产权法院（2015）沪知民初字第513号判决（2016年7月25日）

二审：上海市高级人民法院（2016）沪民终390号判决（2019年3月27日）

申请再审：最高人民法院（2019）最高法民申5477号裁定（2020年12月29日）

3. 案由

侵害发明专利权纠纷

【简要案情】

SMC株式会社系名称为“电磁阀”、专利号为ZL02130310.X的发明专利（以下称涉案专利）的专利权人。SMC株式会社明确依据涉案专利权利要求1确定保护范围。权利要求1为：“一种电磁阀，包括阀和螺线管，该阀具有通过接近或远离阀壳体内的阀座而切换流路的阀芯，该螺线管在接近或远离上述阀座的方向驱动上述阀芯，而且该螺线管具备构成通电系的通电端子，其特征在于：上述阀壳体由具有电气绝缘特性的合成树脂构成，在把上述螺线管的通电端子插入到上述阀壳体上的与螺线管的结合面上开设的端子插入孔内的状态下，固定上述螺线管和阀，在上述阀壳体上设置：用于插入从该阀壳体的外侧一直延伸到上述端子插入孔内的通电端子且与该通电端子电气连接的接触端子的开口。”涉案专利说明书仅披露了螺线管的一种实施例，即包括固定铁心、线圈、线圈骨架、可动铁心、磁极以及磁性罩。SMC株式会社公证购买了8个型号的被控侵权产品。被控侵权产品中的螺线管缺少固定铁心，以磁性罩的端壁部兼作固定铁心。SMC株式会社“电磁阀用筒形线圈”发明专利说明书载明的发明内容为：“本发明的课题在于提供下述电磁阀用筒形线圈，通过使其他构件兼作固定铁心，可减少部件数目、简化装配工序，同时能够以更低的成本来制造。”SMC株式会社主张博日气动器材公司制造、销售、许诺销售，宇耀五金模具公司销售的被诉侵权电磁阀产品侵害了涉案专利权，请求博日气动器材公司、宇耀五金模具公司停止侵权，博日气动器材公司赔偿其经济损失100

万元。

一审法院于 2016 年 7 月 25 日作出（2015）沪知民初字第 513 号判决，认定争议技术特征“螺线管在接近或远离上述阀座的方向驱动上述阀芯”属于功能性特征，应以说明书和附图记载的实现所述功能和效果的具体实施方式和等同的实施方式确定该特征的保护范围。被诉侵权产品“以磁性罩的端壁部兼作固定铁心”的方式属于 SMC 株式会社“电磁阀用筒形线圈”发明专利的发明内容，具有创造性，与涉案专利争议技术特征相比，两者不相同也不等同。遂判决驳回 SMC 株式会社的诉讼请求。二审期间，SMC 株式会社提交了中国电力出版社 2001 年出版的《中国电力百科全书》（第 2 版）作为新证据，用于证明涉案电磁阀的螺线管结构的工作原理是公知常识。二审法院于 2019 年 3 月 27 日作出（2016）沪民终 390 号判决，驳回上诉，维持一审判决。

判决生效后，SMC 株式会社向最高人民法院申请再审，请求撤销一审、二审判决，支持其一审诉讼请求。SMC 株式会社在申请再审时提交了《液压阀》（中国铁道出版社 1982 年出版）、《油压技术》（产业图书株式会社 1988 年 1 月 28 日出版）、《液压阀快速流体控制阀的相关研究》，用以补充证明争议技术特征系本领域普通技术人员的公知常识，不属于功能性特征。

【案件焦点】

权利要求 1 争议技术特征“螺线管在接近或远离上述阀座的方向驱动上述阀芯”是否系功能性特征。

【裁判结果】

最高人民法院经审查认为，判定争议技术特征“螺线管在接近或远离上述阀座的方向驱动上述阀芯”是否属于功能性特征，主要看现有证据是否足以证明本领域普通技术人员仅通过阅读权利要求即可直接、明确地确定实现该功能或者效果的具体实施方式。为证明争议技术特征属于本领域普通技术人员仅通过阅读权利要求即可直接、明确地确定实现该功能或者效果的具体实施方式的情形，SMC 株式会社在二审中提交了《中国电力百科全书》，在申请再审时进一步补充提交了《液压阀》和《油压技术》。上述证据属于涉案专利申请日之前的公知常识性证据，上述证据进一步具体公开了电磁阀的部件和工作原理，虽然具体实施方式不完全相同，但都是利用电磁力推动相应部件接近或远离阀座以控制流体介质管道的通断。SMC株式会社提交的上述证据足以证明实现争议技术特征“螺线管在接近或远离阀座的方向驱动阀芯”的功能或效果的具体实施方式对于本领域普通技术人员属于公知常识，争议技术特征属于本领域普通技术人员仅通过阅读权利要求即可直接、明确地确定实现该功能或者效果的具体实施方式的情形，不属于功能性特征。争议技术特征并非功能性特征，无须适用《审理侵犯专利权纠纷案件司法解释》第4条的规定，以说明书和附图描述的该功能或者效果的具体实施方式及其等同的实施方式确定争议技术特征的内容。只要被诉侵权产品相应特征可以实现争议技术特征的功能或效果，应认定与争议技术特征构成相同特征。二审法院应进一步对涉案专利权利要求1和被诉侵权产品其他特征进行比对，并审查博日气动器材公司合法来源抗辩是否成立后，对本案作出裁判。综上所述，最高人民法院于2020年12月29日裁定指令上海市高级人民法院再审本案。

【裁判摘要评析】

权利要求中的功能性特征是以技术特征拟实现或者达到的功能、效果来限定权利要求的保护范围。由于功能性特征没有采用具体技术手段进行限定，其含义非常宽泛。《审理侵犯专利权纠纷案件司法解释》第4条对于“功能性特征”的解释作出特别规定。《审理侵犯专利权纠纷案件司法解释（二）》第8条进一步规定了功能性特征的除外情形，即“本领域普通技术人员仅通过阅读权利要求即可直接、明确地确定实现上述功能或者效果的具体实施方式的除外。”比如，变压器、放大器等，经过长期使用，本领域技术人员都知晓其具体事实方式的，不属于功能性特征。本案对于功能性特征除外情形的认定规则进行了积极有益探索。

根据《审理侵犯专利权纠纷案件司法解释（二）》第8条的规定，并非所有包含特定功能、效果的技术特征均为功能性特征，对于本领域普通技术人员仅通过阅读权利要求即可直接、明确地确定实现该功能或者效果的具体实施方式的，该技术特征不属于功能性特征。对于争议技术特征是否属于上述功能性特征的除外情形，需要基于专利申请日前本领域普通技术人员的知识水平和认知能力，由当事人进行举证，如果实现争议技术特征所述功能或者效果的具体实施方式属于本领域普通技术人员的公知常识，应认定该争议技术特征不属于功能性特征。本案中，首先，根据涉案专利权利要求书和说明书，涉案专利要解决的技术问题是简化螺线管通电系结构和组装并保证其绝缘性，而争议技术特征“螺线管在接近或远离阀座的方向驱动阀芯”位于涉案专利权利要求1前序部分，属于涉案专利申请日前的现有技术，并非涉案专利发明点。可见，从涉案专利整体看，对于如何实现“螺线管在接近或远离阀座的方向驱动阀芯”这一功能或效果属于涉案专利申请日前的现有技术。其次，判定争议技术特征是否属于功能性特征，主要看现有证据是否足以证明本领域普通技术人员仅通过阅读权利要求即可直接、明确地确定实现该功能或者效果的具体实施方式，至于被诉侵权产品实现该功能或者效果的具体实施方式有无创新性对上述争议技术特征是否属于功能性特征的判定并无影响。即被诉侵权产品“以磁性罩的端壁部兼作固定铁心”的方式是否属于SMC株式会社“电磁阀用筒形线圈”发明专利的发明内容，该发明内容是否具有创新性，与争议技术特征是否属于功能性特征并无关联。

为证明争议技术特征属于本领域普通技术人员仅通过阅读权利要求即可直接、明确地确定实现该功能或者效果的具体实施方式的情形，SMC株式会社提交了相关证据。其中《中国电力百科全书》属于涉案专利申请日前的公知常识性证据，在该证据的“电磁阀”词条中，明确载明了电磁阀的基本部件和工作原理，即“电磁阀是利用电磁力驱动的阀门。它是自动控制系统中的一个执行部件，用它来控制流体介质的通断或改变其流动方向……电磁阀由电磁部分、中间部件、阀座及手动操作器四部分组成。电磁部分由电磁线圈与磁芯构成……磁芯受电磁线圈驱动；中间部件由磁芯带动……阀座用来连接被控介质管道或输出管道”。可见，该证据中记载的电磁阀的电磁部分可以用电磁力驱动磁芯和中间部位以接近或远离阀座，达到连接管道的目的。SMC株式会社在申请再审时进一步补充提交了三份证据，其中《液压阀》和《油压技术》属于涉案专利申请日前的教科书，属于公知常识性证据，上述证据用以补充证明本领域普通技术人员对于电磁阀的知识水平和认知能力，应当予以采纳。上述证据进一步具体公开了电磁阀的部件和工作原理，虽然具体实施方式不完全相同，但都是利用电磁力推动相应部件接近或远离阀座以控制流体介质管道的通断。SMC株式会社提交的上述证据足以证明实现争议技术特征“螺线管在接近或远离阀座的方向驱动阀芯”的功能或效果的具体实施方式对于本领域普通技术人员属于公知常识，争议技术特征属于本领域普通技术人员仅通过阅读权利要求即可直接、明确地确定实现该功能或者效果的具体实施方式的情形，不属于功能性特征。一审、二审法院关于争议技术特征属于功能性特征的认定，适用法律错误，应予纠正。

最高人民法院再审合议庭成员：佟姝　毛立华　戴怡婷

（编写人：佟姝* 张博** 审稿人：丁文严）

* 佟姝，法学博士，中华人民共和国最高人民法院民事审判第三庭，三级高级法官。

** 张博，中华人民共和国最高人民法院民事审判第三庭，法官助理。

江苏南方果园生物科技有限公司
与
江苏苏萨食品有限公司
不正当竞争纠纷案

——以具有不良影响的商业标识作为显著识别部分的包装、装潢不能获得《反不正当竞争法》保护

【裁判摘要】

1. 包装装潢中包含具有不良影响的商业标识，且该标识构成包装装潢的主要识别部分，该包装装潢不能作为知名商品特有包装装潢获得《反不正当竞争法》的保护。

2. 含有商标的包装、装潢通常整体发挥识别商品来源的作用。在商标以外的其他包装、装潢要素也产生了独立的市场价值，能够独立发挥识别作用时，包装、装潢能否拆分保护，需要考虑对包装、装潢中其他构成要素的利益保护。应当根据当事人的实际使用状况、商标标志在包装、装潢中的识别作用及与其他要素的关系等因素综合判断。

【案件基本信息】

1. 诉讼当事人

再审申请人（一审被告、二审上诉人）：江苏南方果园生物科技有限公司（以下简称南方果园生物科技公司）

被申请人（一审原告、二审被上诉人）：江苏苏萨食品有限公司（以下简称江苏苏萨食品公司）

2. 案件索引与裁判日期

一审：浙江省衢州市中级人民法院（2018）浙 08 民初 342 号判决

（2019 年 4 月 12 日）

二审：浙江省高级人民法院（2019）浙民终 459 号判决（2019 年 6 月 27 日）

再审：最高人民法院（2020）最高法民再 133 号判决（2020 年 6 月 30 日）

3. 案由

不正当竞争纠纷

【简要案情】

2014 年 7 月 21 日，湛江市苏萨食品有限公司向国家商标局申请了“特种兵”盾牌图文组合商标，注册号为 11115842，2018 年 5 月 27 日，该注册商标的注册人变更为江苏苏萨食品公司。2012 年 1 月 28 日，湛江市苏萨食品有限公司向国家商标局申请了“特种兵”七个兵图文组合商标，注册号为 7600566。2009 年 5 月 5 日，湛江市苏萨食品有限公司委托案外人设计“特种兵生榨椰子汁”（以下称涉案商品）标签、纸箱外观设计平面图。2010 年江苏苏萨食品公司试点生产涉案商品，2012 年起在全国多地进行了电视广告宣传和销售。江苏苏萨食品公司公证购买了南方果园生物科技公司生产的“椰依”椰汁。江苏苏萨食品公司主张被申请人擅自使用了其有一定影响的装潢。据此，诉至法院。

江苏苏萨食品公司明确其在本案中要求保护的知名商品“特种兵生榨椰子汁”特有的包装、装潢的主要特征为：瓶身整体为深蓝、浅蓝白色相间的蓝色迷彩图案，瓶身上半部分标注注册商标标识，由“特种兵”中文字样、横排的五个黑色五角星和白底内嵌黑边的盾形图案组成，“特种兵”中文字样上方有七个人像剪影。瓶身下半部分有长方形框图案，框内分左右两部分，左右部分分别填充黑、白颜色形成对比，内书竖排的“生榨椰子汁”字样，其中“生榨”字体为白色并位于框内左半部分，“椰子汁”字体为黑色并位于框内右半部分，上述字体与框内填充色形成黑白对比，长方形框内下方标注“植物蛋白饮料”以及净含量等信息。

已经生效的北京市高级人民法院在（2017）京行终 4383 号判决认定，“特种兵 THE SPECIAL ARMS 及图”商标属于《商标法》第 10 条第 1

款第8项规定的具有其他不良影响不得作为商标使用的情形。

一审法院于2019年4月12日作出（2018）浙08民初342号判决，判令：（一）南方果园生物科技公司立即停止生产、销售并销毁包装、装潢与江苏苏萨食品公司“特种兵生榨椰子汁”商品包装、装潢近似的被诉侵权商品；（二）南方果园生物科技公司赔偿江苏苏萨食品公司经济损失及为制止侵权支付的合理费用共计7万元，于判决发生法律效力后10日内付清；（三）驳回江苏苏萨食品公司的其他诉讼请求。二审法院于2019年6月27日作出（2019）浙民终459号判决，驳回上诉，维持一审判决。

判决生效后，南方果园生物科技公司向最高人民法院申请再审，请求撤销一审、二审法院判决，驳回江苏苏萨食品公司的诉讼请求。

【案件焦点】

1. 涉案包装、装潢是否构成受《反不正当竞争法》保护的包装、装潢；
2. 涉案包装、装潢是否可以拆分保护。

【裁判结果】

最高人民法院经审理认为，江苏苏萨食品公司在一审庭审中明确，其请求在本案保护的有一定影响的包装、装潢的特征，包括“瓶身上半部分标注注册商标标识，由‘特种兵’中文字样、横排的五个黑色五角星和白底内嵌黑边的盾形图案组成，‘特种兵’中文字样上方有七个人像剪影。”江苏苏萨食品公司已于一审法庭辩论终结前明确其请求保护的包装、装潢包含“特种兵”文字及盾牌图形。因此，江苏苏萨食品公司在再审审理过程中，又主张将与涉案商标构成相同的文字及图形从保护范围中剥离，缺乏事实与法律依据。

江苏苏萨食品公司据以请求保护的权利基础是含有特种兵商标元素在内的包装、装潢整体。事实上，发挥识别商品来源作用的也是涉案包装、装潢整体。从商标标志要素来看，“特种兵”文字及盾牌图形元素是涉案包装、装潢的显著识别部分。涉案包装、装潢的其他元素识别性较弱。在涉案包装、装潢中，特种兵商标含有的“特种兵 THE SPECIAL ARMS”文字、七名士兵的剪影、盾牌图形、五角星图形等元素均占据涉案包装、装潢的显著位置。在“特种兵”商标之外，涉案包装、装潢的其他要素或是与

“特种兵”相关的元素，如瓶身整体的迷彩图案，或是商品名称，如“生榨椰子汁”“植物蛋白饮料”。因此，“特种兵”商标元素是涉案包装、装潢的显著识别部分。从包装、装潢的其他元素与“特种兵”标志的关系来看，涉案包装、装潢的其他元素与“特种兵”商标标志相同的元素难以分离。

基于前述分析，包装、装潢整体实际上是以“特种兵”文字及盾牌图形为核心，故“特种兵”文字及盾牌图形的可注册性对涉案包装、装潢可保护性的判断具有重要影响。业已发生法律效力的4383号判决已明确指出，“特种兵”标志作为商标使用具有不良影响，构成《商标法》第10条第1款第8项规定的情形。2001年修订的《商标法》第10条第1款第8项规定，有害于社会主义道德风尚或者有其他不良影响的标志不得作为商标使用，这一规定在此后的《商标法》修订中得到保留。商标是否具有社会不良影响，是对标识本身能否作为商标注册的一种价值判断，即不能有悖于社会公共利益或公共秩序。社会公众是判断有关商业标识是否具有不良影响的主体。社会公众的认知和价值判断标准在一定时期内应当是相对稳定的，且一般不因使用情况、商品类别等事实变化而变动不居。据此，南方果园生物科技公司关于涉案包装、装潢构成《审理不正当竞争民事案件司法解释》第5条规定情形的再审理由成立。江苏苏萨食品公司关于南方果园生物科技公司使用被诉侵权包装、装潢构成不正当竞争的主张不能成立。最高人民法院改判驳回江苏苏萨食品公司的诉讼请求。

【裁判摘要评析】

本案是不正当竞争案件中仿冒包装装潢的典型案件。包装、装潢复合了商标、商品名称等多种具有识别性的商业标识，对与其有关的仿冒行为的认定是实践中的难点。本案的核心争议是江苏苏萨食品公司的以具有不良影响的商业标识作为显著识别部分的包装、装潢能否获得《反不正当竞争法》保护。以下从仿冒纠纷的审理思路，含不良影响标识的包装、装潢的可保护性以及包装、装潢拆分保护的考虑因素等方面对裁判理由作进一步说明。

一、反不正当竞争法中仿冒纠纷的审理思路

2017 年修正的《反不正当竞争法》第 6 条第 1 项规定，经营者擅自使用与他人有一定影响的商品名称、包装、装潢等相同或者近似的标识，引人误认为是他人商品或者与他人存在特定联系的，构成不正当竞争。上述法律规定是对仿冒商业标识行为的规范。

通常认为，反不正当竞争法属于行为法，与专利法、商标法等设权法不同，不正当竞争行为的认定采取行为正当主义而非法益保护主义，且对于竞争行为的正当性判断采取利益衡量的方式进行。即便如此，由于竞争本身并非反不正当竞争法规制的对象，反不正当竞争法制止的仿冒行为仅是有损竞争秩序的特定竞争行为。因此，在适用《反不正当竞争法》调整仿冒行为的过程中，不仅需要区分竞争行为的表征，也要审查经营者主张遭受损害的利益是否属于正当的竞争利益。如果主张受到保护的竞争利益非法或缺乏正当性，对此类竞争利益的争夺通常不构成不正当竞争行为。故竞争者主张的被仿冒的包装、装潢是否具有受法律保护的竞争利益是本案首先要讨论的问题。当然，此处的竞争利益并非事前设定的、具有绝对权利性质的法益，而是在行为评价过程中动态认定的利益。此处对法益正当性的要求应当是最低限度的要求。

对于包装、装潢的仿冒行为，受到《反不正当竞争法》保护的竞争利益，应当符合以下两个层次的要求：（1）被仿冒的包装、装潢不属于《商标法》第 10 条第 1 款规定的不得作为商标使用的标志。这是基于具有一定影响的包装、装潢事实上发挥了识别产品来源的功能，此类商业标识获得法律保护的最低限度应与商标法保持一致。对于在商标法下基于社会公共秩序与公共利益的考量给予否定性评价的标识，同样不具有获得《反不正当竞争法》保护的最低正当性要求。（2）被仿冒的包装、装潢有一定影响，具有可识别性。不具有可识别性的商业标识通常不会引起相关公众的混淆误认，因此也不具备受到《反不正当竞争法》保护的前提条件。上述要件中，不违反法律对商业标识的禁止性规定是第一层次的判断，如果包装、装潢属于法律规定禁止作为商业标识使用的情形，则无须进一步判断该包装、装潢是否具有一定影响。即使其能够产生独立的识别性，也不应

受到反不正当竞争法的保护。

二、包装、装潢的整体保护与拆分保护

商品的包装、装潢一般可由商标、商品名称以及装饰性图案、颜色等要素组合构成。商标是识别商品来源的标志，具有一定知名度的商标可以产生溢出效应，能够使相关公众将含有该商标的包装、装潢与商品提供者建立一定的联系。因此，含有商标的包装、装潢通常整体发挥识别商品来源的作用。当然，在商标以外的其他包装、装潢要素也产生了独立的市场价值，能够独立发挥识别作用时，也需要考虑对包装、装潢中其他构成要素的利益保护。判断包装、装潢能够拆分保护需要考虑两个因素：

一是当事人主张的包装、装潢保护范围。当事人如果在诉讼中并未明确主张对包装、装潢的部分要素进行拆分保护，则不宜在相同或相近似的判定过程中，对个别要素进行单独比对，并进行拆分保护。本案中，江苏苏萨食品公司在一审庭审中明确其请求在本案保护的有一定影响的包装、装潢的特征，包括“瓶身上半部分标注注册商标标识，由‘特种兵’中文字样、横排的五个黑色五角星和白底内嵌黑边的盾形图案组成，‘特种兵’中文字样上方有七个人像剪影”。江苏苏萨食品公司已于一审法庭辩论终结前明确其请求保护的包装、装潢包含“特种兵”文字及盾牌图形。因此，江苏苏萨食品公司在再审审理过程中，又主张将与涉案商标构成相同的文字及图形从保护范围中剥离，缺乏事实与法律依据，本院对此不予支持。据此，再审法院判断涉案包装、装潢能否获得《反不正当竞争法》保护的基础，应当以江苏苏萨食品公司一审阶段明确主张的包装、装潢的构成要素为准。

二是涉案包装、装潢的实际使用情况。《反不正当竞争法》保护的包装、装潢是经过使用具有一定影响的包装、装潢。上述商业标识是基于使用获得保护的，因此，商业标识的使用状态决定了它的保护范围。如果涉案包装、装潢的使用过程中，各要素之间紧密联系，则不宜在事后人为拆分保护。本案中，发挥识别商品来源作用的是涉案包装、装潢整体。从商标标志要素来看，“特种兵”文字及盾牌图形元素是涉案包装、装潢的显著识别部分。其原因在于：首先，根据一审审理查明的事实，江苏苏萨食品公司无论在广告宣传中订立的代言合同，还是产品销售过程中订立的产品经销合同书，以及在产品包装印刷合同等交易文件中都突出使用了“特种兵”文字，因此，对于“特种兵”生榨椰子汁产品，“特种兵”文字在其中发挥主要识别作用。其次，涉案包装、装潢的其他元素识别性较弱。在涉案包装、装潢中，特种兵商标含有的“特种兵、THE SPECIAL ARMS”文字、七名士兵的剪影、盾牌图形、五角星图形等元素均占据涉案包装、装潢的显著位置。在“特种兵”商标之外，涉案包装、装潢的其他要素或是与“特种兵”相关的元素，如瓶身整体的迷彩图案，或是商品名称，如“生榨椰子汁”“植物蛋白饮料”。因此，“特种兵”商标元素是涉案包装、装潢的显著识别部分。

从包装、装潢的其他元素与“特种兵”标志的关系来看，涉案包装、装潢的其他元素与“特种兵”商标标志相同的元素难以分离。涉案包装、装潢是以“特种兵”为核心进行的设计构思，涉案包装、装潢的整体颜色和包装外形均与特种兵相关。江苏苏萨食品公司主张其蓝白相间的迷彩图案源于海洋与椰汁的颜色，但从涉案包装、装潢整体看，社会公众更容易将迷彩图案与处于包装、装潢显著位置的特种兵元素联系起来。江苏苏萨食品公司此项主张难以成立。因此，“特种兵”文字及图形部分为涉案包装、装潢的核心组成部分，而非可以随意替换的要素。

在江苏苏萨食品公司请求保护的涉案包装、装潢的整体中，与涉案商标标志构成完全相同的“特种兵”文字以及盾牌图形具有较为显著的识别作用，且蓝白迷彩等图案构成与上述文字及图形组合的关联程度较高，即实际上是以上述文字与图形组合含义为核心进行的设计构思，故作为包装、装潢构成要素的“特种兵”文字及盾牌图形，对涉案包装、装潢可保护性的判断具有重要影响，不宜将其拆出，单独保护涉案包装、装潢的其他元素。

三、以具有不良影响的商业标识作为显著识别部分的包装装潢不宜受到《反不正当竞争法》保护

根据《反不正当竞争法》第 1 条的规定，《反不正当竞争法》的立法目的在于通过制止不正当竞争行为，鼓励和保护公平竞争，保护经营者和消费者的合法权益。因此，经营者请求保护的包装、装潢只有在不损害他人及社会公共利益的情况下，才能够成为《反不正当竞争法》保护的合法权益。换言之，如果包装、装潢的显著识别部分是可能损害公共利益的商业标识时，包装、装潢与该商业标识均不具有获得法律保护的正当性基础。否则，将导致无法依据商标法获得保护的标志，反而能够通过反不正当竞争法获得保护的不良导向。

本案中，在已有生效判决认定“特种兵”文字及盾牌图形作为商标注册将产生不良影响的情况下，涉案包装、装潢将与上述商标构成完全相同的文字及图形部分作为显著识别部分，且包装、装潢中的其他构成要素均与上述文字及图形具有较高关联程度，易引发消费者将包装、装潢的整体与“特种兵”产生联想，此时涉案包装、装潢同样不应当作为反不正当竞争法意义上的具有一定影响的包装、装潢进行保护。

最高人民法院再审合议庭成员：佟姝　毛立华　戴怡婷

（编写人：戴怡婷* 　审稿人：丁文严）

---

* 戴怡婷，法学博士，中华人民共和国最高人民法院民事审判第三庭，四级高级法官。

武汉大西洋连铸设备工程有限责任公司与宋某某公司盈余分配纠纷案

——民刑交叉案件中的事实认定

【裁判摘要】

民刑交叉案件中，刑事诉讼认定的事实一般对于后行的民事诉讼具有预决效力。但是，先行刑事案件中无罪的事实认定则需要区分具体情况。刑事认定无罪，并不必然导致民事案件也要认定不存在侵权行为或违约行为，相关行为是否存在还须结合证据进行判断和认定。

【案件基本信息】

1. 诉讼当事人

再审申请人（一审原告、二审上诉人）：武汉大西洋连铸设备工程有限责任公司（以下简称大西洋连铸设备工程公司）

被申请人（一审被告、二审被上诉人）：宋某某

2. 案件索引与裁判日期

一审：湖北省武汉市中级人民法院（2015）鄂武汉中民商初字第00185号判决（2016年4月18日）

二审：湖北省高级人民法院（2016）鄂民终1029号判决（2016年11月10日）

再审：最高人民法院（2019）最高法民再135号判决（2020年9月24日）

3. 案由

公司盈余分配纠纷

【简要案情】

宋某某与大西洋连铸设备工程公司签订了离职后义务协议，就其离职后的竞业限制及保密义务进行了约定。之后，大西洋连铸设备工程公司认为宋某某为武汉恒瑞谷冶金科技有限公司（以下简称恒瑞谷冶金科技公司）提供了注册资金和技术支持，披露了大西洋连铸设备工程公司的商业秘密，宋某某的行为违反了双方约定，故诉至法院，要求其承担相应的法律责任。另外，武汉市江岸区人民法院根据检察院的公诉，判定恒瑞谷冶金科技公司及其法定代表人杨某某构成侵犯商业秘密罪。

武汉市中级人民法院认为，武汉市江岸区人民检察院指控的恒瑞谷冶金科技公司以及杨某某涉嫌侵犯商业秘密罪刑事案经公安机关侦查终结，侦查结果并未涉及宋某某，亦无宋某某侵犯大西洋连铸设备工程公司商业秘密的事实认定。根据该刑事案件的侦查结果，恒瑞谷冶金科技公司以及杨某某涉嫌侵犯商业秘密的行为与宋某某无涉，故驳回了大西洋连铸设备工程公司的诉讼请求。大西洋连铸设备工程公司不服，提起上诉。湖北省高级人民法院认为，大西洋连铸设备工程公司列举的大量证实宋某某违约行为的证据源于刑事侦查阶段卷宗及单方鉴定结论，而刑事起诉书并不涉及对宋某某的指控，亦无宋某某侵犯大西洋连铸设备工程公司商业秘密的事实认定。二审中，大西洋连铸设备工程公司不能举出充分证据证明宋某某违反竞业限制义务或侵犯商业秘密，仅凭刑事侦查阶段的笔录、证言、非要式邮件文稿或资金流向等并不能证明宋某某出资设立恒瑞谷冶金科技公司并系该公司实际控制人，违反约定另行组建与大西洋连铸设备工程公司具有同业经营性的其他公司，或在类似公司中担任职务及提供技术性服务。故在大西洋连铸设备工程公司举证证据均系间接证据且不能形成排他性证据链条的情形下，对其该项上诉理由不予支持。湖北省高级人民法院二审判决驳回上诉，维持原判。大西洋连铸设备工程公司不服，向最高人民法院申请再审。

【案件焦点】

1. 民刑交叉案件中，刑事诉讼认定的事实对于后行的民事诉讼的事实认定有何影响；

2. 如认定宋某某违反离职后义务协议，其应承担怎样的赔偿责任。

【裁判结果】

最高人民法院经审理认为，原则上，刑事诉讼中预决的事实对于后行的民事诉讼具有预决效力。这是因为裁判统一性要求民事判决与刑事判决对于同一事实的认定应当是一致的，而且刑事诉讼的证明标准比民事诉讼的证明标准要高，所以先行刑事判决认定的基本事实对于后行民事诉讼具有预决力。

但是，先行刑事案件预决事实的预决力并不是没有条件的。除了先行判决已经生效，先行案件裁判所确定的事实与后行案件事实存在相关性外，预决事实的证明必须已遵循了法定程序。就先行刑事案件对后行民事案件而言，有罪的事实认定当然具有预决力；而无罪的事实认定则需要区分是因为被告人确实未参与未实施犯罪行为；还是因为证据不足、事实不清，以及是否有相反证据。如果是前者则有预决力，如果是后者则因为民事诉讼和刑事诉讼的证明标准不同可能有不同的认定。然而，与本案相关的刑事案件的特殊之处在于，刑事起诉并未指控宋某某，刑事判决自然不可能涉及宋某某是否参与实施犯罪行为，是否构成侵犯商业秘密罪，亦不会就宋某某的行为是否违反离职后义务协议作出明确认定。因此，宋某某与恒瑞谷冶金科技公司是否有关、关系如何这部分事实在先行刑事诉讼中未涉及，更谈不上经过正当程序查证并认定，因而不构成先行刑事诉讼预决事实，更不能据此直接在后行民事诉讼中认定宋某某与恒瑞谷冶金科技公司无关。

关联刑事案件侦查卷宗中公安机关在侦查阶段绘制的资金流向图，虽然不是刑事关联案件定案的证据，但鉴于其为客观证据，系对恒瑞谷冶金科技公司注册资金流转情况的客观描述，且与宋某某之妻李某某相关账户的资金流水记录以及庭审过程中当事人双方关于恒瑞谷冶金科技公司注册资金来源的陈述意见能相互印证，可以认定恒瑞谷冶金科技公司的1000万元注册资金全部源于与宋某某或其配偶李某某密切相关的公司。另外，根据公安机关对杨某某邮箱×××××的远程勘验记录，结合再审阶段查明的事实，可以认定宋某某是恒瑞谷冶金科技公司的实际出资人，其在离职后两年内以隐蔽手段隐名组建了与大西洋连铸设备工程公司具有同行业竞争关系的恒瑞谷冶金科技公司，违反了相关约定。最高人民法院于2018年12月21日提审本案，并于2020年9月24日判决撤销一审、二审判决，支持了大西洋连铸设备工程公司的诉讼请求。

【裁判摘要评析】

本案是最高人民法院提审改判的案件，入选2020年中国法院知识产权司法保护十大案件，其法律适用的典型意义主要体现在民刑交叉案件的裁判规则上。就法律适用而言，本案涉及三个问题。

一、合理界定刑民交叉案件中先行刑事诉讼对后行民事诉讼的影响

刑事诉讼中已经认定存在的事实，通常对于后行的民事诉讼具有预决效力。但是对于刑事诉讼中未予认定的事实是否在民事诉讼中也当然地不予认定经常存在争议。争议源于刑事诉讼和民事诉讼遵循不同的证明标准。刑事案件中认定事实应当达到综合全案证据，已排查合理怀疑的证明标准；而民事诉讼中认定事实的标准是高度可能性。上述不同的事实认定标准，导致刑事裁判和民事裁判可能会有不同的认定结果。但是，在司法实践中，出于维护裁判一致性的考虑，有些判决在民事诉讼中直接以刑事诉讼中未予认定作为裁判依据，不再对证据进行审查认定。该种做法实质上背离了民事诉讼的证明标准，错误地理解了刑民交叉案件中在先刑事诉讼对在后民事诉讼的影响，最高人民法院予以纠正。

在与本案相关的在先刑事案件中，检察机关基于证据不足等因素未指控宋某某构成侵犯商业秘密犯罪，在随后处理的大西洋连铸设备工程公司诉宋某某的民事案件中，一审、二审法院以刑事处理结果为主要依据驳回了大西洋连铸设备工程公司对宋某某的民事起诉。最高人民法院再审认为，原则上，刑事诉讼中认定的事实对于后行的民事诉讼具有预决效力。但对于因证据不足、事实不清而作出无罪认定的事实，则需要区分民事诉讼和刑事诉讼的证明标准。本案刑事判决未起诉宋某某，自然不可能涉及宋某某是否参与实施犯罪行为，是否构成侵犯商业秘密罪，亦不会就宋某某的行为是否违反离职后义务协议作出明确认定。因此，宋某某与恒瑞谷冶金科技公司是否有关、关系如何这部分事实在先行刑事诉讼中未涉及，更谈不上经过正当程序查证并认定，因而不构成先行刑事诉讼预决事实，更不能据此直接在后行民事诉讼中认定宋某某与恒瑞谷冶金科技公司无关。原审法院在这部分事实的判断上援引刑事裁判，直接认定宋某某不存在被诉侵权行为，存有不当，应予纠正。宋某某与恒瑞谷冶金科技公司之间的关系如何还需要在本案中结合证据进行判断和认定。

本案再审认为，刑事侦查阶段公安机关绘制的资金流量图，说明的是注册资金的流转情况，在本案中属于客观证据，且双方在庭审中提供并经过质证的银行流水已经充分说明了恒瑞谷冶金科技公司注册资金的来源，可以认定恒瑞谷冶金科技公司的1000万元注册资金全部源于与宋某某或其配偶李某某密切相关的公司，该注册资金由李某某的账户转至其侄女李某名下的账户，再转至杨某某名下，用于注册恒瑞谷冶金科技公司。注册完成后，该笔资金又辗转返回李某某名下。宋某某在本案中辩称该注册资金为杨某某从李某某侄女李某处借得，其并不知情。再审查明，李某某侄女李某系某公司普通职员，无其他大额经济来源和投资收益，且上述注册资金流水显示，多笔注册资金仅是借用李某名下的银行账户流转汇集至杨某某名下用于公司注册，之后又重新流转回李某某账户。因此，宋某某关于李某借给杨某某1000万元注册资金的辩解于情不符，于理不合，不予采信。结合本案证据，最终认定宋某某是恒瑞谷冶金科技公司的实际出资人，其在离职后两年内以隐蔽手段隐名组建了与大西洋连铸设备工程公司具有同行业竞争关系的恒瑞谷冶金科技公司，违反了竞业协议，应承担相应的法律责任。

本案再审判决对在刑事诉讼中未被追究刑事责任的人员，在民事诉讼是否承担民事责任结合证据进行了深入分析，厘清了民刑证明标准的不同，为更好地处理与知识产权相关的民刑交叉案件中的证据判断和事实认定提供了借鉴。

二、准确判断违反竞业限制情形，倡导诚信原则

大西洋连铸设备工程公司与宋某某签订的离职后义务协议明确对竞业限制的情形进行了约定，本案结合关联刑事案件侦查卷宗中公安机关在侦查阶段绘制的资金流向图、往来邮件中的代持股协议、宋某某配偶李某某相关账户中用于公司注册的资金流水记录以及庭审过程中当事人双方关于恒瑞谷冶金科技公司注册资金来源的陈述意见等证据，认定宋某某是恒瑞谷冶金科技公司的实际出资人。其一方面从大西洋连铸设备工程公司获取了巨额的竞业限制和保密约定补偿款，另一方面在离职后两年内以隐蔽手段隐名组建了与大西洋连铸设备工程公司具有同行业竞争关系的恒瑞谷冶金科技公司，违反了竞业限制的约定。这是典型的由公司员工尤其是企业高级管理人员离职跳槽引发的违反竞业限制的案件。考虑到本案中，大西洋连铸设备工程公司起诉的依据是离职后义务协议，请求宋某某承担违约责任，故而合议庭最终依据离职后义务协议作出裁判。同时，考虑离职人员一方面获取巨额补偿款，一方面又以隐蔽手段违反约定，其主观恶意明显，为体现司法的价值引领，本院再审改判全额支持了大西洋连铸设备工程公司的诉讼请求。

本案再审改判给社会公众传递了司法鼓励诚实信用行为，严惩不诚信行为的态度。特别是在既要鼓励企业人员依法有序流动，又为企业核心技术、商业秘密提供强有力司法保护的理念下，本案的处理再次明确了红线和底线，有力地维护了受损害企业的利益，体现了司法担当，有利于维护良好市场竞争秩序。

三、再审审查中人民法院也可以调查取证，以准确认定事实

民事诉讼遵循“谁主张，谁举证”的原则。2017 年《民事诉讼法》第 64 条规定：“当事人对自己提出的主张，有责任提供证据。当事人及其诉讼代理人因客观原因不能自行收集的证据，或者人民法院认为审理案件需要的证据，人民法院应当调查收集。”〔1〕第 67 条规定：“人民法院有权向有关单位和个人调查取证，有关单位和个人不得拒绝。”〔2〕因此，人民法院对于当事人符合法律条件的调取证据的申请，应当准许。上述规定并没有区分诉讼程序，因此在再审阶段，人民法院依然可以对符合条件的证

〔1〕此处援引的是 2017 年《民事诉讼法》第 64 条，2021 年《民事诉讼法》修改后，本条变更为第 67 条。

〔2〕此处援引的是 2017 年《民事诉讼法》第 67 条，2021 年《民事诉讼法》修改后，本条变更为第 70 条。

据，予以调查收集。本案合议庭积极运用诉讼证据制度，减轻当事人举证负担；再审审查期间，根据当事人的申请，向案外人广州网易计算机系统有限公司发出协助调查取证通知书，调查向杨某某邮箱发送代持股协议等材料的×××××邮箱的注册情况，并组织双方质证。结合庭审中宋某某的陈述，认定该邮箱注册人及使用人为其配偶李某某，从而为采信相关证据奠定了重要的基础。

最高人民法院再审合议庭成员：王艳芳　毛立华　杜微科

（编写人：毛立华* 审稿人：丁文严）

* 毛立华，法学博士，中华人民共和国最高人民法院民事审判第三庭，高级法官。

宝利通公司
与
深圳市音络科技有限公司、国家知识产权局商标权无效宣告请求行政纠纷案

——三维立体商标标志确定性的审查判断

【裁判摘要】

标志具有确定性是审查判断三维立体商标是否具有显著性，应否获得注册以及应否维持有效的前提和基础。判断三维标志是否具有确定性，应当以商标档案中载明的商标图样为准，在商标档案对于商标图样无进一步说明的情况下，该商标图样的全部构成要素均属于考察范围，如果根据商标图样的各视图无法确定该三维立体标志的具体形状及其比例关系，则该标志不具有确定性，该立体商标的显著性以及其效力亦无法得以认定。

【案件基本信息】

1. 诉讼当事人

再审申请人（一审第三人）：宝利通公司（POLYCOM，INC.）

被申请人（一审原告、二审上诉人）：深圳市音络科技有限公司（以下简称音络科技公司）

被申请人（一审被告、二审被上诉人）：国家知识产权局

2. 案件索引与裁判日期

一审：北京知识产权法院（2016）京73行初3072号判决（2017年8月31日）

二审：北京市高级人民法院（2018）京行终175号判决（2018年12月24日）

再审审查：最高人民法院（2019）最高法行申 10746 号裁定（2020 年 6 月 22 日）

3. 案由

商标权无效宣告请求行政纠纷

【简要案情】

宝利通公司为第 8341029 号三维立体商标（以下称诉争商标，见图 1）的权利人，该商标系由类似三角形的电话机机身及圆弧形电话机键盘组成，核定使用商品为第 9 类“电信会议和视频会议用计算机软件，集成、控制、增强、保护和管理视频、语音和数据通信用计算机软件，计算机硬件，免提电话，电信会议用设备，视频会议用设备，电传会议用设备”。2015 年 4 月 3 日，音络科技公司以诉争商标的注册构成 2013 年修正的《商标法》第 11 条、第 12 条规定的情形为由，向国家工商行政管理总局商标评审委员会（以下简称商标评审委员会）申请宣告诉争商标无效。2016 年 4 月 28 日，商标评审委员会作出商评字〔2016〕第 39183 号《关于第 8341029 号图形（三维标志）商标无效宣告请求裁定书》（以下简称被诉裁定），对诉争商标予以维持。音络科技公司不服被诉裁定，向北京知识产权法院起诉，请求撤销被诉裁定，并判令商标评审委员会重新作出裁定。北京知识产权法院于 2017 年 8 月 31 日作出（2016）京 73 行初 3072 号判决，以宝利通公司通过使用使诉争商标取得了显著特征，并便于识别，可以作为商标予以注册为由，驳回了音络科技公司的诉讼请求，维持被诉裁定。音络科技公司不服上述判决，向北京市高级人民法院提起上诉，主要理由为诉争商标所示立体图形在空间上不成立，一审判决认定诉争商标具有显著特征属事实认定错误等。该院于 2018 年 12 月 24 日作出（2018）京行终 175 号判决，认定诉争商标标志存在不确定性，无法得出诉争商标具备显著特征或已经过使用取得了显著特征的结论。一审判决和被诉裁定有关诉争商标具备显著特征的认定缺乏事实基础，据此撤销一审判决和被诉裁定，并判令商标评审委员会重新作出裁定。

宝利通公司不服二审判决，向最高人民法院申请再审，主要理由为诉争商标符合《商标法》及 2014 年修订的《商标法实施条例》的有关规定要求，二审判决认定诉争商标存在不确定性属适用法律错误。

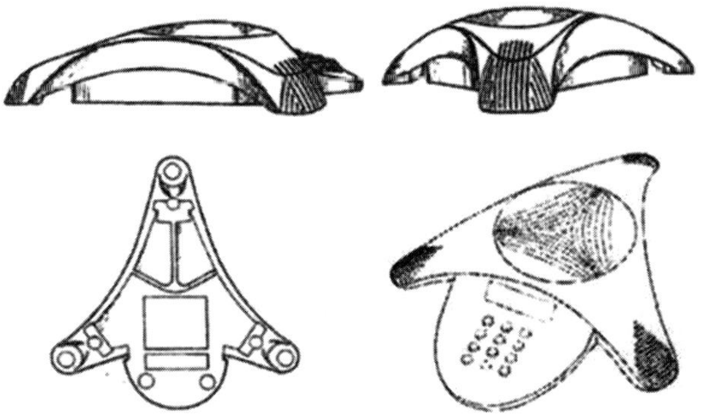

图 1 诉争商标

【案件焦点】

1. 诉争商标标志是否具有确定性；

2. 诉争商标应否被宣告无效。

【裁判结果】

最高人民法院经审查认为，根据宝利通公司申请注册时提交的诉争商标图样及商标档案记载的诉争商标视图，虽然能够大体确定诉争商标的基本外部轮廓，但经比对，各视图所显示的三维立体商标在拾音孔、出音孔、圆弧形键盘以及键盘与三角形话机部分间夹角卡槽等多个关键部位上存在差异，以至于无法通过该商标图样确定诉争商标三维标志的具体形状及其比例关系，故诉争商标标志不具有确定性，不符合《商标法实施条例》第13条第3款的规定。二审判决对本案的事实认定并无不当，在此基础上，二审判决认定诉争商标应予无效宣告亦无不当。因此，裁定驳回宝利通公司的再审申请。

【裁判摘要评析】

一、三维立体标志的概念以及获得商标注册的条件及法律依据

三维标志即能够通过商品本身的形状、商品的包装物或者其他三维形状识别商品和服务来源的标志。[1]《商标法》第8条规定，任何能够将自然人、法人或者其他组织的商品与他人的商品区别开的标志，包括文字、

---

〔1〕 参见郎胜主编：《中华人民共和国商标法释义》，法律出版社2013年版，第22页。

图形、字母、数字、三维标志、颜色组合和声音等，以及上述要素的组合，均可以作为商标申请注册。根据该条规定，三维立体标志可以作为商标申请注册。本案中，宝利通公司所申请注册的诉争商标电话机（包括机身及键盘）即为三维立体标志，符合《商标法》第 8 条规定，属于可申请注册的范围。但该法第 11 条对商标获得注册的条件——标识的“显著性”规定：“仅有本商品的通用名称、图形、型号”或“仅直接表示商品的质量、主要原料、功能、用途、重量、数量及其他特点”，以及“其他缺乏显著特征”的标志不得作为商标注册。当然，该条同时也规定了除外情形，即上述几种情形所列标志经过使用取得显著特征，并便于识别的，可以作为商标注册。该条规定实际上确定了商标获得注册须具备“固有显著性”的先天条件；如果不具备，亦须经过使用后具备“获得性显著性”的后天条件，才可能获准注册。《商标法》第 12 条进一步针对三维立体标志的注册条件进行规定：“以三维标志申请注册商标的，仅由商品自身的性质产生的形状、为获得技术效果而需有的商品形状或者使商品具有实质性价值的形状，不得注册。”也就是说，三维立体标志要获得注册，不仅要符合《商标法》第 11 条针对一般标志所规定的“显著性”条件，还须符合第 12 条专门针对三维立体标志“显著性”所规定的条件。

对于上述条件的认定，本案一审判决中即有所体现。由于本案中宝利通公司申请并获准注册的诉争商标为“类似三角形的电话机机身及圆弧形电话机键盘”组合，一审判决认定其造型基本为该商标核定使用的商品外观，相关公众会将其当作商品外观本身进行识别和认知，而非当作区分商品来源的标识，因而不具有“固有显著性”；但由于持有人长期使用已具备“获得性显著性”，因而一审法院最终认定诉争商标符合《商标法》第 11 条、第 12 条规定的注册标准，并判决维持了该商标的注册。

不可忽略的是，《商标法实施条例》亦针对三维立体标志获得注册的条件作了规定。《商标法实施条例》第 13 条第 3 款规定：“以三维标志申请商标注册的，应当在申请书中予以声明，说明商标的使用方式，并提交能够确定三维形状的图样，提交的商标图样应当至少包含三面视图。”该条规定系对《商标法》第 8 条、第 11 条、第 12 条规定的补充及进一步细化，意在规范以三维立体标志申请商标注册时须符合相应的基础要求及前提条件。其中，要求商标申请人提交的商标图样能够确定申请商标的三维形状是该条的核心内容之一。亦即申请注册的三维立体标志的三维形状具有确定性是对其“显著性”条件进行审查，乃至最终决定应否获准注册的基础要求和前提条件。本案二审判决正是基于该条规定的内容，对被诉裁定及一审判决作出了撤销改判的判决结论。

二、诉争商标是否具有确定性是判断三维立体标志显著性的前提条件

由于商标授权确权行政程序涉及的是商标注册申请人与不特定的社会公众之间的权利义务关系，其运行目的在于赋予相关市场经营主体以特定的民事权利，以禁止他人未经权利人许可而在相同或者类似商品或服务上使用相同或者近似的商标。因此，由该行政程序所授予的商标权，其权利边界、范围及内容必须是明确而具体的。而商标标志具有确定性对于商标权利边界、范围及内容的界定具有重大意义，标志的准确无误、唯一确定是其他法律条款准确适用的前提。对于三维立体标志来说，尤为如此。

反之亦然，在具体案件中，判断三维标志是否具有商标的显著性、能否获得注册，必须结合相关标志应当符合的前提条件加以具体的审查，而审查对象是否具有确定性则是判断的重要前提之一。若审查判断的标志无法准确、唯一地确定，便无法判定其是否具备商标注册所需的显著特征；进而无从认定应否准许该商标申请，其结果势必导致申请被驳回或已经注册的商标被宣告无效。

若商标的确定性存在问题，即使商标申请人或已经获得注册的持有人在诉讼中向人民法院提供了修正后的图样，亦难以挽回局面。从本案的诉讼过程看，二审诉讼过程中，宝利通公司补充提交了书面情况说明，对诉争商标图形作出了说明并提交了修改后的商标图样作为参考，但二审法院并未采纳。其原因在于，如果允许当事人在诉讼过程中以新的商标图样代替原商标图样，相当于在诉讼过程中引入了新的商标标志，实质性地修改了商标档案中记载的诉争商标标志，这种做法会对现有的商标注册秩序产生根本性冲击。因此，二审判决认定，为了保证商标权权利范围的确定性和公示性，不应在《商标法》和《商标法实施条例》规定的法律程序之外，引入新的商标标志来修改文本。诉争商标因其自身在标志方面存在的瑕疵所导致的不利法律后果，应当由宝利通公司自行承担。

三、三维立体标志确定性的审查范围及内容

对于三维立体标志来说，在审查其确定性时，首先要审查其商标图样能否确定标志的三维立体形状。如果商标档案对于商标标志的整体轮廓及各组成要素无特别说明，审查范围应当包括图样中三维立体标志的各要素内容。

本案中，诉争商标的注册能否得以维持，首先就涉及对诉争三维标志确定性的审查，即审查三维立体商标的注册申请者提供的三维标志图样是否符合《商标法实施条例》第13条第3款规定的要求。宝利通公司在申请注册时提交的四幅诉争商标图样与诉争商标档案所显示的图样一致，根据诉争商标注册申请书，申请书的“商标说明”部分仅载明“整体无含义”，此外并未就诉争商标图样作出进一步说明。因此，判断诉争商标的注册是否具有确定性以及是否符合《商标法》的其他相关规定，应当以该商标图样为依据。根据宝利通公司申请注册诉争商标时所提交的四幅样图（见图2），诉争商标系由类似三角形的电话机机身与圆弧形电话机键盘组成。四幅图样中（a）、（b）、（d）显示了诉争商标正面放置时不同角度的视图，（c）显示了诉争商标反面放置时的背面视图。从正面放置时不同角度的视图观察，三角形电话机机身三边呈流线型，三个顶点为圆弧状，各顶点分布有栅栏状花纹的拾音孔；三角形中间位置为圆形出音孔（喇叭），以栅栏状花纹盖板覆盖；圆弧形键盘与三角形一边相连接，在键盘上分布有显示屏及按键。将四幅图样对照观察，可见：（1）（c）与（d）所示圆弧形键盘的弧度大小以及键盘与三角形话机的比例等方面均存在明显差异。（c）键盘弧度小，与话机相比所占比例较小；（d）键盘弧度大，与话机相比所占比例大。[1]（2）（c）与（d）所示圆弧形键盘与三角形话机连接的两端夹角卡槽处形状有所差异。（c）为有回旋的卡槽连接，而（d）

---

〔1〕参见图2中（c）、（d）标①处。

为尖角卡槽连接。[1]（3）（a）、（b）与（d）所示各拾音孔的栅栏状花纹存在差异。（a）、（b）所示栅栏状花纹顶端平齐，而（d）所示栅栏状花纹顶端为水滴状。[2]（4）（a）、（b）与（d）所示出音孔（喇叭）栅栏状花纹的标识位置存在差异，（a）、（b）所示正对拾音孔位置无出音孔（喇叭）栅栏状花纹标识，而（d）所示该位置有出音孔（喇叭）栅栏状花纹标识。[3]

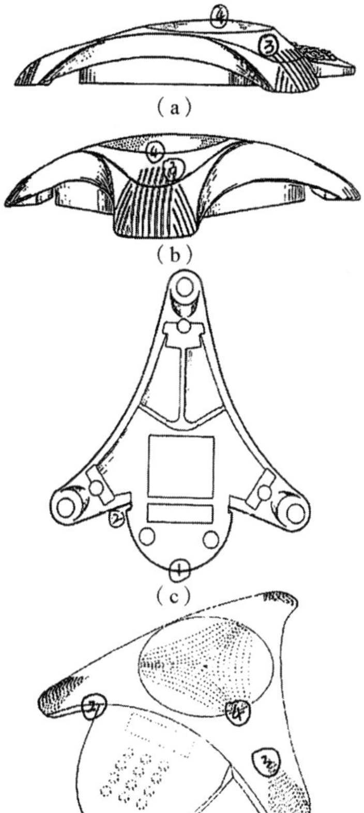

图 2　宝利通公司申请注册诉争商标时所提交的图样分解

可见，宝利通公司提供的四幅商标图样所显示的三维立体商标在多个

〔1〕参见图 2 中（c）、（d）标②处。

〔2〕参见图 2 中（a）、（b）、（d）标③处。

〔3〕参见图 2 中（a）、（b）、（d）标④处。

关键部位处并不一致，相互之间存在矛盾，以至于无法通过该四幅图样确定诉争商标的三维立体图形。虽然宝利通公司在二审阶段提交了书面情况说明，对诉争商标各图样之间存在的上述差异进行了解释，并提交了修改后的商标图样作为参考，但相对于其提交的商标注册申请书以及商标档案的记载而言，修改后的商标图样在拾音孔、出音孔（喇叭）、圆弧形键盘与三角形部分间夹角卡槽以及圆弧形键盘的弧度等方面均存在实质性差异，上述修改已经超出合理范围，相当于引入了新的商标标志，根据《商标法》第 24 条[1]，应当重新提出注册申请，故上述情况说明和修改后的商标图样不能作为解释诉争商标标志图样的依据。综上所述，宝利通公司提交的三维标志图样不符合《商标法实施条例》第 13 条第 3 款关于确定性的相关规定。

再审审查阶段，宝利通公司认可其所提供的商标图样之间存在差异，但认为差异部分主要在于（c）与（d）所显示的圆弧形键盘弧度大小不同，根据（a）、（b）、（c）能够确定诉争商标图形，其比例关系是确定的；此外，宝利通公司认为，（d）仅作为实施参考图提交，图样本身确实不够严谨，但其在二审中提交的补充说明材料及所附图样已经修正了这一问题；同时宝利通公司认为卡槽及拾音孔、出音孔的花纹等细节部分不影响对诉争商标的判断。音络科技公司则认为，拾音孔、出音孔处的花纹具有功能性，不仅仅是细节，且宝利通公司在申请商标注册时并未放弃对细节的专用权，宝利通公司曾对音络科技公司进行投诉依据的就是细节部分，因而上述细节部分不可忽略。对于上述主张，最高人民法院认为，首先，诉争商标图样中圆弧形键盘的弧度大小以及其与三角形话机的比例关系，实质性地影响诉争商标作为三维立体商标的形状，属诉争商标的主要部分，并非细节；其次，虽然相对于圆弧形与三角形构成的整体外部轮廓而言，喇叭、键盘、拾音孔、卡槽等部位存在的差异系细节部分，但是根据商标档案中载明的诉争商标图样，上述部分均系诉争商标的构成要素，由于诉争商标在申请注册时并未对上述部分在诉争商标标志中的地位

[1] 《商标法》第 24 条规定："注册商标需要改变其标志的，应当重新提出注册申请。"

及其与整体轮廓的关系作出进一步限定，因此在判断诉争商标确定性时，上述部分亦属于考察范围。

四、结论

最高人民法院在本案中确立了三维立体标志具有确定性是认定该标志是否具有显著性，并进而认定该标志应否获准商标授权确权的前提条件的原则；同时阐明了对三维立体标志是否具有确定性的判断标准及具体判断方式。最高人民法院明确，判断三维标志是否具有确定性应当以商标档案中载明的商标图样为准，如果该三维标志图样的各视图所显示的图形存在差异，以至于无法据此确定该三维标志的具体形状及其比例关系，则该标志不具有确定性。当事人事后提交的关于三维标志图样的书面说明，如果涉及的图样与商标档案中记载的商标图样存在实质性差异，则不能作为解释该三维标志图样的依据。在商标档案对于三维标志的整体轮廓以及各组成要素未作出进一步限定的情况下，该三维标志图样中的全部构成要素均属于考察范围。上述判断标准及方式具有较强的可操作性，对类似案件的审理具有指导意义。

最高人民法院再审合议庭成员：王艳芳　钱小红　晏景

（编写人：晏景*　曹佳音**　审稿人：丁文严）

* 晏景，法学博士，中华人民共和国最高人民法院民事审判第三庭，二级高级法官。

** 曹佳音，法学博士，中华人民共和国最高人民法院民事审判第三庭，法官助理。

国家知识产权局
与
第一三共株式会社、宇部兴产株式会社
及一审第三人华夏生生大药房（北京）有限公司
发明专利权无效行政纠纷案

——药物不同盐形式选择发明创造性的判断

【裁判摘要】

选择发明的创造性评价要遵循三步法，首先要确定最接近现有技术。其判断的关键在于考虑其相对于所述最接近现有技术取得了何种预料不到的技术效果。要证明本专利技术方案具有预料不到的技术效果，需要相应实验数据支持。

【案件基本信息】

1. 诉讼当事人

再审申请人（一审被告、二审被上诉人）：国家知识产权局

被申请人（一审原告、二审上诉人）：第一三共株式会社（以下简称三共会社）

被申请人（一审原告、二审上诉人）：宇部兴产株式会社（以下简称宇部会社）

一审第三人：华夏生生大药房（北京）有限公司（以下简称华夏公司）

2. 案件索引与裁判日期

一审：北京市第一中级人民法院（2013）一中知行初字第2469号判决（2014年7月18日）

二审：北京市高级人民法院（2015）高行（知）终字第2879号判决（2016年7月13日）

再审：最高人民法院（2019）最高法行再60号判决（2020年6月5日）

3. 案由

发明专利权无效行政纠纷

【简要案情】

专利号为01815108.6、优先权日为2000年7月6日、申请日为2001年7月3日、授权公告日为2005年8月10日、名称为“氢化吡啶衍生物酸加成盐”的发明专利权（以下称本专利），专利权人为三共会社和宇部会社。针对本专利，华夏公司于2011年12月21日向原国家知识产权局专利复审委员会（以下简称专利复审委员会）提出了无效宣告请求。经审查，专利复审委员会于2012年12月21日作出第19771号无效宣告请求审查决定（以下称第19771号决定）。该决定认为本专利不具备创造性，宣告本专利无效。

宇部会社和三共会社不服，提起行政诉讼。北京市第一中级人民法院认定本专利不具备创造性，判决维持专利复审委员会作出的第19771号决定。三共会社、宇部会社不服，提起上诉。北京市高级人民法院二审判决撤销一审判决，撤销第19771号审查决定并判令专利复审委员会就华夏公司对本专利所提无效宣告请求重新作出审查决定。国家知识产权局不服，向最高人民法院申请再审。

【案件焦点】

本专利相对于现有技术是否具有预料不到的技术效果。

【裁判结果】

最高人民法院认为，涉案专利最接近现有技术是证据2和证据3记载的“其他普拉格雷药学上可接受盐”。在证据2和证据3给出制备普拉格雷药学盐酸盐和马来酸盐技术启示的前提下，得到权利要求1或权利要求2的技术方案，是本领域技术人员基于本领域普遍存在的动机作出的常规选择，故对该选择发明创造性的判断，关键在于考虑其相对于所述最接近现有技术取得了何种预料不到的技术效果。本专利说明书未就选择普拉格雷游离碱而非“其他普拉格雷药学上可接受盐”进行对比实验提供充足理由，三共会社、宇部会社在专利审查和行政诉讼期间提交的证据亦无法证明普拉格雷游离碱与“其他普拉格雷药学上可接受盐”物理化学性质及药理作用基本一致，或存在普拉格雷游离碱物理化学性质及药理作用优于普拉格雷药学上可接受盐的教导。在此情况下，将普拉格雷盐酸盐、马来酸盐与普拉格雷游离碱的效果进行对比，其对比结果不足以证明普拉格雷盐酸盐、马来酸盐相比证据 2 和证据 3 所公开的“其他普拉格雷药学上可接受盐”具有预料不到的技术效果。最高人民法院再审判决撤销二审判决，维持一审判决。

【裁判摘要评析】

药物研发系对化合物认识不断加深、药物持续优化的能动过程，对于水溶性较差的化合物，本领域常采用药学上可接受的盐型来进行改型，本案即为相关领域的典型案例。具体而言，本案重点有以下两个问题：

一、关于最接近现有技术的认定问题

本专利为选择发明，选择发明的创造性亦要遵循三步法进行判断。本专利权利要求 1 和权利要求 2 选定的技术方案相对于证据 2 和证据 3，区别特征在于优选了盐酸盐和马来酸盐两种普拉格雷药学上可接受的盐。要判断该选择的创造性，首先要确定最接近现有技术。国家知识产权局和一审、二审法院均认定涉案专利最接近现有技术是证据 2 和证据 3 记载的“其他普拉格雷药学上可接受盐”，对此三共会社和宇部会社在再审申请中亦未提出异议，应予认可。

二、关于本专利技术方案相对于普拉格雷游离碱是否具有预料不到的技术效果问题

首先，三共会社、宇部会社在专利审查阶段提交的反证 2 记载：“盐的形式影响母体化合物的许多物理化学特性，包括溶出率、溶解度、稳定性和吸湿性”。由此可知，本领域普通技术人员的一般认知是母体化合物与化合物盐的形式具有不同的物理化学性质，进而具有不同的药理作用。基于盐形式与化合物的药理作用差异，本领域技术人员有动机选择不同的盐形式进行实验，以验证物理化学性质及药理作用。具体到本案，在证据2和证据3给出制备普拉格雷药学盐酸盐和马来酸盐技术启示的前提下，得到权利要求1或权利要求2的技术方案，是本领域技术人员基于本领域普遍存在的动机作出的常规选择，故对该选择发明创造性的判断，关键在于考虑其相对于所述最接近现有技术取得了何种预料不到的技术效果。

其次，要证明本专利技术方案相对于“其他普拉格雷药学上可接受盐”具有预料不到的技术效果，需要相应实验数据支持。本专利说明书记载的对比实验反映了普拉格雷盐酸盐、马来酸盐相对于普拉格雷游离碱在口服吸收性、代谢活性和血小板凝集抑制作用方面的改进。但本专利说明书未就选择普拉格雷游离碱而非“其他普拉格雷药学上可接受盐”进行对比实验提供充足理由，三共会社、宇部会社在专利审查和行政诉讼期间提交的证据亦无法证明普拉格雷游离碱与“其他普拉格雷药学上可接受盐”的物理化学性质及药理作用基本一致，或存在普拉格雷游离碱物理化学性质及药理作用优于普拉格雷药学上可接受盐的教导。在此情况下，将普拉格雷盐酸盐、马来酸盐与普拉格雷游离碱的效果进行对比，其对比结果不足以证明普拉格雷盐酸盐、马来酸盐相比证据2和证据3所公开的“其他普拉格雷药学上可接受盐”具有预料不到的技术效果。国家知识产权局的再审理由成立，应予以支持。

本案证据2和证据3中，明确记载通式（Ⅰ）化合物可以形成酸式加成盐，并且在实施例中列举了常见的盐形式及其对应制备方法，证明这些盐形式是可以获得的，而基于本领域技术人员的一般认识，化合物游离碱与盐形式在溶解度等理化性质方面存在差异，选择“其他普拉格雷药学上可接受盐”作为最接近现有技术，符合本案实际，也符合本领域技术人员的一般认识。本专利中，专利权人为证明选择发明具备创造性，选择与化合物游离碱进行比对，证明存在口服吸收性、代谢活性和血小板凝集抑制作用方面的改进。但在药物改型过程中寻找最优盐型系本领域普遍存在的改进动机，对水溶性较差的化合物而言，化合物盐形式相较于化合物本身具有更佳的水溶性等理化特性并未超出本领域技术人员的一般认识水平，不足以作为本专利具有创造性的证据。

本案对上述重要法律规则的明确和厘清，对化学医药领域选择发明专利的审查具有指导意义。

最高人民法院再审合议庭成员：秦元明　郎贵梅　马秀荣

（编写人：秦元明*　审稿人：丁文严）

---

* 秦元明，法学博士，中华人民共和国最高人民法院民事审判第三庭，二级高级法官。

俄罗斯乌苏里斯克市巴里赞姆开放式股份公司
与
绥芬河市传峰经济贸易有限责任公司、
绥芬河市巴里赞姆酒业有限公司
商标权权属、侵害商标权纠纷案

——以诚信原则为指引遏制恶意注册、使用商标行为

【裁判摘要】

1. 授权行为自行为人作出单方意思表示即可产生授权的法律效力，属于单方法律行为。授权行为人与相对人以共同签订协议的形式签订授权书，不能改变授权行为是单方法律行为的性质。将授权行为视为双方法律行为，与授权行为的性质相悖。

2. 被授权方在明知授权书的签订意图、授权方与被授权方的经销关系已经终止的情况下，将涉案商标转让给其关联公司，其商标转让行为具有明显恶意，损害了授权方的利益，其转让行为无效。被授权方的关联公司明知上述情况，仍然在相同或类似商品上申请注册与其受让自被授权方涉案商标相同或者近似的商标，亦具有损害授权方利益的恶意，涉案商标与被授权方关联公司后续申请注册的相关商标应一并返还给授权方。

【案件基本信息】

1. 诉讼当事人

再审申请人（一审原告、二审上诉人）：俄罗斯乌苏里斯克市巴里赞姆开放式股份公司（以下简称俄罗斯巴里赞姆开放式公司）

被申请人（一审被告、二审被上诉人）：绥芬河市传峰经济贸易有限责任公司（以下简称传峰经济贸易公司）

被申请人（一审被告、二审被上诉人）：绥芬河市巴里赞姆酒业有限公司（以下简称绥芬河巴里赞姆酒业公司）

2. 案件索引与裁判日期

一审：黑龙江省哈尔滨市中级人民法院（2016）黑01民初131号判决（2017年3月30日）

二审：黑龙江省高级人民法院（2017）黑民终398号判决（2017年11月13日）

再审：最高人民法院（2020）最高法民再24号判决（2020年12月17日）

3. 案由

商标权权属、侵害商标权纠纷

【简要案情】

俄罗斯巴里赞姆开放式公司一审诉称其自1999年起在中国大陆于酒类商品上广泛使用其巴里赞姆、“虎头”系列商标。传峰经济贸易公司从1999年起与俄罗斯巴里赞姆开放式公司合作，使用该公司相关商标经销“虎头”等滋补酒。2003年2月28日，传峰经济贸易公司未经许可在中国大陆以自身名义申请了俄罗斯巴里赞姆开放式公司的巴里赞姆、“虎头”等相关商标，并转让给其关联公司绥芬河巴里赞姆酒业公司，以阻止俄罗斯巴里赞姆开放式公司商品进入中国大陆市场，给该公司造成了巨大损失。请求法院判令：（1）宣告中文版授权书无效，确认解除俄罗斯巴里赞姆开放式公司依据俄文版授权书对传峰经济贸易公司的任何授权；（2）确认传峰经济贸易公司、绥芬河巴里赞姆酒业公司之间转让第3470263号等注册商标的行为无效；（3）确认绥芬河巴里赞姆酒业公司名下的第3470264号等商标申请和注册均属于俄罗斯巴里赞姆开放式公司所有；（4）传峰经济贸易公司、绥芬河巴里赞姆酒业公司在30日内无条件协助俄罗斯巴里赞姆开放式公司将涉案商标注册和商标申请转移到俄罗斯巴里赞姆开放式公司名下，并由传峰经济贸易公司、绥芬河巴里赞姆酒业公司承担全部相关费用；（5）确认传峰经济贸易公司、绥芬河巴里赞姆酒业公司使用涉案第3470264号注册商标的行为构成对俄罗斯巴里赞姆开放式公司商标侵权；（6）传峰经济贸易公司、绥芬河巴里赞姆酒业公司立即停止使用涉案商标的侵权行为；

(7) 确认传峰经济贸易公司、绥芬河巴里赞姆酒业公司通过知识产权海关备案和启动商标侵权诉讼等方式阻止俄罗斯巴里赞姆开放式公司相关商品进入中国大陆市场的行为构成商标侵权；(8) 传峰经济贸易公司、绥芬河巴里赞姆酒业公司连带赔偿俄罗斯巴里赞姆开放式公司经济损失及合理支出共计人民币 50 万元。

一审法院认为，传峰经济贸易公司在中国注册涉案商标符合授权书中文版的约定。该公司将涉案商标转让给绥芬河巴里赞姆酒业公司的行为有效。绥芬河巴里赞姆酒业公司及传峰经济贸易公司使用涉案商标合法。判决：驳回俄罗斯巴里赞姆开放式公司的诉讼请求。二审法院认为，涉案商标由传峰经济贸易公司申请、经商标局依法核准注册并由绥芬河巴里赞姆酒业公司受让取得，俄罗斯巴里赞姆开放式公司申请在中国领土延伸未获准，其对传峰经济贸易公司注册的商标提出的异议申请未获支持。涉案商标的权利人是传峰经济贸易公司和绥芬河巴里赞姆酒业公司，而非俄罗斯巴里赞姆开放式公司。传峰经济贸易公司未违反《商标法》第 15 条的规定。传峰经济贸易公司、绥芬河巴里赞姆酒业公司对涉案商标的使用及在海关总署备案并对侵权行为提起诉讼未违反规定。判决：驳回上诉，维持一审判决。俄罗斯巴里赞姆开放式公司不服，向最高人民法院申请再审。

【案件焦点】

1. 中文版授权书是否有效；

2. 涉案商标是否应返还俄罗斯巴里赞姆开放式公司；

3. 传峰经济贸易公司的被诉侵权行为是否构成侵害俄罗斯巴里赞姆开放式公司的涉案商标权。

【裁判结果】

最高人民法院认为：

一、关于中文版授权书的效力

俄罗斯巴里赞姆开放式公司签署授权书的目的是使传峰经济贸易公司拥有合法经营权，保障销售俄罗斯巴里赞姆开放式公司的产品，授权传峰经济贸易公司在中国注册使用该公司在俄罗斯已经获准注册的商标。该授权书基于授权方单方意思表示即成立，故中文版授权书属于单方民事法律行为，俄罗斯巴里赞姆开放式公司可以随时变更或撤销其授权。俄文版授权书与中文版授权书无本质区别，不影响对中文版授权书的效力认定。俄罗斯巴里赞姆开放式公司具有民事行为能力，其已在中文版授权书上签名并加盖公章，内容未违反法律、行政法规的强制性规定，不违背公序良俗，故该授权书合法有效。

二、关于涉案商标是否应返还俄罗斯巴里赞姆开放式公司

首先，俄罗斯巴里赞姆开放式公司与传峰经济贸易公司签订合同及其两份补充协议，约定俄罗斯巴里赞姆开放式公司向传峰经济贸易公司供货，合同有效期至2006年12月31日。俄罗斯巴里赞姆开放式公司为“虎头”系列酒的制造商，传峰经济贸易公司为经销商。俄罗斯巴里赞姆开放式公司与传峰经济贸易公司存在的买卖合同关系是前者签署授权书的前提和基础。其次，中文、俄文版授权书签署目的均是为确保俄罗斯巴里赞姆开放式公司与传峰经济贸易公司之间买卖合同的履行，将原本属于俄罗斯巴里赞姆开放式公司的商标授权传峰经济贸易公司注册使用。若双方买卖关系终止，授权目的已无法实现，授权亦应终止。最后，传峰经济贸易公司与绥芬河巴里赞姆酒业公司法定代表人同为姚某某、股东同为姚某某及其妻子张某某，两公司为关联公司。俄罗斯巴里赞姆开放式公司为销售其酒类产品授权传峰经济贸易公司注册使用其巴里赞姆及“虎头”系列商标，传峰经济贸易公司不享有转让上述涉案商标之权利。传峰经济贸易公司自2003年2月28日起申请注册商标，共获准注册第3470263号等11个商标。传峰经济贸易公司在明知授权书的签订意图、俄罗斯巴里赞姆开放式公司与传峰经济贸易公司经销关系已经终止的情况下，于2011年3月27日起陆续将上述11个商标转让给其关联公司绥芬河巴里赞姆酒业公司，其商标转让行为具有明显恶意，损害了俄罗斯巴里赞姆开放式公司的利益，其转让行为无效，上述11个商标应返还给俄罗斯巴里赞姆开放式公司。对于此后绥芬河巴里赞姆酒业公司申请注册的第7959666号等14个商标，绥芬河巴里赞姆酒业公司明知俄罗斯巴里赞姆开放式公司与传峰经济贸易公司之间的经销关系已终止数年，仍然在相同或类似商品上申请注册与其受让自传峰经济贸易公司的11个商标相同或者近似的商标，亦具有损害俄罗斯巴里赞姆开放式公司利益的恶意，其后续申请注册的相关商标应一并返还给俄罗斯巴里赞姆开放式公司。

三、关于传峰经济贸易公司、绥芬河巴里赞姆酒业公司的被诉侵权行为是否构成侵害俄罗斯巴里赞姆开放式公司涉案商标权

首先，俄罗斯巴里赞姆开放式公司与传峰经济贸易公司于 2006 年 6 月 23 日签订补充协议，约定俄罗斯巴里赞姆开放式公司向传峰经济贸易公司供货，合同有效期延长至 2006 年 12 月 31 日。俄罗斯巴里赞姆开放式公司还签署了中文版授权书授权传峰经济贸易公司注册并使用其商标。传峰经济贸易公司使用涉案商标并销售上述商品，具有合法依据。其次，授权书未明确俄罗斯巴里赞姆开放式公司授权传峰经济贸易公司使用涉案商标的期限。俄罗斯巴里赞姆开放式公司于 2014 年 12 月起诉前，未向传峰经济贸易公司通知授权其注册使用涉案商标的期限届满，亦未主张传峰经济贸易公司及绥芬河巴里赞姆酒业公司返还涉案商标权，故传峰经济贸易公司在收到俄罗斯巴里赞姆开放式公司起诉状副本前的行为不构成侵害涉案商标权。最后，传峰经济贸易公司在其官网上刊登文章标题虽显示“开始生产”，但文章内容仅涉及“决定开始生产”、将要生产“虎头”系列酒，并未提及其已经生产了“虎头”系列酒。传峰经济贸易公司于 2012 年 9 月 13 日向俄罗斯巴里赞姆开放式公司发出的函件仅涉及传峰经济贸易公司 2003 年进口产品后全部销售给广州隆发贸易商行，而俄罗斯巴里赞姆开放式公司在 2003 年之后直至 2006 年年底还向传峰经济贸易公司持续供货，故上述证据不足以证明传峰经济贸易公司已经全部销售完由俄罗斯巴里赞姆开放式公司提供的“虎头”系列酒。综上所述，传峰经济贸易公司及绥芬河巴里赞姆酒业公司于收到起诉状副本前的被诉侵权行为，不构成侵害涉案商标权。最高人民法院于 2019 年 12 月 26 日作出（2018）最高法民申 2817 号裁定再审本案，并于 2020 年 12 月 17 日作出（2020）最高法民再 24 号判决：（一）撤销二审判决；（二）撤销一审判决；（三）确认传峰经济贸易公司与绥芬河巴里赞姆酒业公司之间转让第 3470263 号等 11 个注册商标的行为无效；（四）确认绥芬河巴里赞姆酒业公司名下的第 3470264 号等 20 个涉案商标的申请和注册均属于俄罗斯巴里赞姆开放式公司所有；（五）传峰经济贸易公司与绥芬河巴里赞姆酒业公司于判决生效之日起30日内协助将涉案商标全部转移至俄罗斯巴里赞姆开放式公司并承担全部费用；（六）驳回俄罗斯巴里赞姆开放式公司的其他诉讼请求。一审、二审案件受理费各8800元，由俄罗斯巴里赞姆开放式公司负担5600元，传峰经济贸易公司与绥芬河巴里赞姆酒业公司负担12,000元。

【裁判摘要评析】

一、坚持开放包容、平衡普惠的原则，平等保护中外当事人的合法权益

习近平总书记在中共中央政治局第二十五次集体学习中指出，要统筹推进知识产权领域国际合作和竞争。知识产权是国际竞争力的核心要素，也是国际争端的焦点。我们要敢于斗争、善于斗争，决不放弃正当权益，决不牺牲国家核心利益。要秉持人类命运共同体理念，坚持开放包容、平衡普惠的原则，深度参与世界知识产权组织框架下的全球知识产权治理，推动完善知识产权及相关国际贸易、国际投资等国际规则和标准，推动全球知识产权治理体制向着更加公正合理方向发展。要拓展影响知识产权国际舆论的渠道和方式，讲好中国知识产权故事，展示文明大国、负责任大国形象。要深化同共建“一带一路”沿线国家和地区知识产权合作，倡导知识共享。

公者无私之谓也，平者无偏之谓也。本案是俄罗斯公司与中国公司进行边贸合作过程中产生的商标权权属、侵害商标权纠纷。涉外案件案情复杂，双方当事人提交证据较多，适用法律难以把握，能否平等保护成为衡量知识产权保护水平和能力的重要标志。最高人民法院在查明案件事实后，未偏袒中国一方当事人，而是充分考虑双方当事人合法的商标权益，遵循国民待遇和平等保护原则，平等保护中外当事人。最高人民法院通过案件的公正裁判实现平等保护所营造的良好营商环境，将大大降低外国商标权利人在我国从事商业活动的成本，是我国知识产权制度自信的重要体现。

二、对恶意注册、转让商标，滥用商标权的行为，应当运用判决变更权利归属等措施，让违法者付出必要代价

最高人民法院民事审判第三庭庭长胡仕浩在2020年全国法院知识产权审判工作会上强调，坚持以“诚信原则”为指引，弘扬社会主义核心价值观。窃盗不生权利，毒树不结善果。对于恶意申请注册的商标，即使经过使用形成一定的商业规模，具有一定的知名度，也不予法律上的承认和保护。对恶意注册、滥用商标权的行为，不仅要坚决予以依法制止，还要综合运用信用惩戒、“败诉反赔”、判决变更权利归属等措施，让违法者付出必要代价，大幅度提高违法成本，真正起到阻遏惩戒作用，通过完善制度来解决根本问题。

本案中，传峰经济贸易公司与绥芬河巴里赞姆酒业公司法定代表人同为姚某某、股东同为姚某某及其妻子张某某，两公司密切关联。俄罗斯巴里赞姆开放式公司为销售其酒类产品授权传峰经济贸易公司注册使用其“虎头”系列商标，传峰经济贸易公司不享有转让涉案商标之权利。传峰经济贸易公司在明知授权书的签订意图、俄罗斯巴里赞姆开放式公司与传峰经济贸易公司经销关系已经终止的情况下，陆续将涉案商标转让给其关联公司绥芬河巴里赞姆酒业公司，其商标转让行为具有明显恶意，损害了俄罗斯巴里赞姆开放式公司的利益，其转让行为无效，涉案商标应返还给俄罗斯巴里赞姆开放式公司。对于此后绥芬河巴里赞姆酒业公司申请注册的商标，因绥芬河巴里赞姆酒业公司与传峰经济贸易公司为关联公司，其明知俄罗斯巴里赞姆开放式公司与传峰经济贸易公司之间的经销关系已终止数年，仍然在相同或类似商品上申请注册与其受让自传峰经济贸易公司涉案商标相同或者近似的商标，亦具有损害俄罗斯巴里赞姆开放式公司利益的恶意，其后续申请注册的相关商标应一并返还给俄罗斯巴里赞姆开放式公司。该案的最终裁判，正是最高人民法院遵循诚实信用和公平原则、弘扬社会主义核心价值观的体现，对于恶意转让、滥用商标权的行为，应当运用判决变更权利归属等措施，让违法者付出必要代价，切实保护外国当事人合法的商标权益。

三、弘扬“马锡五审判方式”，不为成规束缚、不为形式纠缠

马锡五是新中国人民司法事业杰出的推动者、实践者、开拓者。“马锡五审判方式”是中国共产党人在司法审判领域的一项伟大创造，是中国特色社会主义司法制度的一面光辉旗帜，被国际司法界誉为“东方审判经验”，我们要弘扬“马锡五审判方式”的新时代价值。正如陕甘宁革命根据地史研究会常务副会长肖周录所总结，“情”不逾“理”是民事案件审理的基础，是对当事人人格的尊重；“理”不破“法”是民事案件审理的基本要求，是对社会秩序的保护；以法衡量“情”与“理”，是审理民事案件的基本原则，是司法核心价值观的践行。[1]

本案中，传峰经济贸易公司注册涉案商标具有合法依据，即俄罗斯巴里赞姆开放式公司签署了授权书，授权传峰经济贸易公司注册使用该公司的商标。此后，传峰经济贸易公司将涉案商标转让给其关联公司也办理了形式合法的转让手续。绥芬河巴里赞姆酒业公司在相同或者类似商品上申请注册与涉案商标相同或者近似的商标，亦经商标行政部门办理手续，形式上属于合法注册商标。在涉案商标的异议复审程序中，商标行政部门经审查认为涉案商标具有注册的合法依据——授权书，传峰经济贸易公司注册涉案商标未违反《商标法》的相关规定。一审、二审法院亦仅从上述形式合法的角度认定涉案商标应归传峰经济贸易公司、绥芬河巴里赞姆酒业公司享有。在传峰经济贸易公司、绥芬河巴里赞姆酒业公司合法享有涉案商标的情况下，其对涉案商标的使用具有合法性。如果仅从表象上对该案进行审理，不难得出商标行政部门及一审、二审法院的结论。然而，从深层次考量，俄罗斯巴里赞姆开放式公司在俄罗斯注册了巴里赞姆、“虎头”等系列商标，自1999年起将生产的酒类商品销往中国大陆，传峰经济贸易公司仅为经销商。俄罗斯巴里赞姆开放式公司不懂中国法律，其授权传峰经济贸易公司在中国注册并使用涉案商标，目的还是销售其生产的酒类产品，并无将其商标权益转让给传峰经济贸易公司之意。在俄罗斯巴里赞姆开放式公司停止供货后，传峰经济贸易公司作为销售商，其并不生产酒产品，从诚实信用的角度，此时传峰经济贸易公司即应将涉案商标归还给俄罗斯巴里赞姆开放式公司，并协助办理相关手续。但是，传峰经济贸易公司为继续占有并控制涉案商标，将涉案商标恶意转让给其关联公司，同时其关联公司又另行申请注册了一系列近似商标，实为以合法形式达到恶意

---

〔1〕 参见《新时代，我们这样弘扬“马锡五审判方式”的内在精神——“贯彻习近平法治思想 传承红色司法文化”座谈会综述》，载《人民法院报》2021年5月26日，第4版。

占有他人商标的目的。最高人民法院运用“马锡五审判方式”，不为成规束缚、不为形式纠缠，透过表象看清本质，从当事人的基础合同关系、授权注册商标的目的、被授权方转让商标的意图、被授权方关联公司注册商标的意图等方面综合判断，得出涉案商标应归属俄罗斯巴里赞姆开放式公司的结论。同时，考虑到传峰经济贸易公司注册涉案商标时具有俄罗斯巴里赞姆开放式公司的合法授权，授权书未明确约定使用期限，根据授权目的推出的授权期限届满后，俄罗斯巴里赞姆开放式公司并未通知传峰经济贸易公司其注册使用涉案商标的期限届满，故最高人民法院认定传峰经济贸易公司、绥芬河巴里赞姆酒业公司在接到起诉状副本前使用涉案商标的行为不构成侵害俄罗斯巴里赞姆开放式公司的商标权。最高人民法院在审理该案时采用了衡平原则，仔细斟酌案件的具体情况，充分考虑了中外双方当事人的合法权益，实现了裁判的实质正义。

四、结语

法官在审理知识产权案件时，要正确认识和把握知识产权保护工作与国家治理体系和治理能力现代化的关系，与高质量发展的关系，与国家对外开放大局的关系，与国家安全的关系，全面加强知识产权司法保护工作。要公正合理保护，不断深化知识产权审判领域改革，优化知识产权法治环境。坚持改革开放，立足国情，推动构建以国内大循环为主体、国内国际双循环相互促进的新发展格局。要加大对恶意注册、恶意转让、囤积商标等行为的惩治力度。要加强涉外知识产权审判，妥善审理与国际贸易有关的重大知识产权纠纷，依法平等保护中外权利人的合法权益。

法官需要用一双智慧的眼睛，穿透案件事实表象看清案件的本质，遵循法律原则，正确适用法律，作出最合理妥当的裁判。

最高人民法院再审合议庭成员：钱小红　李嵘　戴怡婷

（编写人：李嵘*　审稿人：丁文严）

---

* 李嵘，法学博士，中华人民共和国最高人民法院民事审判第三庭，二级高级法官。

行　政

吉林郭尔罗斯农村商业银行股份有限公司
诉
宁夏回族自治区吴忠市利通区人民政府、
吴忠市利通区金银滩镇人民政府
行政协议案

——行政协议无效的判断

【裁判摘要】

对于国有土地使用权的收回和补偿，法律法规规定了两种法定程序：一是《土地管理法》规定的程序。在法定情形下收回国有土地使用权，对土地使用权人给予适当补偿。二是《国有土地上房屋征收与补偿条例》规定的程序。对国有土地上房屋进行征收，同时收回被征收房屋占用范围内国有土地使用权。对被征收房屋价值的补偿，包含对被征收房屋占用范围内国有土地使用权的补偿。本案没有证据证明涉案征地拆迁补偿合同的签订系遵循了上述两种法定程序之一，明显缺乏依据，构成《行政诉讼法》第75条规定的无效行政行为。

【案件基本信息】

1. 诉讼当事人

再审申请人（一审原告、二审上诉人）：吉林郭尔罗斯农村商业银行股份有限公司（原前郭县农村信用合作联社，以下简称郭尔罗斯农村商业银行）

再审被申请人（一审被告、二审被上诉人）：宁夏回族自治区吴忠市利

通区人民政府（以下简称利通区政府）

再审被申请人（一审被告、二审被上诉人）：宁夏回族自治区吴忠市利通区金银滩镇人民政府（以下简称金银滩镇政府）

一审第三人：松原市九州大地商务代理有限公司（以下简称九州大地商务代理公司）

2. 案件索引与裁判日期

一审：宁夏回族自治区吴忠市中级人民法院（2018）宁03行初19号行政判决（2019年6月19日）

二审：宁夏回族自治区高级人民法院（2019）宁行终155号行政判决（2019年10月23日）

再审申请审查：最高人民法院（2020）最高法行申8309号行政裁定（2020年11月27日）

3. 案由

诉行政协议

【简要案情】

宁夏回族自治区吴忠市中级人民法院一审查明：2010年9月，九州大地商务代理公司将涉案国有土地使用权及地上房产，向前郭县农村信用合作联社设定抵押。之后，吉林省高级人民法院作出终审民事判决，判决该联社对涉案国有土地使用权及地上房产行使抵押权。该判决生效后，委托宁夏回族自治区吴忠市中级人民法院执行。郭尔罗斯农村商业银行于2015年12月17日成立，承继前郭县农村信用合作联社的所有债权债务。2017年2月27日，利通区政府作出《关于金银滩镇美丽小城镇建设项目征地拆迁的通告》（吴利政通字〔2017〕2号，以下称2号通告）。该通告的内容为："一、拆迁范围 1……2……3. 金银滩镇区307县道西侧农业银行办公楼及九州大地商务代理公司土地及地上附着物。二、拆迁时间 2017年2月20日—4月30日。三、拆迁责任单位 拆迁工作由利通区建设交通运输局牵头，金银滩镇政府、利通区财政局、审计局、吴忠市国土资源局利通区分局配合实施。四、拆迁的补偿标准 房屋拆迁工作严格按照吴忠市人民政府《关于吴忠市城市规划控制区拆迁补偿安置暂行规定》（吴政发

〔2003〕54号）和《关于印发吴忠市统一征地管理办法的通知》（吴政发〔2010〕57号）的有关规定执行。五、其他事项……”2017年2月28日，金银滩镇政府与九州大地商务代理公司签订征地拆迁补偿合同。该合同约定，依据2号通告等，双方按照相关法律规定，协商订立协议，就涉案国有土地使用权及地上房产补偿九州大地商务代理公司2,089,505元。征地拆迁补偿合同签订后，郭尔罗斯农村商业银行向吴忠市中级人民法院提起本案诉讼，请求判决征地拆迁补偿合同无效。

宁夏回族自治区吴忠市中级人民法院一审认为，第一，征地拆迁补偿合同是行政协议，属于行政案件受理范围。第二，郭尔罗斯农村商业银行是抵押权人，属于与行政征收补偿行为有利害关系的法人。该银行有权就征地拆迁补偿合同提起诉讼。第三，征地拆迁补偿合同于2017年2月28日签订，郭尔罗斯农村商业银行第一次提起诉讼是2017年6月29日，故起诉未超过《行政诉讼法》第46条第1款规定的起诉期限。第四，征地拆迁补偿合同是金银滩镇政府与九州大地商务代理公司的真实意思表示。该协议成立且已生效。利通区政府、金银滩镇政府对征地拆迁工作具有行政管理职责。利通区政府公告并组织实施土地及房屋的征收、补偿工作，金银滩镇政府按照职责分工配合实施。征地拆迁补偿合同并无《行政诉讼法》第75条、《合同法》第52条及《行政诉讼法司法解释》第99条规定的无效情形。在审理过程中，吴忠市中级人民法院向郭尔罗斯农村商业银行释明征地拆迁补偿合同不属于无效情形，该银行拒绝变更诉讼请求。据此，吴忠市中级人民法院依照《行政诉讼法》第25条第1款、《行政诉讼法司法解释》第94条第2款之规定，判决驳回郭尔罗斯农村商业银行的诉讼请求。

郭尔罗斯农村商业银行不服一审判决，向宁夏回族自治区高级人民法院上诉。

宁夏回族自治区高级人民法院二审查明的事实与一审法院查明的主要事实一致。二审法院认为，根据《行政诉讼法》第75条及《行政诉讼法司法解释》第99条的规定，重大且明显违法是指行政行为存在一般正常的有理智的人都足以判断的违法性，必须同时具备重大违法和明显违法两个条件。本案中，金银滩镇政府不存在不具有行政主体资格的情形，签订的征地拆迁补偿合同不具有上述法律及司法解释规定的无效情形。据此，宁夏回族自治区高级人民法院依照《行政诉讼法》第 89 条第 1 款第 1 项之规定，判决驳回上诉，维持一审判决。

郭尔罗斯农村商业银行不服一审、二审判决，向最高人民法院申请再审。

最高人民法院经核查，2 号通告载明："为进一步改善农村人居环境，加快城乡一体化建设进程，根据市区城乡规划建设的总体要求，区政府决定征收金银滩镇四支渠村、团庄村、沟台村、杨马湖村部分集体土地，用于金银滩镇美丽小城镇项目建设。现就该项目征地拆迁有关事宜通告如下：一、拆迁范围……松原市九州大地商务代理有限公司土地及地上附着物。"

【案件焦点】

金银滩镇政府与九州大地商务代理公司签订的征地拆迁补偿合同是否无效。

【裁判结果】

最高人民法院经审查认为，依照《行政诉讼法》第 75 条的规定，行政行为没有依据系重大且明显违法的情形之一。对于国有土地使用权的收回和补偿，法律明确规定了两种程序：一是金银滩镇政府与九州大地商务代理公司签订征地拆迁补偿合同时有效的《土地管理法》第 58 条第 1 款规定的国有土地使用权的收回和补偿程序；二是《国有土地上房屋征收与补偿条例》第 13 条第 3 款、第 17 条第 1 款等条款规定的征收国有土地上房屋同时收回国有土地使用权程序和相应的补偿程序。从本案现有证据看，对于涉案国有土地使用权的收回和补偿，利通区政府、金银滩镇政府并未依法选择其中任何一种途径。因此，金银滩镇政府与九州大地商务代理公司签订征地拆迁补偿合同及相关补偿约定明显缺乏依据，构成无效行政行为。一审、二审法院虽适用了《行政诉讼法》第 75 条和《行政诉讼法司法解释》第 99 条的规定，但认定金银滩镇政府与九州大地商务代理公司签订征地拆迁补偿合同不具有无效情形，构成适用法律错误，依法应予纠正。郭尔罗斯农村商业银行的再审申请符合《行政诉讼法》第 91 条第 4 项规定的情形，应当再审。据此，依照《行政诉讼法》第 92 条第 2 款之规定，裁定指令宁夏回族自治区高级人民法院再审本案。

【裁判摘要评析】

本案系郭尔罗斯农村商业银行以利通区政府、金银滩镇政府为被告，就金银滩镇政府与一审第三人九州大地商务代理公司于 2017 年 2 月 28 日签订的征地拆迁补偿合同提起的确认无效之诉。该合同系利通区政府、金银滩镇政府为实现行政管理目标而签订，属于行政协议。行政协议属于一种特殊的行政行为。对于行政协议是否无效的判断，首先应当适用《行政诉讼法》的相关规定，其次才适用《合同法》第 52 条等民事法律规范。

《行政诉讼法》第 75 条规定："行政行为有实施主体不具有行政主体资格或者没有依据等重大且明显违法行为情形，原告申请确认行政行为无效的，人民法院判决确认无效。"基于职权法定原则，行政机关作出行政行为通常需要有明确的法律、法规依据。对于行政机关依职权作出的侵益性行政行为，尤其应当如此。按照对行政行为进行司法审查的审判思路，本案应审查金银滩镇政府与九州大地商务代理公司就涉案国有土地使用权的收回和补偿签订征地拆迁补偿合同是否具有依据。〔1〕

关于涉案国有土地使用权的收回。对于国有土地使用权的收回，法律规定了两种程序：一是金银滩镇政府与九州大地商务代理公司签订征地拆迁补偿合同时有效的《土地管理法》第 58 条第 1 款规定的国有土地使用权的收回程序，即"有下列情形之一的，由有关人民政府土地行政主管部门报经原批准用地的人民政府或者有批准权的人民政府批准，可以收回国有土地使用权：（一）为公共利益需要使用土地的；（二）为实施城市规划进行旧城区改建，需要调整使用土地的；（三）土地出让等有偿使用合同约定的使用期限届满，土地使用者未申请续期或者申请续期未获批准的；（四）因

〔1〕《关于审理行政协议案件的规定》（法释〔2019〕17 号，自 2020 年 1 月 1 日起施行）不适用于本案，但该司法解释第 11 条第 1 款"人民法院审理行政协议案件，应当对被告订立、履行、变更、解除行政协议的行为是否具有法定职权、是否滥用职权、适用法律法规是否正确、是否遵守法定程序、是否明显不当、是否履行相应法定职责进行合法性审查"的规定体现了这种审判思路。

单位撤销、迁移等原因，停止使用原划拨的国有土地的；（五）公路、铁路、机场、矿场等经核准报废的”。二是《国有土地上房屋征收与补偿条例》第13条第3款规定的征收国有土地上房屋同时收回国有土地使用权程序，即“房屋被依法征收的，国有土地使用权同时收回”。从本案现有证据看，对于涉案国有土地使用权的收回，利通区政府、金银滩镇政府并未依法选择其中一种途径。征地拆迁补偿合同载明利通区政府作出的2号通告系签订依据之一。利通区政府、金银滩镇政府亦是将该通告作为证明签订征地拆迁补偿合同合法有效的证据之一予以提交。但该通告载明利通区政府系“决定征收金银滩镇四支渠村、团庄村、沟台村、杨马湖村部分集体土地，用于金银滩镇美丽小城镇项目建设”。涉案土地系国有土地，并非集体土地，不涉及集体土地征收，在拆迁范围部分将“松原市九州大地商务代理有限公司土地及地上附着物”列入显然文不对题。且本案没有证据证明利通区政府、金银滩镇政府系依照《土地管理法》第58条第1款的规定，完成“由有关人民政府土地行政主管部门报经原批准用地的人民政府或者有批准权的人民政府批准”的行政审批程序后收回涉案国有土地的使用权，从而就“适当补偿”问题签订征地拆迁补偿合同。利通区政府在本案一审、二审及金银滩镇政府在本案二审中主张系依据《国有土地上房屋征收与补偿条例》的相关规定决定对国有土地上的房屋进行征收，亦是缺乏证据支持。依照《国有土地上房屋征收与补偿条例》第25条第1款的规定，房屋征收部门与被征收人可以签订补偿协议。但依照该条例第13条第1款等条款的规定，签订补偿协议的基本前提是市、县级人民政府已作出国有土地上房屋征收决定。但本案显然并不具备这一基本前提。

关于涉案国有土地使用权的补偿。金银滩镇政府与九州大地商务代理公司签订征地拆迁补偿合同时有效的《土地管理法》第58条第2款规定：“依照前款第（一）项、第（二）项的规定收回国有土地使用权的，对土地使用权人应当给予适当补偿。”《国有土地上房屋征收与补偿条例》第17条第1款规定：“作出房屋征收决定的市、县级人民政府对被征收人给予的补偿包括：（一）被征收房屋价值的补偿；（二）因征收房屋造成的搬迁、临时安置的补偿；（三）因征收房屋造成的停产停业损失的补偿”；第19条第 1 款规定："对被征收房屋价值的补偿，不得低于房屋征收决定公告之日被征收房屋类似房地产的市场价格。被征收房屋的价值，由具有相应资质的房地产价格评估机构按照房屋征收评估办法评估确定。"《国有土地上房屋征收评估办法》第 14 条第 1 款规定："被征收房屋价值评估应当考虑被征收房屋的区位、用途、建筑结构、新旧程度、建筑面积以及占地面积、土地使用权等影响被征收房屋价值的因素。"综合上述规定，对国有土地上的房屋进行征收同时收回国有土地使用权后，对被征收房屋价值的补偿，包含了被征收房屋占用范围内国有土地使用权的补偿。本案中，征地拆迁补偿合同第 2 条虽约定了"被征土地及房屋拆迁补偿"，但本案并无证据证明对涉案国有土地使用权的补偿系遵循《土地管理法》第 58 条或《国有土地上房屋征收与补偿条例》第 19 条等条款的规定进行，相关约定显然缺乏依据。

因此，综合上述两个方面，在法律、法规规定非常明确的情况下，金银滩镇政府与九州大地商务代理公司就涉案国有土地使用权的收回和补偿签订征地拆迁补偿合同明显缺乏依据，构成无效行政行为。

最高人民法院再审申请审查合议庭成员：李纬华　夏建勇　刘平

（编写人：李纬华*　审稿人：韩德强）

---

* 李纬华，法学博士，中华人民共和国最高人民法院第六巡回法庭，三级高级法官。

十堰市中达建筑安装工程有限公司
诉
十堰市自然资源和规划局
房屋行政登记案

——债权人行政诉讼原告资格的认定

【裁判摘要】

1. 由债权的相对性所决定，在一般情况下，债权人不具有基于其债权针对行政机关对债务人所作的行政行为提起诉讼的原告资格。

2. 《行政诉讼法司法解释》第 13 条之规定属于有限地承认债权人原告资格的例外情形。在债权人已经依循法定方式对债务人相关财产权施以限制的情况下，行政机关作出行政行为时应当预见到该行为可能对债权实现产生不利影响，此时行政机关应当对债权人的利益予以保护，并对是否作出相应的行政行为慎重考虑。当行政机关在未予以适当保护或考虑的情况下作出行为时，债权人有权对该行为提起行政诉讼。

3. 在涉及房屋登记类行政案件中，判断行政机关在作出行政行为时是否应当保护或考虑行政相对人的债权人的利益，应当根据不动产登记所依据的法律、法规、规章等对行政机关的审查内容和审查强度进行分析评判。

【案件基本信息】

1. 抗诉机关与诉讼当事人

抗诉机关：中华人民共和国最高人民检察院。

再审申请人（一审原告、二审上诉人）：十堰市中达建筑安装工程有限公司（以下简称中达建筑安装工程公司）

被申请人（一审被告、二审被上诉人）：十堰市自然资源和规划局（原

十堰市房地产管理局，以下简称十堰市房管局）

2. 案件索引与裁判日期

一审：湖北省十堰市张湾区人民法院（2009）张行初字第 1 号裁定（2009 年 5 月 18 日）

二审：湖北省十堰市中级人民法院（2009）十行终字第 50 号裁定（2009 年 9 月 25 日）

再审：湖北省高级人民法院（2011）鄂行申字第 14 号裁定（2011 年 8 月 24 日）

重审一审：湖北省十堰市中级人民法院（2011）鄂十堰中行再终字第 6 号裁定（2011 年 12 月 19 日）

重审二审：湖北省高级人民法院（2012）鄂行申字第 00061 号裁定（2012 年 12 月 19 日）

指定一审：湖北省十堰市张湾区人民法院（2013）鄂张湾行再初字第 00015 号裁定（2013 年 6 月 3 日）

二审：湖北省十堰市中级人民法院（2013）鄂十堰中行再终字第 00003 号裁定（2013 年 9 月 6 日）

再审：湖北省高级人民法院（2014）鄂行再终字第 00006 号裁定（2014 年 11 月 10 日）

提审：最高人民法院（2019）最高法行再 24 号裁定（2020 年 5 月 13 日）

3. 案由

房屋行政登记

【简要案情】

1994—1997 年，中达建筑安装工程公司承建十堰市特种铸铁厂（以下简称十堰特铁厂）的铸二车间、厂区道路、地磅房工程，合同约定工程竣工时间为 1996 年。2004 年 7 月 5 日，十堰特铁厂申请破产，其尚欠中达建筑安装工程公司部分工程款未支付。同年 7 月 26 日，中达建筑安装工程公司向破产清算组申报债权 247 万余元并主张优先受偿。10 月 18 日，清算组在破产清算债权人大会上告知中达建筑安装工程公司，其债权不享有优先受偿权，中达建筑安装工程公司对此向清算组提出异议。2007 年 4 月 28 日，破产清算组以书面形式通知中达建筑安装工程公司，确认其债权数额为 247 万余元，但依法不享有优先受偿权。主要理由是：合同约定的工程竣工时间是 1996 年，而中达建筑安装工程公司申报的债权在 1997 年已办理工程决算，且在 2003 年 4 月曾对该款进行催收，其行使优先受偿权时已超过 6 个月的法定期限；另外，中达建筑安装工程公司主张享有优先受偿权的相关证据即《铸二车间暂停施工的通知》经查证系伪证。2007 年 5 月 28 日，十堰市中级人民法院裁定宣告终结十堰特铁厂的破产程序，未得到清偿的债权不再清偿。

1999 年 11 月 23 日，十堰特铁厂向十堰市人民政府书面报告称，该厂因资产剥离办理房产抵押过程中，由于只有建筑工程临时许可证，不能办理房产证，请市政府批示房管局先办理房产证，有关手续下一步补办。十堰市房管局出具审批意见："根据市政府会议决定，目前工行系统成立华融公司对不良资产进行处置，是全国性的优惠政策，企业急需搭车，同意发证。"次日，十堰市房管局向十堰特铁厂颁发十堰房权证张湾字第 30000625 号、30000626 号、30000627 号房产证。其中，中达建筑安装工程公司承建的铸二车间、厂区道路、地磅房登记在 30000625 号房产证项下。其后，第 30000625 号房屋所有权证所对应的房产办理多次转移登记，现产权人是十堰长润机械制造有限公司。第 30000625 号房屋所有权证已于 2007 年 12 月 28 日被十堰市房管局收回作废。

2008 年 12 月 3 日，中达建筑安装工程公司获知 30000625 号房产证登记信息后，以十堰市房管局违法给十堰特铁厂办理房屋所有权初始登记，侵犯了该公司对十堰特铁厂享有的工程价款优先受偿权为由，向十堰市张湾区人民法院提起诉讼，请求撤销十堰市房管局对十堰特铁厂作出的第 30000625 号房屋所有权初始登记。

2009 年 5 月，十堰市张湾区人民法院作出（2009）张行初字第 1 号裁定，驳回中达建筑安装工程公司的起诉。同年 9 月，十堰市中级人民法院作出（2009）十行终字第 50 号裁定，驳回中达建筑安装工程公司的上诉，维持原裁定。2011 年 8 月，湖北省高级人民法院作出（2011）鄂行申字第 14

号裁定，指令十堰市中级人民法院另行组成合议庭对本案进行再审。2011年12月，十堰市中级人民法院作出（2011）鄂十堰中行再终字第6号裁定，维持该院（2009）十行终字第50号裁定。2012年12月，湖北省高级人民法院作出（2012）鄂行申字第00061号裁定，撤销十堰市中级人民法院（2011）鄂十堰中行再终字第6号裁定、（2009）十行终字第50号裁定和十堰市张湾区人民法院（2009）张行初字第1号裁定，指令十堰市张湾区人民法院审理本案。2013年6月，十堰市张湾区人民法院作出（2013）鄂张湾行再初字第00015号裁定，驳回中达建筑安装工程公司的起诉。2013年9月，十堰市中级人民法院作出（2013）鄂十堰中行再终字第00003号裁定，驳回中达建筑安装工程公司的上诉，维持（2013）鄂张湾行再初字第00015号裁定。中达建筑安装工程公司仍然不服，向湖北省高级人民法院申请再审。

湖北省高级人民法院作出（2014）鄂行再终字第00006号裁定，撤销（2011）鄂行申字第14号裁定及（2012）鄂行申字第00061号裁定；维持十堰市张湾区人民法院（2013）鄂张湾行再初字第00015号裁定和十堰市中级人民法院（2013）鄂十堰中行再终字第00003号裁定；驳回中达建筑安装工程公司的再审申请。

最高人民检察院于2018年4月9日提出抗诉，请求撤销再审裁定，最高人民法院于2018年9月20日作出（2018）最高法行抗1号裁定，提审本案。

【案件焦点】

中达建筑安装工程公司作为十堰特铁厂的债权人，是否具有对十堰市房管局给十堰特铁厂办理及核发房屋所有权证的初始登记行为提起本案诉讼的原告资格。

【裁判结果】

最高人民法院经审理认为，由债权的相对性所决定，在一般情况下，债权人不具有基于其债权针对行政机关对债务人所作的行政行为提起诉讼的原告资格。《行政诉讼法司法解释》第13条关于“行政机关作出行政行为时依法应予保护或者应予考虑的除外”的规定，属于有限地承认债权人原告资格的例外情形。因转移登记与初始登记均属于不动产物权变动的法定情形，且行政机关作出的行政行为在职权依据、适用法律等方面均无本质区别，故本院可以适用《房屋登记案件规定》第4条。根据中达建筑安装工程公司提供的证据，本案并不存在前述规定中行政机关作出行政行为时依法应予保护或者应予考虑的相应情形，此时如要求行政机关作出行政行为时考虑对债权实现的影响既无法律法规依据，亦不符合一般登记规则。故中达建筑安装工程公司与十堰市房管局核发房屋所有权证的初始登记行政行为之间无法律上的利害关系，不具备行政诉讼原告资格。原裁定认定事实清楚，适用法律正确。最高人民检察院的抗诉理由不能成立，裁定维持湖北省高级人民法院（2014）鄂行再终字第00006号裁定。

【裁判摘要评析】

《行政诉讼法》第25条第1款规定："行政行为的相对人以及其他与行政行为有利害关系的公民、法人或者其他组织，有权提起诉讼。"在我国现行行政诉讼制度中，具备原告资格的主体可分为两类：一是行政行为的相对人，二是与行政行为有利害关系的人。通常情况下，行政行为的相对人总是有诉权的，因为一个不利行政行为给其造成权利侵害之可能显而易见。但是，受到行政行为影响的利害关系人的原告资格往往不易判断。从我国制定法及司法解释的规定看，行政诉讼原告资格经历了从"直接利害关系"标准〔1〕、"行政相对人"标准〔2〕、"法律上利害关系"标准〔3〕到"利害关

---

〔1〕 1980年《中外合资经营企业所得税法》第15条规定，作为纳税义务人的合营企业具有提起行政诉讼的原告资格。但审理行政案件适用何种诉讼程序并无法律规定。1982年《民事诉讼法（试行）》第3条第2款规定："法律规定由人民法院审理的行政案件，适用本法规定。"这为法院审理行政案件提供了诉讼法的依据。由此可以推断，在《行政诉讼法》实施之前，行政诉讼原告资格与民事诉讼原告相同，即《民事诉讼法（试行）》第81条第1款第1项规定的"原告是与本案有直接利害关系的个人、企业事业单位、机关、团体"。这个时期《最高人民法院公报》公布的案例也可以佐证这一点。

〔2〕 1989年《行政诉讼法》第41条第1项规定："原告是认为具体行政行为侵犯其合法权益的公民、法人或者其他组织。"

〔3〕 1999年通过的《关于执行〈行政诉讼法〉若干问题的解释》第12条规定："与具体行政行为有法律上利害关系的公民、法人或者其他组织对该行为不服的，可以依法提起行政诉讼。"根据《行政诉讼法司法解释》，《关于执行〈行政诉讼法〉若干问题的解释》自2018年2月8日起废止。

系”标准[1]的演变。行政诉讼原告资格的范围呈现一个不断拓宽的趋势，行政诉讼原告资格的判断标准从主观转向客观，与本世纪法治国家发展和权利保护需求相适应，符合实质法治的精神。

债权人是否具有原告资格的问题，既是实践中比较常见的疑难问题之一，也是原告资格标准中较难以把握的部分。2018 年《行政诉讼法司法解释》第 13 条规定：“债权人以行政机关对债务人所作的行政行为损害债权实现为由提起行政诉讼的，人民法院应当告知其就民事争议提起民事诉讼，但行政机关作出行政行为时依法应予保护或者应予考虑的除外。”上述条款是对债权人原告资格的专门规定，即原则上债权人不具有原告资格，仅在例外情况下承认其原告资格。虽然《行政诉讼法司法解释》第 13 条提供了判断标准，但留下的判断余地仍然较大，法律适用也存在一定的不确定性。

一、普通债权人原则上不具有原告资格

司法实践中，有的债权人认为行政机关作出的行政行为影响了其债权的实现，常常对此提起行政诉讼。例如，有的债权人认为，行政机关的罚款决定导致被处罚人（其债务人）无法履行到期债务；有的承租人认为，行政机关作出的征收房屋决定影响了其租赁权等。尽管债权是法律明确规定应予保护的一项合法权利，而且现实生活中因行政行为的间接影响导致不利于债权实现的情形的确存在，但通常情况下，行政机关在进行相关领域内的管理活动时，法律不会要求其对行政相对人的负债情况进行调查，行政管理行为也不因行政相对人的负债情况而有所差异。

这是因为，债权人与债务人之间的债权债务关系属于民事法律关系，行政机关作出的行政行为与行政相对人之间形成行政法律关系，即使行政相对人同时负有债务，其债权人能否实现债权与行政机关针对相对人作出的行政行为之间并不存在必然的联系。故一般情况下，债权人不具有针对行政机关对相对人（债务人）所作的行政行为提起诉讼的原告资格。

---

〔1〕 2014 年修正的《行政诉讼法》第 25 条第 1 款规定：“行政行为的相对人以及其他与行政行为有利害关系的公民、法人或者其他组织，有权提起诉讼。”

况且，债权属于私法范畴，通常不属于具有公法性质的行政法律规范的调整范围，债权人主张债权应通过民事诉讼途径获得救济。《行政诉讼法司法解释》第 13 条关于“行政机关作出行政行为时依法应予保护或者应予考虑的除外”的规定，属于有限地承认债权人原告资格的例外情形。故本案中需要审查的争议焦点是，行政机关在进行不动产登记时，是否需要将登记申请人的负债情况纳入审核范围，即登记申请人的对外债务是否属于不动产登记时行政机关应予考虑的范畴。

二、债权人在特定情形下具有原告资格

在行政诉讼中，判定债权人是否属于《行政诉讼法司法解释》第 13 条但书规定的例外情形，需要参酌相关法律法规及司法解释的规定。比如《房屋登记案件规定》第 4 条规定了四种情形：（1）以房屋为标的物的债权已办理预告登记的；（2）债权人为抵押权人且房屋转让未经其同意的；（3）人民法院依债权人申请对房屋采取强制执行措施并已通知房屋登记机构的；（4）房屋登记机构工作人员与债务人恶意串通的。当存在该四种情形之一时，房屋登记机构为债务人办理房屋转移登记，债权人对该转移登记行为不服提起诉讼的，人民法院应当依法受理。上述规定说明，在债权人已经依循法定方式对债务人相关财产权施以限制的情况下，行政机关作出房屋转移登记行为时应当预见到该行为可能对债权实现产生不利影响，此时行政机关应当对债权人的利益予以保护，并对是否作出相应行政行为慎重考虑。若行政机关未予以保护即作出房屋转移登记行为，债权人有权对该转移登记行为提起行政诉讼，故此时特定债权人具有原告资格。

在北京国联裕丰投资管理有限公司（以下简称裕丰投资管理公司）诉武汉市住房保障和房屋管理局行政登记案[1]中，法院认为，裕丰投资管理公司受让取得涉案债权及抵押权，虽然裕丰投资管理公司承继该民事权利的民事行为发生在本案被诉行政行为作出之后，但因被诉行政行为与裕丰投资管理公司具有直接利益关系，故裕丰投资管理公司与被诉行政行为之

---

〔1〕 参见武汉铁路运输法院行政判决书，（2016）鄂 7101 行初 6 号；武汉铁路运输中级法院行政判决书，（2016）鄂 71 行终 2 号；湖北省高级人民法院行政裁定书，（2017）鄂行申 233 号。

间具有法律上的利害关系。因此，裕丰投资管理公司具有本案原告诉讼主体资格。根据有关法律、法规规定，抵押权仅因主债权消灭、抵押权已经实现、抵押权人放弃抵押权和抵押物灭失等法定事由而消灭。在建工程竣工后，抵押人和抵押权人未按照《城市房地产抵押管理办法》《房屋登记办法》[1] 的相关规定重新办理房地产抵押登记，并不必然导致抵押权消灭。除非房管局能够证明其作出被诉房屋所有权转移登记行为时，该房屋的抵押权已消灭或者抵押关系已解除，否则仅仅凭借涉案房屋所有权登记信息中记载的房屋抵押状态显示为“无”即认定对该房屋没有设定抵押，存在失职，应当承担转移登记行为带来的不良影响。在该案中，虽然三级法院对于是否支持原告诉讼请求存在不同意见，但均认为原告受让建设银行武汉市分行对武汉市同昌房地产开发有限公司享有的债权及抵押权，符合最高人民法院《房屋登记案件规定》第 4 条规定的第二种情形，其与被诉房屋转移登记行为具有利害关系，具备原告资格。此案情况即属于《行政诉讼法司法解释》第 13 条但书部分“行政机关作出行政行为时应予保护或者应予考虑”之情形，因行政机关对抵押权应当保护而未予保护，导致抵押权人的权益受损，抵押权人可以作出转移登记行为的行政机关为被告，提起行政诉讼。

本案中，中达建筑安装工程公司以十堰市房管局违法给特铁厂办理房屋所有权初始登记侵犯其享有的建设工程价款优先受偿权为由提起诉讼，请求撤销上述房屋所有权初始登记。但根据中达建筑安装工程公司提供的证据，本案并不存在前述规定中行政机关作出行政行为时依法应予保护或者应予考虑的相应情形，此时如要求行政机关作出行政行为时考虑对债权实现的影响，既无法律法规依据，亦不符合一般登记规则。

三、债权人与行政行为之间利害关系的厘定

准确把握“利害关系”的实质标准才能够在纷繁复杂的现象面前不迷失。判断是否具有利害关系，原告需要具备如下四个条件：一是原告主张

---

[1] 根据 2019 年 9 月 6 日发布的《住房和城乡建设部关于废止部分规章的决定》，《房屋登记办法》（建设部令第 168 号）废止。

的必须是一项合法权益；二是该权益归属于原告，如果原告主张的利益属于他人，或者属于公共利益，不宜承认其与行政行为之间具有利害关系；三是权益损害的可能性须必然存在而非主观臆想，虽然在立案阶段并不要求权益受到行政行为侵害的结果已经实际发生，但因行政行为给原告造成损害的后果是可以预见的；四是原告主张的权益应受到行政法律规范的保护，即原告所主张的利益从规范或者目的来看，属于行政机关在作出行政行为时应予保护或考虑的范畴。

具体到房屋登记管理类案件中，若要肯定债权人的行政诉讼原告资格，则须判断房屋登记管理机关的登记行为对债权人是否产生实际影响。《民法典》第209条第1款规定："不动产物权的设立、变更、转让和消灭，经依法登记，发生效力；未经登记，不发生效力，但是法律另有规定的除外。"根据上述规定，包括所有权、担保物权等在内的不动产物权变动，均须由行政机关通过登记程序予以确认。债权人对这一行政确认程序是否有权提起行政诉讼，在司法实践中确实存在争议。

本案中，判断中达建筑安装工程公司是否具有利害关系的关键在于，中达建筑安装工程公司所主张的利益是否属于房屋登记机关在作出初始登记或者转移登记行为时需要予以保护或考虑的范畴。在这个意义上，既要明确该公司主张因行政机关登记行为导致自身何种权益受到侵犯，也须判断行政机关在进行房屋登记时是否尽到了审慎审查义务。

首先，本案债权人中达建筑安装工程公司主张受损的权利属于何种利益。中达建筑安装工程公司认为，根据《城镇房屋所有权登登记暂行办法》[1]、《城市房屋权属登记管理办法》[2]的相关规定，新建房屋办理所有权登记需要先办理竣工手续，并且需要提交相应的证明文件。十堰特铁厂在申请办理涉案房屋产权登记时，没有提交建设工程规划许可证、施工许可证及房屋竣工验收资料等相关文件，而十堰市房管局在十堰特铁厂未提交上述文件的情况下，仅根据有关批示即为其办理相关房屋产权证

---

〔1〕2011年1月26日《城镇房屋所有权登记暂行办法》废止。
〔2〕2001年8月15日《城市房屋权属登记管理办法》废止。

书，系作出的行政行为缺乏主要证据，违反相关法律法规规定。中达建筑安装工程公司承建的建设工程由十堰市房管局违法进行了初始登记，后该房产又办理了抵押登记，十堰市房管局的登记颁证行为导致其债权无法实现。根据审理查明的事实，中达建筑安装工程公司与十堰特铁厂之间属于债权债务关系，因十堰特铁厂进入破产程序，该债权已在破产程序中进行申报和处理，无论其债权性质属于优先债权抑或普通债权，均应在破产程序中予以确认并清偿，其若有异议，亦应根据《企业破产法》规定的相应程序主张债权。

其次，本案中行政机关是否尽到了审慎审查义务。我国的房屋登记机构属于行政机关，根据依法行政的基本原则，其行使职权必须有法律法规的明文规定，其既不能超越法律的授权，也不能违背法律的规定。不动产登记机关对于已经受理的登记申请进行审查时，其法律依据为不动产登记实体法与程序法，包括《民法典》《不动产登记暂行条例》《土地管理法》《房屋登记办法》等法律法规。《民法典》第212条和《不动产登记暂行条例》第17~19条都规定了登记机关的审查义务。《民法典》第212条规定："登记机构应当履行下列职责：（一）查验申请人提供的权属证明和其他必要材料；（二）就有关登记事项询问申请人；（三）如实、及时登记有关事项；（四）法律、行政法规规定的其他职责。申请登记的不动产的有关情况需要进一步证明的，登记机构可以要求申请人补充材料，必要时可以实地查看。"对于该条关于登记机关审慎审查义务模式的规定，我国学者有不同解读，基本可以概括为无规定说〔1〕、形式审查说〔2〕、实质审查说〔3〕、形式审查为主说〔4〕四种。其中，以形式审查为主、实质审查为辅既有利于交

---

〔1〕 参见胡康生主编：《中华人民共和国物权法释义》，法律出版社2007年版，第48页；吴高盛主编：《中华人民共和国物权法解析》，人民法院出版社2007年版，第27页；程啸：《不动产登记法研究》，法律出版社2011年版，第299-300页。

〔2〕 参见常昱、常宪亚：《不动产登记与物权法：以登记为中心》，中国社会科学出版社2009年版，第380-381页。

〔3〕 参见李显冬：《新编中国物权法要义与案例释解》（第2版），法律出版社2009年版，第37页。

〔4〕 参见孙宪忠：《物权法的实施》（第1卷：物权确定），社会科学文献出版社2013年版，第91页；王利明：《物权法研究》（第3版·上卷），中国人民大学出版社2013年版，第332-333页。

易效率也可以保障交易安全，在一般情况下行政机关往往只须对当事人提交的材料进行形式审查，少数情况下还要负责审查申请材料的真伪，在特殊情况下对法律关系的真实性也要审查。如《不动产登记暂行条例》第 19 条第 2 款[1]的规定。但是，无论审查强度如何，若出现《房屋登记案件规定》第 4 条规定的四种情形时，行政机关均负有相应的审慎审查义务，若未尽审慎审查义务导致登记行为对利害关系人（债权人）造成不利影响，则行政机关应承担相应的法律责任。如在前述北京国联裕丰投资管理有限公司诉武汉市住房保障和房屋管理局行政登记一案中，对于被诉行政行为合法性的考量，无论在建工程抵押权效力是否及于已完工程、抵押权是否因当事人未申请将在建工程抵押登记转为房屋抵押登记而消灭，只须考量有无相关法律规定要求行政机关在审查在建工程抵押权转移登记时，是否注意到应当征询抵押权人（债权人）的意见，若未经抵押权人同意即办理转移登记，则行政机关未尽审慎审查义务。而在本案中，十堰市房管局在作出房屋初始登记行为时，被登记房屋并不存在权属争议，且不存在《房屋登记案件规定》第 4 条规定的四种情形，中达建筑安装工程公司享有的债权未获清偿与行政机关的登记颁证行为并无直接利害关系，故判定债权人中达建筑安装工程公司不属于《行政诉讼法司法解释》第 13 条之但书情形，不具备本案原告资格。

四、不同阶段对法定起诉条件的审查应遵循同一标准

《行政诉讼法》第 49 条规定："提起诉讼应当符合下列条件：（一）原告是符合本法第二十五条规定的公民、法人或者其他组织；（二）有明确的被告；（三）有具体的诉讼请求和事实根据；（四）属于人民法院受案范围和受诉人民法院管辖。"该法第 25 条即规定了原告资格的核心标准为"与行政行为有利害关系"。既然原告资格是法定起诉条件之一，属于行政诉讼的程序问题，应当在立案阶段进行审查。但是，是否符合法定起诉条件往往也是行政诉讼的难点问题之一，例如原告资格、适格被告、受案范围

---

〔1〕《不动产登记暂行条例》第 19 条第 2 款规定："对可能存在权属争议，或者可能涉及他人利害关系的登记申请，不动产登记机构可以向申请人、利害关系人或者有关单位进行调查。"

等，在立案阶段进行准确判断确实存在一定难度。况且，《行政诉讼法》第51条明确规定了立案方式和时限，即当场立案和7日内立案。立案登记制实施后，很多地方法院将立案审查的内容局限在形式审查，只要当事人提交的起诉状等材料在形式上符合法律规定即立案，故《行政诉讼法司法解释》第69条第1款规定了十种情形，存在该十项规定情形之一，已经立案的，应当裁定驳回起诉。司法解释的规定说明，无论在立案阶段还是立案后，人民法院均应当按照法律规定审查起诉条件，凡是不符合《行政诉讼法》规定的起诉条件的，即使已经立案，仍应当裁定驳回起诉。例如本案对债权人原告资格的审查，三级法院均坚持了同一实质性标准，即中达建筑安装工程公司与被诉行政行为是否存在利害关系。

然而，《行政诉讼法》及司法解释关于原告资格的利害关系标准、债权人原告资格的规定等归根结底属于程序性规定，而判断利害关系是否存在还应当依据相关实体法律规范确定。以本案为例，本案为不动产登记管理类行政纠纷，对债权人与不动产登记行为是否具有利害关系的判断，应参酌《民法典》《不动产登记暂行条例》《房屋登记案件规定》等法律法规和司法解释的相关规定。在适用实体法律规范时，不仅要厘清不同法律规范条文之间的内在逻辑关系，还要在适用法条时注意个案情形的特殊性。

本案中，直接适用《房屋登记案件规定》第4条似乎存在障碍。因为该司法解释第4条规定的适用前提是“房屋登记机构为债务人办理房屋转移登记”，而本案情形是房屋登记机构为债务人办理房屋初始登记。此种情况下，本案能否适用该司法解释的规定？最高人民法院认为，上述规定虽然与本案情形稍有不同，但转移登记与初始登记均属于不动产物权变动的法定情形，且行政机关作出的行政行为在职权依据、适用法律等方面均无本质区别，故上述司法解释的精神可以适用于本案。

此外，关于中达建筑安装工程公司提出的被诉房屋登记行为违反法律规定及一并提出的行政赔偿请求，均属于进入实体审理后应审查的问题，因中达建筑安装工程公司与被诉行政行为不存在利害关系，其起诉不符合法定起诉条件，本案尚未进入实体审理，故上述主张不属于审查起诉阶段的审理范围。

五、结语

判断债权人是否具备行政诉讼原告资格，实质上是判断与行政行为相对人具有债权债务关系的第三人是否与被诉行政行为具有法律上的利害关系。因行政活动具有显著的辐射效果，行政行为第三人的范围和数量难以计数，故哪些受到行政行为影响的人能够被纳入行政诉讼保护范围需要慎重考虑。本案提供了一个债权人是否具有行政诉讼原告资格的典型案例，深化了对《行政诉讼法司法解释》第 13 条的适用与理解，对于债权人行政诉讼原告资格认定标准的进一步厘清具有重要意义。

最高人民法院再审合议庭成员：于泓　李智明　杨科雄

（编写人：于泓* 审稿人：韩德强）

---

* 于泓，法学博士，中华人民共和国最高人民法院行政审判庭，二级高级法官，全国审判业务专家。

张某甲
诉
贵州省清镇市人民政府、
贵州省清镇市国土资源局
土地权属确权案

——国有土地使用权权属争议处理决定讼争之行政复议前置程序的适用

【裁判摘要】

公民、法人或者其他组织认为行政机关的具体行政行为侵犯其已经依法取得的土地等自然资源的所有权或者使用权的，应当先申请行政复议；对行政复议决定不服的，可以依法向人民法院提起行政诉讼。

【案件基本信息】

1. 诉讼当事人

再审申请人（一审原告、二审被上诉人）：张某甲

被申请人（一审被告）：贵州省清镇市人民政府（以下简称清镇市政府）

被申请人（一审被告）：贵州省清镇市国土资源局（以下简称清镇市国土局）

一审第三人、二审上诉人：张某乙

2. 案件索引与裁判日期

一审：贵州省贵阳市中级人民法院（2017）黔 01 行初 1192 号判决（2018 年 1 月 25 日）

二审：贵州省高级人民法院（2018）黔行终927号裁定（2018年12月20日）

再审：最高人民法院（2019）最高法行申8878号裁定（2019年12月19日）

3. 案由

土地权属确权

【简要案情】

张某甲与张某乙于2000年3月与4月分别取得清镇市政府颁发的国有土地使用权证。2009年起，张某乙因认为张某甲修建房屋超过土地界址线，侵犯了自己的土地使用权，多次向清镇市国土局上访，要求处理。2012年张某乙向人民法院提起要求张某甲返还原物纠纷的民事诉讼，该民事诉讼经人民法院两审审理，以该案属于土地权属争议为由判决驳回张某乙的诉讼请求和上诉。2015年7月，清镇市国土局聘请地质勘查队到两户建房点进行实地测绘，于当日作出测量说明，结果为：张某甲指界实地勘测面积包含争议面积，而张某乙指界实地勘测面积不包含争议面积。2015年10月，清镇市国土局作出处理意见报告，报请清镇市政府给予确权。2016年5月，清镇市国土局作出确定权属的请示，再次报请清镇市政府，并提出处理建议。清镇市政府于同月作出本案被诉批复，确定争议土地的使用权属于张某乙。该批复经由清镇市国土局送达张某甲与张某乙。张某甲不服该批复的土地权属确权决定，向人民法院提起诉讼，请求撤销清镇市政府作出的土地权属确权批复。

一审法院于2018年1月25日作出（2017）黔01行初1192号判决，撤销清镇市政府作出的土地权属确权批复。二审法院于2018年12月20日作出（2018）黔行终927号裁定，撤销一审判决，驳回被上诉人张某甲的起诉。

判决生效后，张某甲向最高人民法院申请再审，请求撤销二审裁定，维持一审判决。

【案件焦点】

1. 土地权属争议处理行为的法律属性；

2. 当事人不服行政机关作出的国有土地使用权权属争议处理决定，向人民法院提起诉讼前，是否应当先行向上一级行政机关申请复议；

3. 司法审查和行政裁量的权力界限如何合理界分，司法处理如何尊重行政先行行为，是实现实质化解矛盾争议的关键所在。

【裁判结果】

最高人民法院经审查认为，《行政复议法》第 30 条第 1 款规定，公民、法人或者其他组织认为行政机关的具体行政行为侵犯其已经依法取得的土地等自然资源的所有权或者使用权的，应当先申请行政复议；对行政复议决定不服的，可以依法向人民法院提起行政诉讼。本案中，张某甲与张某乙因土地使用权界址问题发生争议，经清镇市国土局委托有关单位勘界、测绘后提出处理建议报清镇市政府，清镇市政府作出被诉土地权属确权批复。该批复已向争议双方当事人送达，是发生外部法律效力的确权决定。二审认为，对于该批复不服，应当先行申请行政复议，具有法律依据，有利于充分救济和保障土地使用权界址争议双方当事人的合法权益。张某甲认为该批复缺乏事实依据、程序违法，应先申请行政复议。张某甲对复议决定不服，再向人民法院提起行政诉讼。最高人民法院依法裁定驳回张某甲的再审申请。

【裁判摘要评析】

本案的审理中存在两种分歧意见。一种意见认为，对于行政机关作出的土地权属争议处理决定，当事人应当先行提出行政复议。理由在于，《关于适用〈行政复议法〉第三十条第一款的批复》（法释〔2003〕5 号）（以下简称法释〔2003〕5 号《批复》）明确土地权属争议处理决定应当适用复议前置。国有土地使用权权属纠纷专业性强，涉及面广，适用复议前置程序有利于充分发挥行政机关的工作优势，更好地化解纠纷并节省司法资源，以便查明事实、分清是非，使土地权属争议得以及时解决。另一种意见认为，对于行政机关作出的土地权属争议处理决定，当事人可以直接向人民法院提起行政诉讼。其理由在于，《土地管理法》[1] 经第二次、第三

---

〔1〕《土地管理法》分别在 2004 年和 2019 年进行了第二次修正和第三次修正。本案审查时值《土地管理法》第三次修正。以下将用 2004 年《土地管理法》、2019 年《土地管理法》特指第二次、第三次修正的《土地管理法》。

次修正，其内容未规定土地权属争议处理决定应当适用复议前置程序。若适用复议前置程序，会剥夺行政相对人在行政争议发生时选择救济方式的权利，从而提高了行政诉讼救济的门槛。最高人民法院裁定最终采纳第一种意见。

一、土地权属争议处理行为的法律属性

土地权属争议处理，是指在土地所有权或者使用权等权利发生权属争议时，行政机关作出的确认土地权属关系的行政行为，解决的是土地所有权、土地使用权等相关权利归谁所有的问题。2004 年《土地管理法》第 16 条第 1 款规定："土地所有权和使用权争议，由当事人协商解决；协商不成的，由人民政府处理。"[1] 土地所有权和使用权存有争议，而当事人协商解决不能时，行政机关具有作出土地权属确权的法定职责。

首先，土地权属争议处理是土地确权行政行为。土地确权是对土地所有权、使用权的明确。[2] 土地确权是土地合法使用和流转，避免产权模糊引发侵权纠纷的基础。[3]《土地权属争议调查处理办法》第 31 条第 3 款规定，生效的土地权属处理决定是土地登记的依据。当事人对土地权属处理决定不服而提起的行政诉讼，案由往往确定为土地权属确权。其次，土地权属争议处理还具有行政裁决的法律属性和特征。通说认为，行政裁决是指行政机关适用准司法程序裁决法律、法规授权其处理的特定争议案件的制度；行政裁决的主要客体是民事争议。[4] 行政机关针对土地权属争议作出处理决定的行政行为，符合行政裁决的特征要件。行政机关依当事人申请居中处理，所作土地权属确权具有准司法性的行政效力，产生了创设、变动或者消灭当事人权利、义务的直接法律效果。

明确土地权属争议处理的法律属性，在审判实务中具有以下重要意义。

第一，正确理解土地权属争议纠纷中应当选择行政的抑或民事的救济路径。实践中，土地权属纠纷和土地侵权纠纷常具有高度联系性，权属关

〔1〕 该款规定为 2019 年《土地管理法》第 14 条第 1 款沿用。

〔2〕 参见朱北仲：《我国农村土地确权中的问题与解决对策》，载《经济纵横》2005 年第 5 期。

〔3〕 参见北京大学国家发展研究院综合课题组：《还权赋能——成都土地制度改革探索的调查研究》，载《国际经济评论》2010 年第 2 期。

〔4〕 参见姜明安：《行政法》，北京大学出版社 2017 年版，第 317 页。

系的确定往往成为侵权事实得以确定的基础。当事人确认自身土地权属，须先行向行政机关提出申请，在行政机关进行地籍调查、权属审核、注册登记后，向当事人颁发土地权属证书，实现土地权利“权属合法、界址清楚、面积确定”，亦即享有清楚、明晰的土地权属。如果争议双方当事人均已依法取得权证，证载内容、四至并无重叠，且均已取得争议双方当事人认可，则土地权属处于确定状态，相关争议根据《土地权属争议调查处理办法》第14条的规定，不再属于土地权属确权争议，而应当通过土地侵权争议解决途径进行民事救济。反之，则须通过土地权属确权使土地权属关系通过行政处理决定解决。本案中，2012年张某乙曾向人民法院提起要求张某甲返还原物的民事诉讼。经人民法院民事审判，最终以该案属于土地权属争议为由裁定驳回张某乙的起诉。故而本案当事人寻求行政途径以解决纠纷。

第二，准确把握司法审查应当围绕何种法律行为和法律关系展开。根据2004年《土地管理法》第16条第1款的规定，清镇市政府被诉批复属于依法定职责针对土地权属争议作出的行政确权。从对象上说，本案张某甲与张某乙实际修建的房屋相邻；张某甲与张某乙的宗地图对比来看，双方的地界界址不清，土地权证内容上存在重叠，须由清镇市政府依法确认土地权属。从程序上说，本案源于张某乙长期上访请求启动确权；由清镇市国土局依照《土地权属争议调查处理办法》进行了实地调查并出具调查处理意见；进而由清镇市政府作出确权的批复。从法律效果上说，以批复的形式对调查结果予以确认并责令清镇市国土局“完善相关手续”，实现了土地权属争议处理决定的效果，由清镇市国土局送达张某甲与张某乙之后对争议双方当事人产生了行政效力。该土地权属确权行政行为最终应当被纳入司法审查。

第三，司法审查中如何正确理解土地权属争议处理的法律价值，并准确把握对行政机关土地权属确权的审查力度。土地权属争议处理系在土地确权特定专业领域依当事人申请而启动，行政机关居中裁决行使准司法权力，具有靠前解决当事人土地权属纠纷的及时性和经济性，是依法行政和现代社会治理的有机组成部分。为此，《土地管理法》等法律法规设置了

“行政先行处理”程序。[1] 司法审查对行政裁量权应当予以较之一般行政行为更多的宽容和尊重。从这个角度上说，将土地权属确权纳入行政复议同样具有法理依据。相对于诉讼而言，行政复议程序简单、迅速及时，以便民为原则，可以对土地权属争议处理决定先进行一遍全面审查，审查后认为确权确有错误的，既可以撤销，也可以变更，对于快速解决土地权证争议具有不可替代的作用。《关于审理涉及农村集体土地行政案件的规定》（法释〔2011〕20号）第6条第1款明确，土地权利人认为乡级以上人民政府作出的土地确权决定侵犯其依法享有的农村集体土地权属，经复议后可向人民法院提起诉讼。对于国有土地权属争议处理决定如何把握司法审查的介入时机和力度，同样应当正确理解《行政复议法》《土地管理法》《土地权属争议调查处理办法》相关规定精神，梳理其内在逻辑层级关系，准确理解和适用法律，以实现法律救济途径及相应实体权益保护更加周延。

二、国有土地使用权属确权诉讼应以行政复议前置

（一）行政复议前置具有法律依据

从世界范围来看，就行政复议制度结构而言，第一类是初期以英国为代表的行政裁判所制度以及其后的美国行政法法官制度；第二类是与行政法院紧密结合的德国、法国制度；第三类是东亚地区的特别制度。[2] 就行政复议与行政诉讼救济途径的选择而言，主要有以穷尽行政救济为原则的“美国模式”，与行政诉讼类型相联系的“德国模式”，以及以当事人自由选择为原则的“法日模式”。

当前，我国行政复议与行政诉讼程序的选择与衔接，有当事人自由选择、复议前置和复议终局三种模式。所谓行政复议前置，根据《行政复议法》第16条与《行政诉讼法》第44条之规定，意指法律、法规规定应当先向行政复议机关申请行政复议的，公民、法人或者其他组织不服行政机关所作行政行为，必须先申请行政复议，对行政复议决定不服的，再向人

---

〔1〕 参见陆伟明：《服务型政府的行政裁决职能及其规制》，载《西南政法大学学报》2009年第2期。

〔2〕 参见应松年：《对〈行政复议法〉修改的意见》，载《行政法学研究》2019年第2期。

民法院提起诉讼。其适用具有两个要件，一是应当属于行政复议法规定的受理范围，二是应当由法律法规明确规定属于复议前置情形。根据《行政复议法》第6条，行政机关作出的关于确认土地等自然资源的所有权或者使用权的决定属于行政复议受理范围。根据《行政复议法》第30条第1款，公民、法人或者其他组织认为行政机关的具体行政行为侵犯其已经依法取得的土地所有权或者使用权的，应当先申请行政复议；对行政复议决定不服的，可以依法向人民法院提起行政诉讼。对于何种情形和范围的土地行政行为属于侵犯依法取得的土地权属而应当复议前置的，主要通过司法解释进一步明确。法释〔2003〕5号《批复》明确，公民、法人或者其他组织认为行政机关确认土地等自然资源所有权或者使用权的行政行为，侵犯其已经依法取得的所有权或者使用权的，经行政复议后才可以向人民法院提起行政诉讼，但法律另有规定的除外；对涉及自然资源所有权或者使用权的行政处罚、行政强制措施等其他具体行政行为提起行政诉讼的，不适用《行政复议法》第30条第1款的规定。该批复一是在适用情形的表述中增加了"确认"二字，二是将行政处罚等其他具体行政行为予以排除。此后，《关于行政机关颁发自然资源所有权或者使用权证的行为是否属于确认行政行为问题的答复》（〔2005〕行他字第4号）又进一步明确，法释〔2003〕5号《批复》中的"确认"，是指当事人对权属发生争议后，行政机关对争议的权属所作的确权决定。有关土地等权属的初始登记，属于行政许可性质，不应包括在行政确认范畴之内。据此，土地权属确权应当复议前置。

有观点认为，《行政复议法》生效后，2004年《土地管理法》第16条第1款所规定并被2019年《土地管理法》第14条第1款沿用的内容未作变动。根据《土地管理法》制定于2003年并于2010年修正的《土地权属争议调查处理办法》也没有规定土地权属确权应当复议前置。对此笔者认为，一方面，虽然《土地权属争议调查处理办法》是依据《土地管理法》制定修正的，但其立法主体为国土资源部〔1〕，该办法属于部门规章，其法

---

〔1〕 根据2018年国务院机构改革方案，组建自然资源部，不再保留国土资源部。国土资源部的职责分别划入自然资源部、生态环境部、农业农村部、应急管理部、国家林业和草原局。

律层级不及《行政复议法》，故在法律适用中《行政复议法》优于《土地权属争议调查处理办法》。另一方面，行政复议前置程序针对的是当事人的权利救济途径，属于法律程序范畴内的问题。而《行政复议法》正是就当事人的权利救济而专门修订的法律，相较《土地管理法》的相关规定，《行政复议法》的规定属于特别法，应当优先于一般法适用。

（二）行政复议前置具有必要性

伴随建设法治中国和推进国家治理体系和治理能力现代化，我国正在建立“大复议、中诉讼、小信访”的行政纠纷解决机制。土地权属确权复议前置应属建立行政复议制度的应有之义。[1]

首先，从行政权力的属性看，随着我国社会经济水平的不断提升，新型社会关系和社会事务剧增，政府作为社会管理者所享有的权力或曰管理能力扩增就成为一种合理的客观需要。行政权在其规制范围及运行方式从起初单纯的维持社会稳定、促进经济发展的职能已逐步转化为社会利益监管和社会风险管控，消极行政的特征也向积极行政的方向发展，行政权行使的主动性愈发明显。[2] 而维护人民群众的土地权益问题，一直是现代国家行政权的重要内容。行政机关能否很好地行使土地管理权，直接影响人民群众实现土地权利的程度。强化行政机关对土地权属确权的监督纠错机制，将有利于行政机关作好土地管理工作。

其次，从行政复议的属性看，《行政复议法》将行政复议制度的性质更多定位为内部监督机制，若下级行政机关在行使土地管理职权时与行政相对人或者其他行政利害关系人产生纠纷，复议机关作为上一级人民政府通过行政复议制度来处理土地权属争议处理决定案件，便于发现和纠正下级人民政府的问题和错误，实现行政机关内部自我监督、自我纠错，对提高行政执法水平和质量，促进国家治理体系和治理能力现代化具有积极意义。同时，历经复议前置的土地权属确权行为实际上是代表包含两级行政机关

[1] 参见王胜利、郑磊：《行政协议纠纷的可复议性及其审理规则》，载《齐齐哈尔大学学报（哲学社会科学版）》2019 年第 9 期。

[2] 参见卞贵龙：《行政确权与司法确权在土地权属争议中的应用研究》，华东政法大学 2016 年硕士学位论文，第 29 页。

在内的系统性行政行为接受司法审查。[1]

再次，从现实国情看，行政复议制度始终是社会矛盾化解的主渠道，纠纷解决的第一道防线。土地权属争议处理的对象具有较强的公共财产属性，相关问题产生的背景较为复杂，有土地权证填写混乱、土地界址不明、测绘勘探技术限制等客观条件限制，也有中央与地方、各地政策不一，体制及产权模式的变更等历史原因。有学者调研发现，92%以上的农民认为，土地界限不清是产生土地权属争议的主要原因：（1）土地划线程序不规范。土地登记未进行登记备案，致使土地界限无图可依，地形地貌或参照物被移动或消失。（2）土地流转形式不明确。73%的农村采取口头形式进行土地流转；18%的承包合同存在代签行为，导致承包合同内容失真。（3）经营权证填写不规范。承包土地零碎化，土地面积、“四至”界限模糊化。[2] 解决土地权属争议，既须掌握土地方面的专业知识，例如相关法律、当时当地的土地政策以及土地专业管理知识；又须充分了解当地土地具体情况，例如历史沿革和过往权属变动、登记现状及其历史依据；还须完成技术、业务层面的操作，例如土地的实地测绘、地界的确定以及后续土地权利的登记手续等。由于土地管理行政事务具有高度的复杂性、情景的依赖性和不确定性，各级政府及其土地管理部门因为资源、人员、技术等各方面因素，相比于人民法院，在实体处理解决土地权属争议方面，具有先天的优越条件。

最后，从充分保障救济权利和维护实体权益看，复议前置增加了土地权属争议当事人的救济机会，使其权益保障更加周延。西方行政纠纷的解决经验有诸如 ADR（alternative dispute resolution，非诉讼解决程序或机制）等多元化解决机制。而我国当前最可资利用作为诉讼之前“代替性纠纷解决方式”的无疑便是行政复议。复议程序较之司法程序，具有程序要求更宽松、流程更快捷、费用更低廉甚至无费用、复议机关先行协调争议等优

---

〔1〕 参见耿宝建：《行政复议法修改的几个基本问题》，载《山东法官培训学院学报》2018 年第 5 期。

〔2〕 参见唐俐、唐欣瑜：《农村集体建设用地流转中生态价值维度的法治考量》，载《河南财经政法大学学报》2016 年第 6 期。

势。即便当事人不服，尚可寻求司法救济。人民法院通过对土地权属确权及其行政复议行为进行全面审查，将行政证据转化为司法证据，有利于作出更加成熟准确的司法裁判。同时，考虑到当前土地权属确权案件数量大，将其纳入复议前置适用情形，将极大减轻人民法院行政审判工作的巨大压力，使人民法院能够集中更多司法资源解决其中重大、疑难复杂案件，从而有利于节约司法资源，促进司法公正与裁判统一。

三、对土地权属确权案件未经复议而直接起诉的处理

针对须经行政复议前置的案件，未申请行政复议而径直向人民法院起诉的情况，《行政诉讼法司法解释》第 56 条规定，“法律、法规规定应当先申请复议，公民、法人或者其他组织未申请复议直接提起诉讼的，人民法院裁定不予立案”；第 69 条第 1 款第 5 项规定，“有下列情形之一，已经立案的，应当裁定驳回起诉……（五）未按照法律、法规规定先向行政机关申请复议的”。本案中，一审法院对张某甲不服土地确权决定而径直提起的行政诉讼予以受理，并作出了实体裁判。这一司法处理是否妥当引发歧见。第一种观点认为，应当严格适用《行政复议法》第 30 条第 1 款之规定，要求当事人先行申请行政复议，依照《行政诉讼法司法解释》第 123 条之规定撤销一审判决，并裁定驳回起诉。第二种观点认为，本案在一审阶段已经进行了司法审查，司法权已介入本案的实体权属纠纷审理，此时不宜再要求当事人先行申请复议，否则将增加当事人的诉累，不利于实质解决纠纷。笔者认为，首先，虽然行政复议与行政诉讼均是解决土地权属纠纷的公力救济手段，但当事人寻求公力救济应当遵照法定程序，不应破坏现有法律框架内土地权属确权“先复议后诉讼”的规则；其次，行政复议作为行政机关内部监督体系，具有司法机关不具备的土地管理的专业性。其所作出的行政复议结论既是司法机关审查行政复议行为的对象，同时也是审查土地权属争议处理行为的重要依据。故第一种观点更为适当。

在司法实践中，人民法院在审理土地权属争议处理决定行政复议案件时，若认定土地权属争议处理决定及其复议决定存在错误或者不当，仍然应当在一定程度上尊重行政机关的首次判断权，一般根据《行政诉讼法》第 70 条之规定，判决撤销或者部分撤销涉案土地权属确权和复议决定，要求重新作出土地权属确权，而不直接对涉案土地权属作出司法裁判。只有在符合“一并审理民事案件”的条件时，才对争议土地的民事权利归属一并进行审理裁判。

最高人民法院再审审查合议庭成员：王海峰　杨军　乐敏

（编写人：杨军*　审稿人：韩德强）

---

* 杨军，法学博士，中华人民共和国最高人民法院第五巡回法庭、行政审判庭，三级高级法官。

安徽国汉建设监理咨询有限公司
诉
湖北省松滋市人民政府
行政批复案

——对生产安全事故调查报告的批复是否属于行政诉讼受案范围

【裁判摘要】

负责生产安全事故调查的人民政府对事故调查组提交的事故调查报告的批复，虽从形式上看是行政机关的内部行为，但该种批复认定了事故责任，且认定具有公定力和约束力，对公民、法人或者其他组织的合法权益可能产生不利影响。如果被诉批复已对公民、法人或者其他组织的权利义务直接产生实际影响，构成针对特定主体就特定事项作出的行政处理决定，则其具有可诉性，属于行政诉讼受案范围。

【案件基本信息】

1. 诉讼当事人

再审申请人（一审原告、二审上诉人）：安徽国汉建设监理咨询有限公司（以下简称国汉建设监理咨询公司）

再审被申请人（一审被告、二审被上诉人）：湖北省松滋市人民政府（以下简称松滋市政府）

2. 案件索引与裁判日期

一审：湖北省荆州市中级人民法院（2015）鄂荆州中行初字第00015号裁定（2015年11月2日）

二审：湖北省高级人民法院（2016）鄂行终51号裁定（2016年3月16日）

再审：最高人民法院（2018）最高法行再 127 号裁定（2018 年 12 月 27 日）

3. 案由

诉行政批复

【简要案情】

湖北省荆州市中级人民法院一审查明，2014 年 9 月 9 日，松滋市赛洛天然气有限公司管道工程外包方湖北天发胜方管道工程有限公司施工人员在对新江口镇堰西路 31 号“堰西面馆”早餐店实施天然气管道入户安装过程中，发生天然气爆炸事故。根据《安全生产法》和《生产安全事故报告和调查处理条例》的规定，松滋市政府批准成立了由松滋市安全生产监督管理局（以下简称松滋市安监局）、松滋市公安局、松滋市监察局、松滋市质量技术监督局等有关单位参加的松滋市堰西面馆“9・9”天然气爆燃事故调查组。该调查组于 2014 年 10 月 27 日作出了《松滋市堰西面馆“9・9”天然气爆燃事故调查报告》（以下简称《调查报告》）。该调查报告内容涉及对国汉建设监理咨询公司的责任认定及处理建议，认定国汉建设监理咨询公司在施工现场存在安全监管缺失，对事故的发生负有责任。根据《生产安全事故报告和调查处理条例》第 37 条第 1 项的规定，建议松滋市安监局对国汉建设监理咨询公司处以人民币 12 万元的罚款。同时，松滋市安监局向松滋市政府呈报了该事故调查报告的请示（松安监〔2014〕47 号）。松滋市政府于 2014 年 10 月 30 日作出松政函〔2014〕62 号《关于松滋市堰西面馆“9・9”天然气爆燃事故调查报告的批复》（以下简称《62 号批复》），同意事故调查组对有关责任单位和有关责任人员的责任分析和处理意见。2014 年 12 月 5 日，松滋市安监局作出（松）安监管罚〔2014〕4024-3 号行政处罚决定（以下简称 4024-3 号处罚决定），决定给予国汉建设监理咨询公司罚款人民币 12 万元的行政处罚。国汉建设监理咨询公司于 2015 年 4 月 2 日向荆州市安全生产监督管理局申请行政复议。该局于 2015 年 4 月 28 日作出（荆）安监行复决〔2015〕1 号行政复议决定，维持了 4024-3 号处罚决定。国汉建设监理咨询公司不服《62 号批复》，于 2015 年 5 月 13 日向荆州市人民政府申请行政复议。荆州市人民政府于 2015 年 5 月 18 日作出荆政复函〔2015〕6 号行政复议决定，认为松滋市政府作出的该批复是行政机关的内部行为，不属于行政复议范围，决定不予受理。国汉建设监理咨询公司仍不服，提起本案诉讼，请求撤销松滋市政府作出的《62 号批复》。

湖北省荆州市中级人民法院一审认为，松滋市政府于 2014 年 10 月 30 日作出的《62 号批复》是上下级机关之间的内部行政指导性公文，未向国汉建设监理咨询公司送达，不具备强制效力。该批复作出后，松滋市安监局作出了 4024-3 号处罚决定。该处罚决定对国汉建设监理咨询公司权利义务产生了直接影响。国汉建设监理咨询公司不服，可就该处罚决定采取相应的救济措施。松滋市政府对事故调查报告作出的批复是行政机关的内部指导行为，没有外化，不具有可诉性。对该行为不服提起诉讼的，不属于行政审判的受案范围。据此，依照《关于执行〈行政诉讼法〉若干问题的解释》第 1 条第 2 款第 4 项、第 63 条第 1 款第 2 项之规定，裁定驳回国汉建设监理咨询公司的起诉。

国汉建设监理咨询公司不服一审裁定，向湖北省高级人民法院上诉。湖北省高级人民法院二审查明的事实与一审法院查明的事实一致。湖北省高级人民法院二审认为，松滋市政府对松滋市安监局的请示作出《62 号批复》是行政机关上下级之间的内部指导行为，该批复未向国汉建设监理咨询公司送达，不具备强制力。松滋市安监局作出的 4024-3 号处罚决定是对国汉建设监理咨询公司权利义务产生直接影响的具体行政行为，国汉建设监理咨询公司可就该处罚决定提起行政诉讼。根据《关于执行〈行政诉讼法〉若干问题的解释》第 1 条第 2 款的规定，国汉建设监理咨询公司起诉要求撤销松滋市政府作出的《62 号批复》，依法不属于行政诉讼的受案范围。一审法院裁定驳回国汉建设监理咨询公司的起诉并无不当。据此，依照现行《行政诉讼法》第 89 条第 1 款第 1 项之规定，裁定驳回上诉，维持一审裁定。

国汉建设监理咨询公司不服一审、二审裁定，向最高人民法院申请再审。

最高人民法院于 2018 年 6 月 28 日作出（2017）最高法行申 6701 号裁定，提审本案。提审后经审理，对一审、二审法院查明的事实，最高人民法院予以确认。

【案件焦点】

松滋市政府作出的《62号批复》是否属于行政诉讼受案范围。

【裁判结果】

最高人民法院再审认为，《62号批复》系松滋市政府依法行使法定职权作出。该批复对《调查报告》予以同意，要求松滋市安监局落实对相关责任单位的处理意见和处罚决定，确定了国汉建设监理咨询公司应当承担法律责任及法律责任的具体承担方式。松滋市安监局其后对国汉建设监理咨询公司作出行政处罚受《62号批复》的拘束，明确以该批复为据作出了4024-3号处罚决定。《62号批复》构成针对特定主体就特定事项作出的行政处理决定，已对国汉建设监理咨询公司的权利义务直接产生实际影响，该批复构成可诉的行政行为，属于人民法院行政诉讼的受案范围。一审、二审法院以该批复不属于行政诉讼受案范围为由裁定驳回国汉建设监理咨询公司的起诉及上诉，均构成适用法律错误，依法应予纠正。据此，依照现行《行政诉讼法》第89条第1款第2项及《行政诉讼法司法解释》第123条第3项之规定，裁定撤销一审、二审裁定，指令湖北省荆州市中级人民法院继续审理本案。

【裁判摘要评析】

属于行政诉讼受案范围系行政诉讼的法定起诉条件之一。在本案的再审审理中，国汉建设监理咨询公司和松滋市政府对一审、二审法院查明的案件事实及国汉建设监理咨询公司提出的本案起诉是否符合其他法定起诉条件均无争议，唯一的争议就是松滋市政府作出的《62号批复》是否属于行政诉讼受案范围，即该批复是否属于可诉的行政行为。依照《行政诉讼法》的规定，行政诉讼的受案范围是行政机关作出的行政行为。如何界定可诉的行政行为，《关于执行〈行政诉讼法〉若干问题的解释》第1条第1款和第2款从正反两个方面予以规定，即公民、法人或者其他组织对行政机关作出的行政行为不服，依法提起诉讼的，一般都属于行政诉讼受案范围；但对公民、法人或者其他组织权利义务不产生实际影响的行为，则不属于行政诉讼受案范围。一审、二审法院认定该批复为行政机关的内部指导行为，该批复不属于行政诉讼受案范围，从而裁定驳回国汉建设监理咨询公司的起诉及上诉。

通常而言，行政机关基于内部请示作出的批复在法律属性上属于内部行为，并不直接对外产生法律效果，不属于可诉的行政行为范畴。对公民、法人或者其他组织合法权益的救济，应当针对体现于外部的、直接产生法律效果的行政行为进行。但是，依照《关于执行〈行政诉讼法〉若干问题的解释》第 1 条第 1 款和第 2 款的规定，判断行政机关作出的批复是否可诉，根本上取决于该批复是否直接对公民、法人或者其他组织的合法权益产生实际影响。就人民政府对生产安全事故调查报告所作批复是否可诉的判断而言，亦应根据此种理解，结合案件具体情况确定。

《62 号批复》系松滋市政府依照《生产安全事故报告和调查处理条例》的相关规定行使法定行政管理职权作出的行政处理决定，属于可诉的行政行为。依照《生产安全事故报告和调查处理条例》第 19 条第 2 款、第 25 条、第 29 条、第 30 条第 1 款的规定，一般事故的调查由县级人民政府负责，其可以直接组织事故调查组进行调查，也可以授权或者委托有关部门组织事故调查组进行调查。事故调查组履行的职责包括认定事故性质和事故责任。对事故责任的认定是事故调查组提交的事故调查报告应当包括的内容。依照《生产安全事故报告和调查处理条例》第 32 条第 1 款、第 2 款的规定，一般事故处理的基本程序为，先由负责事故调查的人民政府对事故调查报告作出批复，然后由有关机关按照人民政府的批复，依照法律、行政法规规定的权限和程序，对事故发生单位和有关人员进行行政处罚，对负有事故责任的国家工作人员进行处分。本案中，松滋市政府就涉案生产安全事故的调查报告作出的《62 号批复》，虽从形式上看是上级行政机关基于下级行政机关的请示所作，但该批复认定了国汉建设监理咨询公司的生产安全事故责任，且这种认定具有公定力和约束力，对国汉建设监理咨询公司和松滋市安监局产生了拘束效果。在其后对国汉建设监理咨询公司作出的 4024-3 号处罚决定中，松滋市安监局明确以《62 号批复》为据，认定国汉建设监理咨询公司的违法事实即为《62 号批复》认定的国汉建设监理咨询公司对涉案生产安全事故负有责任，该局自己并没有作出独立的事实认定。即使国汉建设监理咨询公司对该处罚决定申请复议或者提起行政诉讼，也难以对该前提性事实进行审查。因此，松滋市政府作出的《62 号批复》并非内部指导行为，其已形成针对特定主体就特定事项作出的行政处理决定，对国汉建设监理咨询公司的权利义务直接产生实际影响，构成可诉的行政行为，属于行政诉讼受案范围。

最高人民法院再审合议庭成员：黄永维　王振宇　李纬华

（编写人：李纬华* 审稿人：韩德强）

---

* 李纬华，法学博士，中华人民共和国最高人民法院第六巡回法庭，三级高级法官。

附录

中华人民共和国最高人民法院案例选
电子书二维码

《中华人民共和国最高人民法院案例选（第一辑）》

《中华人民共和国最高人民法院案例选（第二辑）》

《中华人民共和国最高人民法院案例选（第三辑）》

《中华人民共和国最高人民法院案例选（第四辑）》

《中华人民共和国最高人民法院案例选（第五辑）》

《中华人民共和国最高人民法院案例选（第六辑）》